GOVERNANCE OF NETWORK SOCIETY

网络社会治理

王芳等 著

商务印书馆
创于1897 The Commercial Press

目　录

前 言

信息网络技术的迅猛发展及其与经济社会的深度融合，为人类社会带来了前所未有的福利增进、能力拓展、效率提高、机遇增加与身心体验丰富。基于互联网的虚拟社会与现实社会相互作用、不断融合，使得传统的社会形态发生了革命性变化。在网络社会，政府、企业、社会组织、社会精英与普通大众之间的联系更加紧密，交互更加频繁。网络社会超越了工业社会的科层体制结构与大众传播模式，呈现出更加开放、交互、平等、个性化的特征，大大释放了社会关系中蕴含的生产力。社交网络、Web2.0、各种 App、网络直播等种种以大规模社会交互为基础的新技术层出不穷，使得各种知识、信息、创意、观点与情绪在互联网上迅速传播、不断融合，重塑着社会的信息空间和公共价值体系。

与此同时，互联网上多元的价值观与思维方式不断碰撞，隐蔽、自由、基于弱关系的交流方式也对传统社会的伦理准则与法律规范形成冲击。隐私泄露、虚假信息、谣言传播、网络暴力、电信欺诈、版权侵犯、信息安全、网络群体性事件等种种问题空前突出，成为潜在的社会风险，在特定条件下甚至可能转化为公共危机，给社会安全与稳定带来挑战。如何既能充分享受网络社会发展所带来的福利和机遇，又能有效应对与之俱来的挑战，是世界各国普遍关心的问题。为此，需要充分研究网络社会的发展规律；考察社会主体间的关系、结构与交互特征，尤其是政府在治理网络中的地位与职能；了解网络社会的情绪传播特征，考察网络集群行为的社会心理特质和演化规律；探索适应网络社会的伦理准则与法律机制。在此基础上，寻找适合中国国情的政策工具与技术手段，深度探寻网络社会的治理机制。

为此，本书从以下六个方面展开研究：

（1）网络社会治理的基础理论。从理论上分析网络社会的社会结构与演化规律，分析当前中国网络社会治理的主体间关系、影响因素和潜在风险。

（2）基于信息伦理的网络社区治理机制。网络社区是网络社会治理的基本着力点，也是个人信息伦理的集中呈现场域。对微信群、百度贴吧、科学网、微博、微信、抖音、猫扑等网络社区进行研究，分析网络社区的用户参与行为、社会结构演化与信息传播影响因素，以及虚拟社区中不同社会阶层间的交流模式与社会融合，了解网络社区中的信息伦理失范问题，并提出相应的治理机制。

（3）网络舆情传播规律与引导机制。通过案例研究与模拟仿真分析方法探索网络舆情的演化规律，分析社会风险、突发事件与公共危机之间的转化规律，探寻网络情感传播的文本特征与计算方法，比较正负面网络舆情的传播规律，进而提出网络舆情治理的对策建议。

（4）网络信息伦理及网络社会风险治理机制。探索网络社会公共伦理的价值原则，对安全生产行业的信息传播路径、食品行业的风险信息识别、企业与个人网络伦理失范的现象进行案例分析，探索网络社会的风险治理机制。

（5）现实与网络交互场域中的集群行为及其社会心理成因。从社会心理学视角研究网络集群行为的形成与发展规律，通过案例研究分析网络群体性事件的社会心理成因、关键影响因素与后果，探索相应的风险预警机制。

（6）网络社会治理的动态模拟仿真实验。运用元胞自动机和多 Agent 系统方法，对网络空间中个体和群体的情绪与心理、交互行为等问题进行抽象描述并建立仿真模型，考察网络社会治理的关键变量与治理机制生成模式，分析网络舆情的演化规律。

网络社会是一个复杂的巨系统，网络社会治理涉及经济社会的方方面面，需要考虑多种复杂问题，因而是一项重大而任务艰巨的研究课题。国家社科基金重大项目“我国网络社会治理研究”（14ZDA063）的研究工作历时四年，有数十位研究人员参与。《网络社会治理》一书凝聚了这项课题研究的核心成果，系统呈现了关于这一问题的学术思想与理论探索。

多位研究人员参与了本书的研究与撰写工作。他们负责的章节内容在后记里进行了专门列示，在此表示感谢！也诚挚感谢承担了除本书之外的其他相关研究内容的课题组成员。他们来自多个学科，包括社会学、管理学、情报学、政治学、计算机科学等，参与了课题研讨、文献调研、案例分析、数据收集与分析、问卷调查、模拟仿真、文本挖掘、大数据分析、评价指标体系开发等研究工作，相关研究成果已经陆续发表。虽然这些成果没有直接体现为本书的内容，但是为本书一些思想观点的提出提供了极大的支持。最后，要特别感谢在研究过程中咨询过的多位专家，以及在匿名评审阶段给出了宝贵意见的专家们。他们对课题研究工作给予了无私的指导和建议，既涉及具体的研究内容，也涉及研究的方法和工作组织模式。他们中有很多是令人景仰的学界泰斗和大师。他们渊博的学识和虚怀若谷的风范，为我和课题组成员树立了榜样，如灯塔一般指引着我们学术研究的前行方向。在此，对专家们表示衷心的感谢！

本书是一部跨学科研究的专著，梳理了大量相关领域的研究成果，对于了解各领域的理论基础和学术动态具有很大的帮助；同时，各个议题下也有相对独立的专门研究，在研究方法和研究结论上均具有借鉴意义。此外，本书还对一些精心挑选的案例进行了分析，不但生动可读，而且展现了近 20 年来我国网络社会治理所经历的反思和发展，有助于读者历史性地审视网络社会治理这一宏大的主题。从这个意义上来说，本书适用于所有对网络社会及其治理感兴趣的读者，无论是学者、政策制定者、互联网企业的管理者，还是博士生、硕士生和本科生，都可能会在书中发现感兴趣的内容。另外，这本书虽然是专著，但是也可以作为相关课程的参考书目。事实上，南开大学网络安全学院已经准备开设网络社会治理的课程，这本书就是初步选定的教材。

当然，作为学术专著，其终极的追求目标是理论与学术上的创新贡献。我们为此付出了极大的努力，力图在辨识、思考与实证的基础上，提出有价值的研究发现，包括：（1）基于理论分析构建了政府主导下多元主体协同合作的网络社会治理结构模型。（2）通过案例研究提出了网络社区治理的对策建议。（3）通过实地调查与案例研究，构建了政府数据共享的五力模型与动力机制模型，提出了政府数据开放的风险分类法。（4）通过动态模拟仿真研究发现，网民初始状态差异、不同治理主体介入的时间先后、主体活动邻域的变化、主体交互阈值的大小以及相互之间敏感度的区别是网络社会治理动力机制的要素。

但是，学术研究犹如沙里淘金，求得真知何其不易，所有的研究发现都需要经受时间的检验。更何况网络社会的发展一日千里，新现象与新问题层出不穷，它所涉及的问题之广、之深、之重要和有趣，都需要更多的人去做细致的研究。事实上，随着研究的深入，已经衍生出了一些新的、更加具体的研究课题。目前我们的研究仍在进行之中。一本书并不是一个封闭的系统，我希望它是开放的，与未来有着千丝万缕的联系，恰如网络社会一般蕴含无限生发的可能性。为此，诚恳邀请读者朋友们批评指正，对本书的缺点和不足给出宝贵的意见和建议！

王芳

2020年9月15日

写于南开大学网络社会治理研究中心

第一章　网络社会治理的理论分析

互联网的出现，空前提高了人类社会的信息福利水平。信息与知识的快速流动将社会主体更加紧密地联系在一起，形成了以互联网为纽带的网络社会。网络社会一经形成，便呈现出不同于传统社会的结构特征，同时也产生了一系列新的社会问题。为了使网络社会健康有序地发展，需要探索新的社会治理理论与治理方式。

第一节　网络社会治理的理论问题

进入 21 世纪以来，信息通信技术与互联网的发展深刻影响着经济、社会、文化、政治等各个方面的形态、结构与发展趋势。一方面，国家形态及其利益目标依旧稳定；另一方面，各类组织以及个体之间的社会、经济、政治与文化关系不断动态演化，在极大释放信息网络技术生产力的同时，也出现了诸如网络犯罪、网络伦理失范、网络集群与舆论场失序、数字不平等、价值观竞争等新的社会现象与问题，原有与工业社会相适应的治理模式逐渐显得力不从心。社会结构网络化的深化对社会治理模式提出了新的要求，探索与网络社会相适应的新型社会治理结构、治理方式、治理机制与治理技术变得必要和紧迫。

一、网络社会治理的相关理论

从文献来看，网络社会治理与网络治理是两个含义接近、容易被混淆的概念。网络治理（network governance）是指针对具有网络关系的组织结构、社会结构或互联网进行治理，主要涉及三大领域：企业网络组织治理、网络社会治理以及互联网治理。网络治理是一个跨学科的研究领域，内涵宽泛，涉及自然科学、管理学、社会学、传播学等多个学科。而网络社会治理则主要关注网络社会这个特定人类社会发展阶段的治理。

网络社会不仅改变了公共话语和意见形成的本质，而且也改变了决策制定、政策发展与实施的形式和内容[①]。二元或多中心治理模式已经难以适应网络社会治理的需要，学者们开始探索网络治理模式[②]。相比于其他治理方式，网络治理更适应网络社会互联、协同的特点。网络治理的一个典型案例是美国加州水供应政策的制定。1999年，在美国萨克拉门托水论坛上，一群存有争议、相互独立的利益相关者，包括环保组织、企业、地方政府与农业部门，经过五年时间的对话，就在加利福尼亚半沙漠地带对有限水资源供应进行管理的策略与程序达成共识，对话的结果是互惠、关系、学习与创造，合作规划最终引致系统的适应性[③]。

比多中心治理模式更为激进的是，一些网络治理模式的倡导者认为应由公民、企业、非营利组织共同承担治理责任，并享有平等地位[④]，极端的观点甚至主张无政府治理[⑤]。但是，如何使具有相互冲突需求的不同治理主体达成共识，需要充分的讨论和沟通。如在萨克拉门托水论坛的案例中，为做出一致决策，各方对话、讨论了五年时间。Bell与Hindmoor认为，政府被边缘化而由非政府部门追求共同价值的政策目标的实例是非常少见的，由政府以及一系列公共机构构成的国家在治理过程中仍然应该占据中心地位，国家不仅要通过增强自身的制度与立法能力来提高治理能力，而且还要密切与非国家主体的联系[⑥]。其他大部分观点主张基于共同掌舵（co-steering）与网络逻辑的社会协调机制[⑦]，认为政府有责任指引和协调治理主体间的协商、交流、信任乃至团结，为网络治理找到更有效的政策解决方案，从而使善治模式得到关注。善治以问题解决为导向，旨在为人类谋福

---

① Bang H, Esmark A. Good governance in network society: Reconfiguring the political from politics to policy[J]. Administrative Theory & Praxis, 2009, 31 (1): 7–37.

② Powell W. Neither market nor hierarchy[J]. The sociology of organizations: classic, contemporary, and critical readings, 2003, 315: 104–117.

③ Innes J E, Booher D E. Collaborative policymaking: governance through dialogue[J]. Deliberative policy analysis: Understanding governance in the network society, 2003: 33–59.

④ Torfing J. Governance network theory: towards a second generation[J]. European political science, 2005, 4 (3): 305–315.

⑤ Keohane R O, Nye Jr J S. Power and interdependence in the information age[J]. Foreign Aff., 1998, 77: 81.

⑥ Bell S, Hindmoor A. Rethinking governance: The centrality of the state in modern society[M]. Cambridge University Press, 2009: 1.

⑦ Lee M. Conceptualizing the new governance: a new institution of social coordination[C]//institutional analysis and development mini-conference. 2003, 3.

利，强调赋权与创新潜力，以应对全球网络社会的风险与政策制定过程中产生的问题。

综上所述，可以将西方网络社会治理理论的主要内容归纳为：治理主体多元、主体间平等赋权、灵活沟通与协同、问题导向、机制创新五个方面。这五个方面适应网络社会的结构，强调决策机制的网络化与协同性，但是过度强调治理主体间的平等关系也会导致决策效率低下、政策实施能力不强等问题。网络社会治理不仅应当关注治理结构的网络化，也应关注社会问题的隐蔽性、复杂性、关联性与动态性，将问题解决的质量与效率作为治理的导向。因此，网络社会的治理应当以问题为导向，围绕解决问题的需要来构建治理主体间的关系，而非一味追求淡化政府的作用。综观世界发展的历史与现状，以政府为代表的国家仍然是网络社会治理的中心，但是，在互联网时代，政府与非政府部门之间在政策规划与实施过程中的沟通与合作应当加强，从而使决策更具有科学性。

二、网络社会治理的目标

作为一种规范性的社会活动，社会治理旨在实现以特定价值观为基础的社会目标。现代社会基本的价值追求包括社会绝大多数成员的平等权利与福祉、基本的伦理道德规范、主权国家的独立与发展等。为此，将网络社会治理的目标概括为安全、自由、秩序、平等、公正与创新六个方面。这些目标与传统社会的治理目标并没有实质性区别，但是也面临着新的挑战。

网络技术的快速发展使社会面临新的安全风险。网络社会的安全目标包括网络空间的国家主权安全、信息安全、意识形态安全、文化安全、财产安全，等等。其中，信息安全对其他目标具有基础性影响，如虚假信息、黑客入侵、个人隐私信息与国家及商业秘密信息的泄露会带来各种安全问题。除此之外，互联网信息流动的无国界性也使得特定国家的意识形态面临安全风险，如价值观渗透、舆论场操控等。另外，网络信息传播对于语言的解构与重构作用明显，甚至影响到传统文化的传承与变迁。安全是国家与社会治理的基本目标，为实现这一目标，需要完善法律法规与网络安全管理制度，充分利用信息网络安全技术，有效保障互联网内容与技术两个方面的安全。

自由是公民的基本权利，在国家宪法中有明确规定，包括政治、宗教、人身、经济、文化等方面。技术进步使得人类不断突破自身体力与脑力的局限而获得更大的自由。互联网自诞生之日起就是一个信息自由流动的虚拟空间，网络身份的匿名性与隐蔽性更是使个人自由达到了最大限度。事实证明，不受约束的自由带来许多社会问题，网络欺诈、网络暴力、黑客入侵、语言粗俗极端等成为新的社会问题。在网络空间中，一部分人对自由权利的滥用损害了其他人享受互联网带来的人类文明与进步成果的权利。如何在公民的信息自由权利与互联网的健康发展之间保持平衡，成为网络社会治理的重要议题。经过一段时期的探索，一些国家采取了网络实名注册制度，另一些国家则加大了法律惩处力度。

秩序是社会正常运转的基本前提。受互联网的快速动员能力、自媒体传播、行为主体隐蔽、网上网下行为相互激发与转化等因素的影响，网络社会的秩序不时受到网络谣言、网络集群、网络暴力、情绪极化等问题的干扰，有时甚至引发线下的无序行为与群体性恐慌。比如2011年日本福岛核辐射事件发生之后，受网络谣言的影响，我国发生了大范围的“抢盐风波”，社会恐慌情绪的波及面之广远远超出预期。可见，社会秩序与极端的个体自由之间存在矛盾。为此，需要选择适当的治理策略，在最大限度保证公民信息自由的前提下维持网络社会的稳定有序。

社会平等是现代社会的基本特征与价值取向，指社会成员在政治、经济、文化等方面处于同等地位，享有同等权利，涉及教育平等、公共文化与信息服务均等、收入分配合理、数字化平等等内容。从理论上讲，成熟的网络社会比传统的官僚科层体制更加平等，绝大部分社会成员可以平等接入互联网。但是从信息的获取、传播、理解与利用能力来看，社会的网络结构却并非是均匀的，而是具有明显的中心性。相比于中心节点，处于边缘的节点由于先天禀赋或后天教育的不足，在信息获取与利用方面处于劣势，并导致他们在机会与社会资源分配上的劣势。可以说，网络社会的平等更多地取决于社会网络中边缘节点获取信息的能力与质量。为实现网络社会的平等，需要推进社会成员在接入基础性、公共性信息资源方面的机会均等，普及信息素养教育，提升义务教育水平，尽最大可能缩小社会成员在信息获取与利用能力上的差距。

社会公正是现代社会追求的首要价值，包括实质公正与程序公正，涉及成员基本权利的保证、机会平等、社会分配以及再分配的公正等。其中，程序公正是实质公正的必要条件。在网络社会，一方面，信息公开与决策过程的透明促进了政策制定与公共事务决策的程序公正；另一方面，受信息获取与利用能力分配不均匀的制约，机会平等与社会分配公正也面临新的挑战。网络社会治理一方面要加大公共行政与政策制定中的信息公开与社会监督力度，促进程序公正；另一方面，也要加强公共领域信息、教育与文化资源的建设与均等服务，通过信息的公平利用提升社会的实质公正。

创新与创造是网络社会治理的高级目标。信息网络技术在信息处理、传播、利用方面的巨大优势极大地释放了人类的创新与创造能力，开放、共享、互联、移动的互联网技术催生了 Web2.0、云计算、大数据、智慧众筹、智能制造、个性化定制、电子商务、ofo 等新的思维、生产制造、研发与商业模式。但是，基于互联网的分布式创新模式也面临着版权保护困难、创新规模较小等问题。针对这些问题，需要加大执法力度，创新政策体系，借助信息技术予以规制、引导与协调。

三、网络社会治理的对象与策略

从宏观上讲，社会治理的对象是社会系统或其子系统，主要由社会行为主体、社会活动、社会问题与社会关系等构成。其中，社会行为主体有社会组织、社区、家庭与个人；社会活动包括社交、集群、结社、志愿等活动；社会问题主要有犯罪、伦理失范、文化冲突、信息不平等等；而社会关系则包括社会阶层的分化、流动、融合以及家庭与社群的演变等。在网络社会，社会系统出现新的变化，使得社会治理的对象也有所变化。

1. 社会行为主体

网络社会的行为主体可以划分为：①企业，包括互联网企业如 BAT（百度、阿里巴巴、腾讯）、网络银行等，网络媒体以及传统企业；②借助于互联网开展活动的社会组织及团体，如志愿者、慈善团体、基金会、宗教组织等；③各类在线社区，如博客、微博、微信圈群、BBS 等；④利用自媒体进行信息交流与传播的个人；⑤政府机构，主要指利用网站、微博、微信等互联网平台行使职能的政府机构。

关于政府对其他社会行为主体的治理，Bell 与 Hindmoor 划分了五种模式：官僚或自上而下的模式、劝说模式、市场模式、社区参与模式与联合（associative）或网络治理模式。其中，网络治理模式指国家与公司、私营协会、利益团体一起发展并实施政策，政府通过公共政策内容来换取公共支持、信息采集以及政策实施过程中的直接协助[①]。从中国的实践来看，上述五种模式均有应用，比如法律规制、行政约谈、政府采购、协商谈判、政产学研结合，等等。近年来，在城市治理中，社区参与模式与网络治理模式的运用不断增多，取得了良好效果。就当前的网络社会治理而言，针对各类行为主体的治理手段主要包括三类：一是及时制定法律，依法约束各主体行为；二是建立监管机构，指导、协调、监管各主体的行为，使之合规、有序开展活动；三是在政府与各行为主体之间建立有效的沟通合作机制，提高政策制定与执行的质量与效率，并取得互惠与相互学习的效果。

2. 社会活动

网络社会中各行为主体的社会活动可以划分为以下几类：①经济活动，如企业的营销或广告活动；②政治活动，如政治组织、团体或个人的招募、选举、集会、宣传或观点传播活动；③文化活动，社会组织、在线社区或个人以互联网为平台进行的文化集会或传播活动；④社会活动，社会组织、在线社区或个人借助互联网进行的舆论监督、志愿服务、慈善捐赠、行为规约等活动；⑤信息活动，除上述各类活动所包含的信息活动之外，组织、在线社区或个人出于兴趣或学习目的所从事的信息获取、发布、共享与传播活动。

从合法性角度来讲，上述活动可以简单划分为合法活动与违法活动。在网络社会中，借助信息网络技术手段，一些违法犯罪活动变得更加复杂和隐蔽，出现了一些新的形式，如网络欺诈、电商偷税漏税、黑客入侵、网络病毒、网络传销、侵犯知识产权以及借助互联网从事毒品交易、赌博、色情、买卖人口或器官、组织恐怖活动等。治理网络违法犯罪活动需要加强执法力度，运用信息技术手段，提高信息分析与案件侦破水平。近年来我国互联网立法进展较快，2016 年出台的《中华人民共和国网络安全法》对危害国家安全与社会公共利益、侵犯个人隐私等活动提出了明确的界定与惩处措施，使得相关案件的判决有法可依。但是在某些领域立法依然滞后，如互联网儿童保护、打击网络色情等，致使一些犯罪活动尚难以得到有效制裁。针对这类活动，需要加快立法进程，尽快完善相关的法律法规体系。

① Bell S, Hindmoor A. Rethinking governance: The centrality of the state in modern society[M]. Cambridge University Press, 2009.

除违法犯罪活动之外，出于追求经济利益、知名度、价值观优越感等目的，网络社会中还存在大量尚未触及法律但却违反企业伦理与个人道德的行为，大致可以划分为以下几类：①虚假信息类，如编造虚假新闻、造谣传谣、推送或传播错误知识等。2016 年腾讯微信公众平台累积处理谣言文章 20 多万篇[①]。2014 年某电商平台假货几乎引发电子商务的信任危机。②信息使用不当类，如泄露或非法使用个人隐私信息，进行人肉搜索等。2016 年某电商因内部管理不善致使顾客个人信息大量泄露，面临财产安全与金融欺诈的风险；2008 年因北京女白领之死引发的人肉搜索严重侵害他人名誉权，最后被定性为网络暴力犯罪。③语言使用不规范类，如网络媒体通过制作耸人听闻或者低俗的标题吸引公众注意力，达到增加点击量、谋取商业利益的目的。④政治传播类，一些受到境外资金支持的个人或组织有目的地进行颠覆主流价值观、矮化传统文化、煽动舆论等活动。⑤网络暴力类，如网络诽谤、网络欺凌、网络群体暴力等。2015 年 7 月 22 日，山东威海文登青年侯聚森因为在网上发表爱国言论，引来意见不合者的群殴，致使网络暴力演变成现实暴力。⑥信息骚扰，如流氓插件、植入广告、未经许可的信息推送等。

在网络社会，几乎所有活动都涉及信息的发布与传播，因此对信息活动进行治理就成为网络社会治理的基本任务。对于违反伦理道德的行为，需要通过行政规制、经济惩罚、行业伦理准则约束、舆论监督等手段加以制约。2016 年百度贴吧事件发生之后，国家网信办约谈百度负责人，促使百度放弃了医药卫生领域的竞价排名。2017 年 1 月，国家网信办开展“标题党”专项整治活动，对 5 家网站给予行政处罚，并制定印发了《互联网新闻信息标题规范管理规定（暂行）》（以下简称《规定》），明确要求各网站把坚持正确舆论导向贯穿到互联网新闻的采集、撰写、编排、发布等环节。

3. 社会关系

网络化的传播、生产与交换方式使得个人、社群、组织以及阶层之间的关系发生了新的变化，平等、开放、互联的人际交往模式对传统工业社会的科层等级观念造成冲击。伴随社会关系的变动产生了新的社会问题，

---

① 腾讯研究院 . 微信生态安全报告（2016）.［2019–12–12］［EB/OL］. http://news.qq.com/a/20161125/000281.htm#p=1,2016–11–24/2018–5–3.

比如：一些基于互联网的产业迅速崛起，对一些传统产业造成冲击，原有的财富分配格局被打破并在短时间内引发社会秩序的动荡，比如网约车对传统出租车行业的冲击，电子商务的兴起使传统商业企业受到巨大冲击；虚拟社群迅速兴起，与传统以地缘关系为纽带的现实社区并存。信息网络技术使得传统的社会阶层距离减小，但又产生了新的信息不平等问题，一些弱势群体在社会网络中的边缘化程度加剧。这些因社会关系变动带来的经济社会现象或问题，关系到长远的社会公平与经济发展，需要制定面向未来的产业政策与社会发展目标，进行有效的引导与调节。

四、网络社会治理的主体分析

为实现网络社会治理的目标，需要基于网络结构分布、灵活、易于沟通的特点，针对具体的治理对象选择合理的治理策略，实施政府主导、多元主体协同合作的治理方式。将网络社会治理的主体划分为政府、企业、社会组织与个体公民四大类，各主体在网络治理中的交互关系如图 1–1 所示：

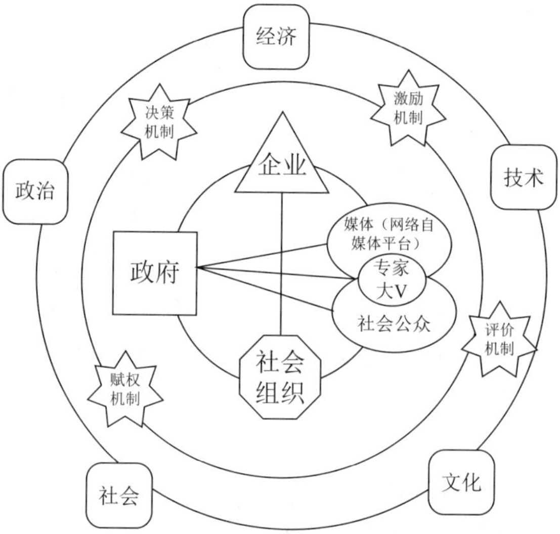

图 1–1　网络社会治理的主体

1. 作为网络中心节点与公共服务平台的政府主体

政府是社会管理与公共服务的首要主体，在政策制定与公共事务决策中发挥着主导作用。在网络社会，信息网络技术将政府、企业与社会组织更加紧密地联系在一起，比如在微博平台上，政府、企业与个人账号共同存在并密切交互。在制定公共政策以及向社会提供公共产品与服务的过程中，借助于互联网平台，政府更容易找到具有竞争力的外包合作伙伴。基于 Web2.0 甚至 3.0 技术的政府，不仅是网络社会的中心节点，而且通过开放、交互与关联合作的方式成为公共服务提供与公共事务决策的平台。在这个基于信息网络技术的平台上，政府将社会服务提供、公共产品生产以及政策研究的任务部分或全部外包给具有专业化知识和生产能力的企业、社会组织、研究机构甚至个人。它自身则负责了解社会需求，把控社会公平公正、国家安全、市场有序的宏观目标和发展方向，并对这些外包伙伴进行选择与监管，通过沟通与协作使各类社会主体协同工作。

2. 以多种途径参与社会治理的企业主体

作为公共基础设施、公共产品与服务的实际生产者，企业参与网络社会治理的方式包括参与制定产业政策和行业标准、通过竞标政府采购项目承担公共产品的生产与服务提供、引领或参与行业技术标准或伦理准则的制订。比如，咨询公司和智库机构常常同政府的研究机构以及大学合作进行政策研究。大量的工程公司和信息技术企业则承担了铁路、公路等基础设施及电子政务项目的建设。需要注意的是，企业的趋利动机也会带来寻租与腐败问题。大企业常常通过参加政策讨论、游说政府部门、培养代言人等方式影响行业政策的制定，使之符合自身的利益诉求。为此，需要在政府招投标过程中增加信息透明度，加强社会监督与执法力度。

互联网企业在网络社会治理中发挥着重要作用。互联网企业为社会行为主体间的交互提供技术支撑，是信息聚合、共享与竞争的平台。比如在新浪微博、腾讯微信等自媒体平台上，个人、企业与政府平等交互，共享信息、知识与新的理念，协同参与互联网治理。2016 年，微信公众平台辟谣中心累计加入辟谣机构 470 多家，包括丁香医生、果壳网、中科院之声、科普中国、人民网以及全国 369 家网警巡查执法账号，类型涵盖政府、媒体、专业组织机构，覆盖食品安全、医疗卫生、公共安全与服务等领域，科普次数超过 160 万，处罚造谣账号约 10 万个，发表辟谣文章超过 60 万篇。

3. 影响公共舆论的媒体

在网络社会中，越来越多的传统媒体转变为网络媒体，以网站、微信公众号、新闻 App 等形式进行信息传播。互联网媒体是网络社会不可忽视的治理主体，对公众认知社会、判断公共事件性质发挥着议程设置和框架作用，通过把关、过滤、选择和凸显的方式，引导舆论走向并影响社会价值观的塑造，对于社会建构与文化变迁具有重要影响。例如，舆情分析发现，网络媒体对“医生手术台自拍”事件前后报道的立场转变，显著影响网民对医生形象的看法①。随着网络媒体数量不断增加，各类媒体在价值立场、利益诉求、信息来源、知识储备等方面日趋多元化，对同一事件报道或解读的观点也趋向多元和竞争。这在一定程度上减弱了由少数媒体主导的议程设置作用，对于公众更加全面客观地认识社会问题具有一定的积极作用。但是另一方面，也有少数媒体受到商业利益的驱动，编造、传播虚假新闻，或者因信息采集能力不足，以讹传讹，误导读者。针对这类媒体企业，需要加强法律监管、行业自律与舆论监督。

意见领袖（大 V）与网红可以看作是特殊的网络媒体类型。之所以将大 V 与网红归为网络媒体而非网民个人，是因为网红与大多数大 V 具有商业运作的性质，通过扩大个人影响力谋取个人利益，比如承接广告，直播带货，获得利益集团的资助，等等。借助于自媒体传播平台，意见领袖（大 V）拥有大量的粉丝，有的甚至超过专业媒体。有些大 V 对公共事件的解读或评价具有广泛的社会影响力，对于网络舆情的形成与传播具有重要影响，因而成为事实上的社会治理主体。在正常情况下，意见领袖的观点在一定程度上反映了特定社会群体的诉求，因而拥有较多的支持者，应当予以关注。但是另一方面，也必须要注意到，一些大 V 的言论只能代表某些特定利益群体的诉求，有些为了吸引眼球谋取利益甚至编造或传播谣言，或者发表损害国家利益的极端言论。针对这种情况，应当依法惩处。

4. 参与基层治理的社会组织与网络社区

社会组织在政府失灵与市场失灵的领域发挥着重要作用，如行业协会或商会、志愿服务、公益慈善、社区服务、科技传播等。其中，行业协会实质上是一种网络化的组织，支持企业进行信息交流、意见凝聚与协商合作，并通过行业伦理准则、公约等方式约束企业行为，引导、监督企业担负起一定的社会责任，是政府监管的有益补充。比如，近年来中国科协通

① 博约舆情，《西安医生手术台自拍事件舆情分析（后续篇）》[EB/OL]. http://www.boryou.com/?p=2070,2014-12-25/2015-6-25.

过资助社会调研与政策研究项目的方式，在完善科技政策体系、推动科技创新发展方面发挥了重要作用。2012年中国互联网协会发布了《抵制网络谣言倡议书》，呼吁互联网企业共同抵制网络谣言，营造健康文明的网络环境，在相关法律正式出台之前发挥了非正式规范的作用。除此之外，行业协会还发挥着政府与企业之间的桥梁沟通作用，一方面推进行业政策的贯彻实施；另一方面，及时将企业诉求反馈到行业政策的制定过程中。

在灾难救援、扶贫、边远地区教育、乡村医疗、公共卫生、大型体育活动、弱势群体救助等领域，红十字会、中华慈善总会等慈善公益机构发挥着重要作用，是政府机构的有益补充。在网络社会，社会组织常常通过网站或网络社区的形式传播信息或行使职能。借助于互联网平台，志愿组织与慈善机构可以更加容易地招募专业领域的志愿者，获取服务对象信息，得到社会支持。同时，志愿组织所掌握的独特信息，也有益于公共政策的改进与完善。

网络社区是类似于行业协会的松散社会单元。在网络社会，绝大多数的网民个人或组织在一个或多个网络社区中活动。网络社区将在兴趣爱好、专业特长、职业身份或其他方面具有共同特征的个人或组织聚集在虚拟平台上，发表观点或进行信息的交流与共享。由于社区成员的多样性，在大多数情况下，网络社区并不像正式组织那样持有一致的观点。但是，在涉及群体性利益的情况下，一些专业性较强的社区也会像行业组织那样提出比较明确的政策诉求。比如科学网社区集聚了大量的科研人员，在涉及科研评价、人才政策时科学家们常常能够形成较为一致的声音，但是在其他问题上的观点则较为分散，甚至相互对立。网络社区治理是网络社会基层治理的体现，主要目标是对社区成员网络行为的协调与约束，具体的治理策略包括建立各种社区委员会，制定社区管理规则，实行实名注册制度，发布伦理倡议书，组织线上或线下的社区活动等，使社区成员的行为符合法律要求或伦理规范。

5. 通过意见表达或专业知识参与社会治理的网民

在传统社会，受信息或知识欠缺、表达渠道有限、传播范围较小等因素的制约，单个社会成员参与公共决策的力量很小。在网络社会，情况发生了变化，公众的意见和情绪借助互联网传播得到极化，形成更为有力的公共意见，从而对公共事务的决策产生显著影响。尤其是Web2.0技术的应用，大大拓展了公民的参与渠道，使得公共决策领域的智慧众筹在技术上具备了可行性。比如北京市政务门户网站开设了“人民建议征集”版面，设有议题征集、典型建议、意见反馈栏目，从2015年1月至2017年1月，共征集意见504条，反馈意见140条，征集的议题涉及“京津冀”“交通”“教育”“生态环境”“社会保障”等领域。

在转基因、核电、大气污染、传染病防治等专业领域，普通公众不具有参与政策制定的专业知识，专家意见成为政策制定的重要依据，因而成为不可替代的治理主体。需要注意的是，由于专业局限或视角不同，针对同一问题专家学者常常持有不同观点，在做出政策选择之前，应该对不同意见给予充分表达和讨论的时间，以保证政策的质量。

除此之外，互联网的意见聚集功能使得社会公众的舆论监督能力大大提升，在惩治官员腐败、监督企业行为、维护主流价值观方面取得显著成效。与此同时，网络舆论对企业的监督能力也空前提高；2015年某凉茶借污辱英雄邱少云与赖宁进行恶意营销，遭到了网络舆论的强烈抵制，英雄形象和主流价值观得以维护；2016年魏则西事件发生后，在网络舆论与政府行政监管双重压力下，百度放弃了医疗卫生领域的竞价排名，大大减少了虚假医疗广告带来的危害。

另一方面，网络传播大大增强了群体极化效应。在信息公开不力的情况下，谣言、极端观点、恐慌情绪会通过网民的评论与转发得到极化。极端情况下，网络舆情会转化成现实的群体性事件，造成社会危害，比如反日游行演变成街头打砸等暴乱局面。因此，一方面应有效发挥各类社会主体的治理作用，另一方面也应当通过有效的舆情应对策略、法律约束、道德教化等多种手段对其行为进行规制。面对网络舆论，需要及时进行回应与干预，及时提供真实权威的信息或专业知识，引导网络舆情良性发展。

6. 各类治理主体间的关系分析

如上所述，政府、企业、社会组织、网络社区、网民个人在网络社会治理过程中发挥着不同的作用，各类治理主体间的关系构成了网络社会的治理结构。由于网络的互联与平台性特点，网络社会治理除了存在上述单向度的关系之外，还具有自我治理、反向治理、自我约束与平台叠加的特点。

首先，作为网络中心节点的政府与其他所有类型的治理主体之间存在着管理与被管理的关系。在这一点上，非政府社会主体主要作为社会治理的对象而存在。由政府主导的、以法律法规为基础的自上而下的管理模式是网络社会治理不可替代的部分。在政治与行政二分的理论体系中，政府是国家权力的执行机关，得到了国家强制力的支持。在法律体系健全的社会，社会管理成本较小，政府的管理职能被控制在一个必需的最低限度，主要体现为指导、协调与监管。网络社会的快速发展带来许多前所未有的问题，尤其是在一些新兴领域，立法体系尚不健全，还需要政府加大监管力度，保证各社会主体的行为规范有序，使之符合网络社会发展的根本目标。除了借助法律法规进行治理的官僚模式之外，政府还通过劝说的方式对其他社会主体进行管理。比如借助政务新媒体劝说人们不信谣传谣、快速识别电信诈骗、使用文明的网络语言、参加爱心志愿活动等；互联网主管部门则通过约谈的方式，促使互联网企业调整损害网民利益的市场行为。

其次，各治理主体间存在合作关系。在网络社会，凭借快捷的沟通技术与各自的专业优势，各治理主体间的协同合作更加有效，大大提升了公共产品与服务提供、产业政策制定、社会责任承担等多方面的能力。在以政府为中心社会治理模式中，市场模式、社区参与与联合模式都是政府与非政府社会主体间常见的合作方式。其中，市场模式普遍存在，比如我国政府在智慧城市建设的过程中，从市场上大量采购软硬件设备、系统运维服务以及智库研究报告。社区参与模式主要体现为社会组织及网络社区的参与。如近十年来发展较为迅速的政府主导的社区养老模式——居家养老，就是一种通过整合政府、社区和家庭养老功能而建立的新型社会服务体系。另外，前所述我国许多地方政府通过网站、社交媒体平台、网络社区征集公众建议、招募志愿组织、进行政策绩效评测等，不但取得了良好效果，也增进了公众对政府工作的理解。2016 年 6 月青岛市政府与阿里巴巴集团签署 B2B 电子商务合作框架协议，围绕完善 B2B 电商政策配套体系开展合作，是联合治理模式的典型案例。

再次，在现代国家，各类型社会治理主体对政府负有监督责任，监督渠道主要有正式的参政议政途径与社会舆论两种。在网络社会，“我为两会提方案”“我为政府提建议”“市长信箱”等沟通途径空前丰富，使得各主体参与社会治理的能力不断提高，范围与深度增强。除正式途径之外，网络舆论在促进政府信息公开与程序公正、惩治官员腐败、提升政府社会管理与公共服务水平方面发挥了重要作用，有力地推进了我国社会治理的现代化进程。但是同时也需要注意到，网络舆论的形成与传播有着较为复杂的动因，需要借助大数据分析技术，才能够从中了解真正的社会诉求，又能够对舆论操控行为加以规范，从而有效发挥网络舆论的监督作用。

最后，在网络社会，政府、企业、社会组织以及以社区形式聚集的网民既是具有明确界限的关联节点，也是相互叠加、关联的平台。其中，政府作为社会管理与公共服务的平台，为企业、社会组织以及个体公民提供参与机会，并对其进行指导、协调与监管。互联网企业是互联网技术平台的实际提供者与维护者。在我国，政府机构、企业、社会组织与个体公民利用诸如新浪微博、腾讯微信等平台发布信息、沟通互动、提供服务。作为网络社会的基本单元，网络社区则为各治理主体提供了沟通与交互的平台，诸如新浪微博之类的大型网络社区为政府、企业、社会组织提供交互与沟通的机会。另外，一些大型非营利组织也以网络社区平台的形式在网络社会治理中发挥作用。如已有 80 多个国家加入的互联网协会（ISOC）致力于保证互联网的开放发展、进化与利用。互联网治理论坛（IGF）则为促进多利益相关者之间的政策对话做出努力。

五、政府主导下的网络社会治理结构

将网络社会各治理主体间的关系用图 1–2 表示。各行为主体既是社会治理的主体，也是社会治理的对象；既是相互区别的节点，又是相互支撑的平台。各治理主体之间存在着行政监管、深度合作、舆论监督、选举与被选举、平台隶属以及技术支撑等关系。虽然各治理主体在信息获取与交互沟通方面比以前更加平等，但是各主体的利益诉求仍然有着根本的差别，为实现社会治理的根本目标，有必要对各类主体的行为依法进行规制。相比于其他主体，政府对国家安全、社会稳定、经济发展、文化繁荣负有主要责任，因此在治理网络中占据中心地位。

大量文献讨论了网络社会的治理机制，但是视角各不相同。一些是从网络治理的实现角度入手，探讨实现有效的网络治理的机制，比如协调、信任、整合、建立共识等，这些机制既可用于网络社会的治理，也可用于网络组织的治理；另外一些是针对社会或网络社会的治理模式，比如自组织治理、整体性治理、协同治理或善治。前者应用在后者之中，可以提升治理效果。事实上，一种治理模式的效果依赖于它所运用的治理机制的有效性。

面对网络社会产生的种种新现象和新问题，传统的社会治理结构和手段已经难以适应，需要探索新型治理结构和机制。在理论分析的基础上，提出了网络社会治理的主体结构模型，以图 1–2 直观展示网络社会各治理主体间的关系。

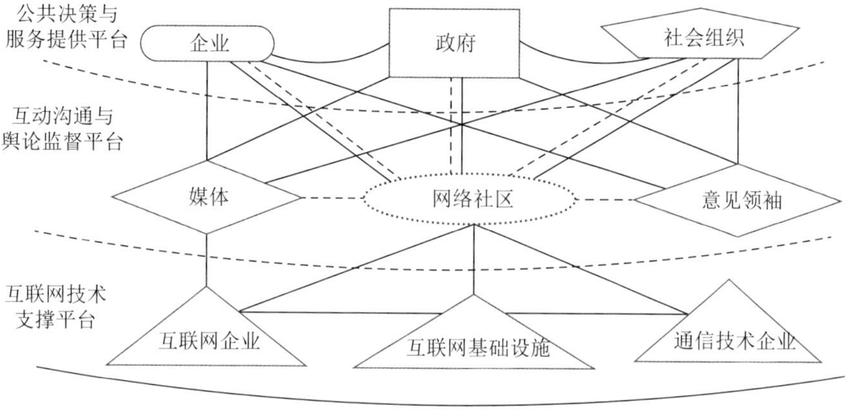

图 1–2　以政府平台为中心的网络社会治理主体结构

注：实线表示实际的监管、监督与合作关系；点状虚线表示隶属关系；段状虚线表示分隔关系；其他形状表示不同类型的社会主体

六、网络社会的治理机制

机制，泛指一个工作系统的组织或部分之间相互作用的过程和方式。在纽曼（Newman）看来，治理本身就是一套解决公共问题、管理社会的机制①。而机制的实质是一套规则，网络社会治理机制关注的是“如何治理”的问题，主要包括以下类型：

自组织机制。自组织意味着一种自主而且自我管理的网络②。面对网络社会的失序危机，以奥斯特罗姆为首的多中心治理学派提倡通过自组织机制来解决网络社会管理的困境。他们认为网络空间的参与者在多次反复的演化博弈过程中，会采取合作的态度，建构一种长期和谐的社群关系，实现网络空间的自我协商。杰索普（Jessop）认为自组织秩序与等级秩序不同，它是个人、组织或系统之间在感知共同利益的基础上，自发行动起来

① Newman, M. E. J. . The structure of scientific collaboration networks. PNAS, 2001 98 (2): 404–409.

② Rhodes R A W. Understanding governance: Policy networks, governance, reflexivity and accountability[M]. Open university press, 1997.

进行利益协调[①]。董凤娟对该理论提出了质疑，剖析将自组织应用于网络社会的局限性以及中国网络社会的管理不适宜自组织理论的现实条件[②]。阿斯皮纳尔（Aspinall）在研究1950年至1960年代印度尼西亚的公民社会时发现，公民社会成为一种机制，不是为了管理社会资本，而是管理社会政治冲突并将之变为社会的基石[③]。事实上，在网络社会治理的实际过程中，并非只采用某种治理机制，而是在不同的问题上有所侧重。从近五年我国互联网治理的效果来看，在反复演化的博弈过程中，个人、组织与政府之间的合作不断增强，在一定程度上也体现了自组织机制所发挥的作用。

信任机制。信任是一个公正与合作的社会的基础。公民和政府之间的信任来源于信息的公平交换，公众评估政府绩效的理性契约、明确的问责程序和有力的政府本身，而公民信心的丧失则是由看似缺少回应、惩罚性的社会服务计划造成的[④]。刘霞与向良云提出公共危机决策网络治理结构的学习路径包括：彼此合作的学习氛围、信任机制、权力与知识的分布相匹配[⑤]。方兴东等提出网络治理在于信任机制和协调机制的培育，信任机制是网络的运作基础，其地位类似于市场的价格机制或科层的权威机制。只有在价值协同、信息共享以及诱导与动员等方面建立起良好协调机制，才能真正培育起成员间的信任关系[⑥]。在网络社会治理的过程中，治理主体之间的信任对于相互之间的协同与合作十分重要。习近平总书记指出，如果政府与社会公众之间缺乏信任，则会导致塔西陀陷阱。在商业领域，正是解决了信任机制的问题，才使得电子商务成为现实。

协商沟通机制。安塞尔（Ansell）和加什（Gash）提出，随着知识变得越来越专业化、分布化，制度基础设施变得更加复杂和相互依赖，协同治理的需求增加。在他们所建立的协同治理过程模型中，从面对面对话，到建立

---

① Jessop B. The rise of governance and the risks of failure: the case of economic development[J]. International Social Science Journal, 1998, 50 (155): 29–45.

② 董凤娟．网络社会管理探析——对网络社会自组织管理模式的质疑［J］．法制与社会，2011（16）：222–224.

③ Aspinall E. Transformation of Civil Society and Democratic Breakthrough[J]. Civil society and political change in Asia: Expanding and contracting democratic space, 2004: 61–96.

④ Braithwaite, V, Margaret L, eds. Trust and governance[M]. Russell Sage Foundation, 2003.

⑤ 刘霞，向良云．公共危机决策网络治理结构学习机理探析［J］．软科学，2006（02）：1–4.

⑥ 方兴东，张静，张笑容．即时网络时代的传播机制与网络治理［J］．现代传播（中国传媒大学学报），2011（05）：64–69.

信任、认可相互依存与共同利益、识别共同价值、取得中间成果再到诚信对话的循环，这个系统过程受到制度设计和领导力的影响，实现了初始治理状态的转变。如果一些利益相关者没有能力、组织、地位或资源参与，协同治理过程将倾向于被更强有力的行动者操纵[①]。协同治理过程包括对话、信任、相互认可、价值识别、取得成果再到对话的环节。其中，对话是协同治理的起点，信任是协同治理的基础，可见协商沟通在网络社会治理中的重要性。谢金林认为网络社会是由多个子系统构成的自我协同演化的生态系统，网络社会生态平衡的条件是自发的扩展秩序以及多中心协同的管理体制[②]。但是，从现实情况来看，仅仅依靠网络社会自发的平衡机制在短期内难以实现协同治理的目标，在极端情况下可能出现经济学上"柠檬市场"的劣平衡，因此，需要社会治理主体在协同治理的过程中把握方向、设计规则，不断地协商沟通，才有可能真正发挥协同治理机制的作用。

第二节　互联网治理

互联网实质上是一个全球化的虚拟社会，存在多元行动主体，也面临着技术、经济、政治、社会、文化等各个方面的问题。互联网治理是网络社会治理的重要组成部分。

一、互联网治理的含义

互联网是跨越国界的虚拟空间。互联网治理规则的制定涉及多个国家及多种社会主体。2004 年，在日内瓦召开了信息社会世界高峰论坛，制定了《日内瓦行动计划》，其中第 6 章第 13 条要求联合国秘书长成立互联网治理工作小组，对互联网治理的概念进行界定[③]。之后联合国互联网治理工作小组（WGIG）将互联网治理定义为政府、私营部门以及公民社会各自承担不同的角色，对形成互联网演进与利用的共同原则、标准、规则、决

---

① Ansell C, Gash A. Collaborative governance in theory and practice[J]. Journal of Public Administration Research and Theory. 2008, 18 (4): 543–571.

② 谢金林 . 生态系统视角下的网络社会管理体制研究［J］. 大连理工大学学报（社会科学版），2012，33（03）：97–102.

③ WSIS (World Summit on the Information Society). Plan of Action, 2003. [EB/OL]. https://www. itu. int/dms_pub/itu-s/md/03/wsis/doc/S03-WSIS-DOC-0005!!PDF-E. pdf.

策程序与项目进行开发和利用[1]。互联网治理项目（IGP）则将互联网治理定义为："由通过互联网协议联系起来的网络所有者、运营者、研发者及用户进行集体决策，以建立全球互联网活动中的政策、规则、关于技术标准的争议解决程序以及资源分配或人员参与程序。"再一次强调了多利益相关者对互联网治理规则的集体决策。

由上述定义可以看出，互联网治理既是对互联网这一虚拟世界中各种关系和资源使用行为的治理，同时也包含了对由通信线路和通信设备连接的信息系统和计算机网络技术资源的管理。本克勒（Benkler）将互联网治理分为三个层次：物理基础设施层、编码或逻辑层以及内容层[2]。在这三个层次上，都涉及技术资源的分配与管理规则的制定。从国家主权的行使边界来看，互联网治理包含两层含义：一层是在全球范围内对互联网技术资源进行分配与管理的规则制定，需要国际合作与协商，相关的治理主体构成一个国际化的治理网络；另一层则主要针对互联网内容，采用多种治理策略和方法，由多利益相关者共同对互联网虚拟社会进行控制与管理，一般具有明确的国家界限。

二、关于互联网治理的不同主张

互联网无政府主义。在互联网出现早期，有学者认为互联网是一个跨越国界的空间，反对政府对互联网进行管制。巴洛（Barlow）于 1996 年发表"网络空间独立宣言（Declaration of Independence of Cyberspace）"，声称"美国政府没有得到大众的同意将法律应用于互联网，互联网在国家边界之外，互联网正在发展自己的社会契约，以决定如何处理它的问题"[3]。但是随着互联网的发展，这一主张已经被抛弃。2019 年 8 月 19 日，社交媒体公司推特、脸书相继宣布，删除、停用 936 个在中国内地创建的账号，理由是它们有官方背景，且有目的地涉嫌传播关于香港局势的涉暴"假新

① Reforming internet governance: Perspectives from the working group on internet governance (WGIG) [M]. United Nations Publications, 2005.

② Benkler Y. From consumers to users: Shifting the deeper structures of regulation toward sustainable commons and user access[J]. Fed. Comm. LJ, 2000, (52): 561.

③ Barlow J P. A Declaration of the Independence of Cyberspace[EB/OL]. Davos, Feb. 8, 1996. [2020-2-22]. https://www. eff. org/cyberspace-independence.

闻”，破坏了所谓“示威”的合理性[①]。这意味着，网络空间并不独立，一些国家不但将法律应用于互联网，还直接干预互联网的内容发布。

互联网规制论。美国经济学家丹尼尔·斯普尔伯（Daniel Spulber）对政府规制（regulation）理论作了详尽综述，认为“规制是由行政机构制定并执行的直接干预市场配置机制或间接改变企业和消费者的供需决策的一般规则或特殊行为”[②]。2016 年美国大选结果受到 Facebook 数据泄露的影响，使得原本强调互联网独立的美国也开始讨论互联网规制问题。美国参众两院的民主党人呼吁扩大对包括谷歌、脸书和推特在内的网络平台的中立性保护，对目前仅适用于传统新闻来源的政治广告施加限制；扩大传统反垄断和消费者保护法，以反映平台公司的增长能力，包括亚马逊、网飞（Netflix）和微软；对未经监管的新巨头向传统内容提供商和分销商所做的并购进行司法干预[③]。2018 年，欧盟正式实施《通用数据保护条例》（GDPR），对政府、企业等各类机构在互联网上收集和使用个人数据的行为进行了详尽的规定，以保护个人隐私不受侵犯。可见，互联网作为个人和企业的重要活动场所，不是法外之地，如果不进行有效规制，很难得到健康发展。

互联网多元治理主体论。威尔逊（Wilson）分析了互联网治理中的多个利益相关者，包括公共部门、私营部门、研发机构和非政府组织，这四个主体从初始的弱联系逐渐演化为相互之间的强关系网络[④]，表明他们在互联网治理问题上的沟通日益频繁。多元治理主体间关系的不断强化，也意味着网络社会逐渐形成。比奇（Beach）从权力、紧迫性和合法性三个方面研究了利益相关者对网络治理可持续性的影响，认为管理者对利益相关者的重视程度受互相依赖程度的影响[⑤]。此后，利益相关者在互联网治理中的

---

① 玉渊谭天 . 删除停用 936 个中国帐号，谁让推特脸谱撕下脸皮？央广网，2019，3. http://news.cnr.cn/native/gd/20190823/t20190823_524744051.shtml

② Spulber D F. Regulation and markets[M]. MIT press, 1989.

③ Downes, L. On Internet Regulation, the FCC Goes Back to the Future[EB/OL]. [2020-2-22]. https://www. forbes. com/sites/larrydownes/2018/03/12/the-fcc-goes-back-to-the-future/#4d5e2cf25b2e.

④ Wilson E J. What is Internet governance and where does it come from?[J]. Journal of Public Policy, 2005, 25 (1): 29–50.

⑤ Beach, Sandra (2008) Sustainability of Network Governance: Stakeholder Influence [C]. In Brown, Kerry A. and Mandell, Myrna and Furneaux, Craig W. and Beach, Sandra, Eds. Proceedings Contemporary Issues in Public Management: The Twelfth Annual Conference of the International Research Society for Public Management (IRSPM XII), pages pp. 1–23, Brisbane, Australia.

作用受到了进一步的重视。2014 年 4 月在巴西举行的全球互联网治理大会讨论了“多利益相关方模式”的治理原则及未来互联网治理的线路图。这里需要注意的是，利益相关者是通过影响互联网的管理者来影响治理结果，还是作为主体参与互联网治理规则的制定，是两个不同的问题。可以说，前者是互联网治理的初级阶段，后者则是互联网治理的高级阶段。

互联网分层治理论。舒华英提出，互联网治理要在结构、功能、意识三个层面进行，在互联网发展的不同时期应有所侧重，早期侧重于对互联网结构的治理，如域名管理、对口地址分配管理、网络之间的费用结算问题等。随着互联网上各种应用的出现，需要加强对垃圾邮件、隐私保护、网络游戏的治理。第三个层次则是对互联网意识层面的治理①。互联网意识形态层面的治理更加复杂，需要多种治理手段和治理方式的综合运用。当互联网发展到高级阶段，三个层次的治理需要同时进行。

目前看来，随着互联网的覆盖范围不断增加，在线活动日益复杂，对互联网活动实施规制已经成为各国共识。相关的治理活动可以从国内与国际两个方面进行分析。

三、互联网的国际治理

互联网治理需要构建一个多利益相关者合作的治理网络，包括网络与服务运营商、域名登记管理机构、IP 地址与标准化组织、互联网服务提供商以及个人用户，由政府与非营利组织与这些利益相关者一起发展技术政策。在互联网治理结构中，跨国组织超出了一国的界限，作用十分显著。由美国加州的非营利组织“互联网名称与数字地址分配机构”ICANN 掌管的互联网号码分配局（IANA）是互联网域名系统的最高权威机构，掌握着互联网域名系统的设计、维护及地址资源分配等方面的绝对权力。其他的互联网技术组织还包括国际标准化组织（ISO）、互联网工程任务组（IETF）、互联网研究任务组（IRTF）、W3C、地区互联网登记机构（RIRs），等等。另外，国际组织互联网治理论坛（IGF）在互联网治理中也发挥着重要作用，支持多利益相关者进行政策对话。此外，已有 80 多个国家加入的互联网协会（ISOC）则致力于保证互联网的开放发展、进化与利用。这

① 舒华英．互联网治理的分层模型及其生命周期［A］．中国通信学会．通信发展战略与管理创新学术研讨会论文集［C］．中国通信学会，2006：5.

些跨国组织或协会，虽然以非政府机构的形式存在，但是仍然主要由发达国家主导。能够在这些组织或协会中有发言权，或者促使这些组织或协会更加中立，是许多成员国和利益相关方讨论的核心问题之一。

治理主体间的关系决定了互联网的治理结构。在互联网治理的多利益相关者模型中，政府地位是讨论的焦点。各国政府希望从国家安全出发加强互联网管理，而国际组织、非营利组织、民间团体、互联网企业、网民个人则从各自的权益出发，希望政府减少对互联网的控制。在 2014 年召开的 ICANN 会议上，美国加州的非营利组织互联网名称与数字地址分配机构 ICANN 代表与西方产业界主张各国政府、私营机构、民间团体、其他互联网组织以及普通的互联网用户平等参与，反对政府管理过多，但是发展中国家的政府代表则认为实际上的平等参与是很难实现的，主张强化政府作用，提升政府在互联网治理中的参与度①。俄罗斯的互联网立法和域名分配是由互联网信息中心、政府电信部门及一些非营利组织共同参与完成②。这表明处于不同发展阶段的国家，其互联网治理的环境成熟度不完全相同，关于治理的主张也不完全相同。根据中国的实际情况，政府在互联网治理中应当发挥引导规则制定、对其他治理主体进行监管的职责，以保证互联网安全、健康运行。

四、互联网的国内治理

目前互联网在世界各国的发展与应用状况并不平衡。互联网的使用者大多数在发展中国家，但是经济价值和内容生产大多由发达国家承担，全球互联网生态系统的不平衡影响着国际互联网的治理③。为此，各国互联网治理也各有侧重。比如，斯里兰卡强调网络安全和隐私对所有国家的重要性④。ICANN 的 Sadowsky 认为互联网治理必须首先明确互联网管理的目标，

---

① 洪延青．互联网治理的未来走向依旧不明——第 49 届互联网名称和数字地址分配机构会议综述［EB/OL］. http://world.people.com.cn/n/2014/0326/c1002–24745103.html,2014–3–26/2014–3–26.

② 乔治·萨多斯基．必须明确我们对于互联网治理的目标［EB/OL］. http://news.xinhuanet.com/live/2014–11/21/c_127236925.htm,2014–11–21/2015–4–21.

③ 迈克·肯德．互联网领域仍有巨大的数字鸿沟［EB/OL］. http://news.xinhuanet.com/live/2014–11/21/c_127237083.htm, 2014–11 月 – 日 /2015–4–21.

④ 吉昂·迪亚斯．应做更充足的准备应对网络安全问题［EB/OL］. http://news.xinhuanet.com/live/2014–11/21/c_127237004.htm,2014–11–21/2015–4–21.

保证所有人的声音得到表达，为此，互联网治理应当由技术社区和社会共同参与[①]。2014年2月，中国成立了由习近平任组长的中央互联网安全与信息化领导小组，将网络安全作为互联网治理的首要任务。

网络空间安全是互联网治理的重要目标。如果一个国家可以依靠先天的资源优势、完善的法律体系以及先进的技术手段保障国家信息安全，那么其政府更倾向于主张放松对互联网的管控。目前美国是世界上制定互联网信息安全法律最完善的国家，涉及信息内容安全、基础设施安全、数据安全及互联网犯罪等数十部联邦法案，此外还有严密的信息监控体系以及如ICANN这样具有高度权威的非营利组织掌控着全球互联网资源的分配，这些为其开放互联网的主张奠定了基础。对于发展中国家而言，则需要根据本国互联网发展面临的问题构建互联网治理对策。

当前我国互联网治理的核心目标是国家安全。除此之外，我国互联网发展还面临着网络犯罪、数字鸿沟、意识形态与文化安全等种种问题。针对这些问题，需要同时运用制度与技术两个方面的手段进行治理。其中制度手段主要包括：加快完善互联网法律体系，严厉打击互联网违法犯罪行为；培育互联网社会组织，激发治理主体的活力；加强政府与互联网企业的合作，提高互联网治理效率；倡导企业、网民与社会组织的道德自律，自觉营造良好的互联网生态环境。技术手段则包括信息安全技术、大数据开发利用、新媒体与人工智能技术，等等。

其中，应当充分发挥政府的主导作用，构建多元主体协同合作的治理结构。第一，政府应当与各类互联网利益相关者加强沟通与合作，构建协同治理网络，共同承担互联网治理的责任。第二，应积极培育互联网非营利组织，如技术联盟、行业协会、公益志愿组织等，通过适度赋权发挥它们在国际互联网治理中的作用，应对来自跨国组织的压力。第三，加强网站、搜索引擎、电商企业、网络社区的道德自律，繁荣信息内容建设，抵制不良信息内容和非法网络行为。第四，充分发挥媒体的社会建构作用，加强大型网络媒体对主流价值观的宣传力度，构建具有中国特色的先进文化体系。第五，借助Web 2.0技术，充分听取专家、各类智库、意见领袖以及公众的意见，提高政策制定与公共决策水平。第六，给予网民以合法

① 乔治·萨多斯基.必须明确我们对于互联网治理的目标［EB/OL］. http://news.xinhuanet.com/live/2014-11/21/c_127236925.htm,2014-11-21/2015-4-21.

获取信息、表达信息的自由，慎重采取封堵跨国信息流或进行言论控制的做法。这些治理措施虽然对国家信息安全与社会稳定有一定的助益，但是却要付出巨大的经济与政治成本，如损失由境外信息资源开发利用所带来的价值，或者降低政府的公信力，等等。

第三节　网络社会治理的仿真分析

一、网络社会的行为主体

互联网推进公共事务参与方式的变革，拓宽了公众的利益诉求渠道。政府、商业媒体、官方媒体、普通网民在复杂的互动过程中参与公共政策的制定。但是面对快速发展的社会，政府未必能及时适应协同治理、共同参与的要求，如果依然按照传统的社会管理思维处理与公众利益联系紧密的公共事务，有可能影响社会治理效果。

商业媒体和官方媒体作为重要的舆论形成、宣传和引导工具，在网络社会治理中也发挥着难以替代的作用。尤其是商业媒体，受生存压力和商业利益的驱动需要不断扩大受众群体。为了吸引注意力和流量，常常迎合公众的观点和情绪，有时甚至出现伦理失范现象。为此，政府会通过行政、法律、经济等制裁手段对网站媒体和平台企业进行规制。而官方媒体作为政府的“发声筒”，主要发挥传递政策信号和政府主张的作用，基本不存在作为独立治理主体的利益诉求和社会地位。

社会公众在大众社会中作为原子化的个体，具有信息或知识欠缺、表达渠道有限、影响范围小等特点，参与公共决策的力量较为薄弱。但是在网络社会，借助互联网的传播平台，公众的意见和情绪通过群体极化和观点聚集形成较为明确有力的公共意见，可以对公共事务决策产生较大影响。但是在信息不充分的情况下，也容易出现谣言传播、舆情失控等局面，甚至转化为现实的群体性事件，造成社会危害。

从系统论的视角来看，网络社会是一个复杂的多主体系统，其治理机制呈现出隐蔽性、复杂性和动态性特征。推动网络社会演化和变革的力量有很多，比如技术进步、制度变革或国际关系的变化等。但是，在一个相对稳定的社会历史时期，社会主体间的关系对于网络社会的形态和结构具有重要影响。社会主体的属性、特征及其所处社会环境的限制，决定了其行为决策和交互方式的复杂性和多样性，并造成网络社会结构的多层次性和复杂性。这种复杂交互的总体呈现即是网络社会的动态发展与演化。对网络社会复杂交互过程的深刻把握是理解网络社会运行与演化机理的重要基础。

二、模拟仿真方法的特点

处理复杂网络社会系统需要处理大量的交互数据，但是现实社会的交互过程很难直接观察，而动态模拟仿真分析则可以较为直观地展示这一过程。相较于传统的定性分析和实证案例研究方法，动态模拟仿真不仅可以有效克服其他研究方法无法对复杂要素及其相互作用机理进行揭示的局限，而且可以将微观和宏观的社会因素进行统一考察，展现网络社会自身的动态性特征和演化方式。从应用价值来看，通过对网络社会治理动力的模拟分析，揭示网络社会主体之间的交互过程及特征，可以帮助政府更好地把握网络社会治理机制的形成动因，也能够让媒体明确认识自身价值，更好地发挥协同治理的主体作用。

仿真又称模拟，是利用计算机模型再现实际系统中发生的过程，并通过对系统模型的实验来研究现实或设计中的系统。仿真技术最初主要应用于物理学和生物学研究。随着计算机技术发展，仿真技术的应用领域不断扩展，并延伸到社会科学研究领域。社会仿真是以社会学、数学、控制论、计算机等相关理论为基础，运用计算机模型，揭示、验证、控制、预测社会系统的演进过程的多学科交叉研究。仿真模型的建立依赖于定性分析，在模型有效性验证的基础上，通过数据的输入、参数或状态的调节或改变呈现仿真结果，进而进行揭示、验证、控制或预测。仿真方法基本的应用流程为：确定仿真对象、建立仿真模型、模拟仿真平台、分析仿真结果。

社会科学的动力学仿真建模理论可以追溯到卡特赖特（Cartwright）与弗伦奇（Harary）提出的结构平衡理论，他们认为个人对于他人的思想观点的看法受到与他人社会关系的影响。个人的情绪和观点倾向于朝着相似的方向移动，也就是说积极的看法受到相似的观点影响之后会更加积极，反之亦然[①]。阿施（Asch）[②]和弗伦奇（French）[③]分别进行的意见和社会压力

① Cartwright D, Harary F. Structural balance: a generalization of Heider's theory[J]. Psychological review, 1956, 63 (5): 277.

② Asch S E. Opinions and social pressure[J]. Scientific American, 1955, 193 (5): 31–35.

③ French Jr J R P. A formal theory of social power[J]. Psychological review, 1956, 63 (3): 181.

的形成、网络上的社会力量等两项实验也验证了这个观点。至今，仿真方法已发展成丰富的方法体系。在众多仿真方法中，系统动力学和多 Agent 仿真技术最具发展潜力，应用于多种社会仿真研究中。

仿真方法在相关领域的应用显示了其在揭示复杂系统内在机理的有效性，以及对决策的科学支持功能。网络社会各主体之间的关系具有复杂性，各利益主体所处的环境也各不相同，并且网络社会系统处于动态发展变化之中。网络社会的这些特点，使得传统的实证调查方法在研究网络社会系统时存在明显不足。另外，网络社会的治理效果无法通过现实的社会实验来验证，而仿真方法对于治理机制效果的评价具有明显优势。模拟仿真方法可以应用于网络社会治理研究的多个领域，如网络舆情传播、网络生态环境、网络社会治理政策、网络社会主体交互行为，等等。

三、模拟仿真在网络社会研究中的应用

（一）网络舆情的模拟仿真分析

网络舆情仿真是目前国内仿真研究较为集中的一个领域，主要包括网络舆情的演化过程仿真和对网络舆情态势评估与预警引导及控制效果仿真。

宗利永等建立危机沟通环境中网络舆情演变的多 Agent 模型，将呈现舆情的网络信息发布平台看作舆论子场，构建了言论主体及舆论子场的行为及交互规则，分别对言论主体 Agent 的影响力态度及舆论子场 Agent 的舆情状态进行了描述[①]。王根生利用系统动力学对网络舆情群体极化现象进行了建模与仿真，模型中设定的影响因素包括环境热度、时间热度、关注热度、发帖热度以及时间，它们共同形成舆情热度[②]。刘小波结合基于 Agent 的建模与仿真、复杂网络和舆情动力学模型，提出了基于多 Agent 复杂网络的舆情演化模型框架，该方法的基本思想是：将社会中的人模拟成计算机中的 Agent；将人与人之间的意见交互行为模拟成 Agent 的属性和行为，并引入舆情动力学模型进行描述；人与人之间的关系运用计算机生成的虚拟复杂网络来描述，验证了针对不同对象开展舆论宣传工作所产生的

---

① 宗利永，顾宝炎．危机沟通环境中网络舆情演变的 Multi-Agent 建模研究［J］．情报科学，2010，28（09）：1414–1419.

② 王根生．网络舆情群体极化动力模型与仿真分析［J］．情报杂志，2012，31（03）：20–24.

效果[①]。

梁凯等利用系统动力学和模糊层次分析法构建了网络舆情扩散模型，将影响网络舆情传播扩散的主要指标归纳为网民参与度、网络媒体关注度、网民对政府满意度、网民观点对立度、区域和谐度、网民素养培育度六个指标，并分别仿真验证了政府公信力和服务社会有效性、舆情领袖知名度和言论公信力、舆情话题敏感性、网络文化宣传及社会福利保障资金投入等对网络舆情扩散的影响[②]。田艳玲等运用系统动力学对影响网络舆情的因素进行分析，包括政府公开信息透明度、政府反应时间、意见领袖活跃度和传统媒体引导度等因素，结果表明政府公开信息透明度和政府反应时间比其他影响因素作用大。狄国强等构建了网络舆情事件的系统动力学模型，从事件作用力、网民作用力、媒体作用力和政府作用力四个角度对网络舆情热度形成的影响因素进行分析[③]。陈福集、叶萌构建了政府回应网络舆情能力的系统动力学模型，该模型包括政府子系统、网民子系统、网媒子系统以及传媒子系统，涉及政府回应能力、网络舆情热度、认知水平等关键变量，仿真结果表明回应网络舆情问题的关键在于政府态度[④]。

（二）网络社会治理的模拟仿真分析

关于网络社会治理的模拟仿真分析主要集中于探索网络观点演化的动力机制，考察主体的初始意见、态度以及网络结构等各种因素对网络群体达成共识的影响。

韦布奇（Weibuch）等发现在相对平均的网络结构中，每个主体之间的影响没有太大差别，群体达成的共识意见接近初始意见的分布。也就是说随着时间的推移初始设定的属性值差异不大，主体的最终变化还是趋向于初始分布状态。关于网络主体的初始值在治理效果中的动力，罗伯茨（Roberts）等提出了不同见解：他模拟了青少年对待不安全驾驶行为的态度的扩散路径，发现对待危险行为的初始态度和扩散网络的初始状态对扩

① 刘小波．基于 NetLogo 平台的舆情演化模型实现［J］．情报资料工作，2012（01）：55–60.

② 梁凯，杜晚樱，孙梦娇．网络舆情扩散影响因素及规律的系统动力学仿真［J］．价值工程，2013（10）：288–289.

③ 田艳玲，徐学峰，马晓兰，张建红．基于系统动力学的网络舆情影响因素分析［J］．青岛大学学报（自然科学版），2011，24（01）：72–77.

④ 陈福集，叶萌．系统动力学视角下政府回应网络舆情的能力提升研究［J］．情报杂志，2013（11）：121–127.

散的速度和分布有显著影响，但是他们只分析了表面上的态度变化，既没有明确表述态度和初始状态的关系，也没有模型结果的支撑[①]。至于网络结构是否是网络社会治理的动力之一，海伦（Hailun）等提出了一个基于多主体和有向无标度网络辨别微博虚假信息的模型，并且假定网络结构不变，即大多数用户和草根用户的总和和比例不变，不过这种固定的结构比例假设只能在一定时间内存在[②]。在现实网络社会中，网络结构分布往往是不均匀的、分散的，所以需要探索如何在这种不均匀的结构之中设置不同主体的交互及运动。

不仅个人的情绪和观点会受到周围群体的影响，个人的行为和决策也会受到作为外生因素存在的其他社会主体的影响。尼奥戈（Nianogo）等发现基于代理建模时如果只考虑一个类型的主体，通常模型运行的结果和设立的环境条件无关，也就是说 Agent 根据自主条件的变化就可以通过预测验证和敏感性分析。但是这种假定还需要建立在主体模型的框架之上，单类型主体也需要和其他类型主体相互产生作用才能进行完整的预测和检验[③]。

媒体的宣传和意见引导效应也可以通过网络社会中的关系途径传播。当媒体的观点和情绪成功地改变了受众的观点和情绪，受到影响的个人可能会影响周围朋友或者邻居的观点和情绪。当然产生的效果也不能一概而论，有可能起到放大作用，也有可能产生衰减作用，或者受众不向外界再传播，也就没有所谓的主体之间相互影响的情况发生。摩尔（Moore）分析了烟草广告的舆情动力学仿真模型，认为媒体有目标地向极端群体传递信息时收效甚微，而且有可能导致和自身主张相近的群体出现“背离”的情况，进而导致快速的浪涌现象[④]。因此，对于周围群体的效应，需要考察

① Roberts S C, Lee J D. Using agent-based modeling to predict the diffusion of safe teenage driving behavior through an online social network[C]//Proceedings of the Human Factors and Ergonomics Society Annual Meeting. Sage Publications, 2012, 56 (1): 2271–2275.

② Hailun D, Shuyi W, Guorui Z. Multi-agent based research of centralized false information discerning model of micro-blog network[C]//Natural Computation (ICNC), 2014 10th International Conference on. IEEE, 2014: 1026–1032.

③ Nianogo R A, Arah O A. Agent-Based Modeling of Noncommunicable Diseases: A Systematic Review[J]. American journal of public health, 2015: e1-e12.

④ Moore T L, Rodriguez-Lorenzo L, Hirsch V, et al. Nanoparticle colloidal stability in cell culture media and impact on cellular interactions[J]. Chemical Society Reviews, 2015, 44 (17): 6287–6305.

个体对他人行为的容忍程度和观点的吸收效率，也要考察个体的感知效用和情感评价。德拉诺（Delanoë）将文本分析和随机网络的方法应用到记者报道农药对蜜蜂产生危害时的行为选择仿真模型中去，发现报道的倾向性与记者群体压力、外部压力和主张变化的概率有关①。也就是说主体的行为选择不仅和自身的属性有关，还和所处的周围世界和宏观环境有关。

四、网络社会治理模拟仿真方法的选择与设计

网络社会动态仿真模拟主要采用元胞自动机（Cellular Automata，CA）和多 Agent 系统（Multi-Agent System，MAS）的建模方法。艾尔赛义德（El-Sayed）建议在基于主体建模时将多主体建模方式和社会网络分析方法结合起来，这样有利于分析系统的决定性因素，获取多层次反馈方式，并且可以保证模型推理的普遍性②。下面具体讨论两种建模方法的优劣，以及组合的必要性。

元胞自动机方法最初用来研究细胞之间的相互作用，后经冯·诺依曼（Von Neumann）扩展成为研究元胞自主复制的逻辑演化过程的系统方法。元胞自动机模型将一个动态空间划分为任意个规则形状或者不规则形状的细分网络，每个元胞处在细分网格之中的特定位置，同时赋予每个具有特定位置元胞的状态属性集③。元胞自动机基本包括以下四个部分：元胞、元胞空间、规则及邻居④。元胞在动态空间中的位置既可以保持固定不变，也可以依照一定的规则运动，并对周围邻居的状态值产生影响，元胞的当前状态和属性也可以随着状态转换规则迭代更新⑤。在经过位置和属性的多次迭代后，元胞可能处于稳定的状态，也有可能变得更为复杂，导致整个系统出现复杂情形。元胞自动机建模方法可以通过观察元胞的交互行为获得

---

① Delanoë A, Galam S. Combining Text-mining Analysis and Agent-based Modeling Methods-A Case Study to Address a Controversy[J]. Bulletin of Sociological Methodology/Bulletin de Méthodologie Sociologique, 2015, 126 (1): 84–98.

② El-Sayed A M, Scarborough P, Seemann L, et al. Social network analysis and agent-based modeling in social epidemiology[J]. Epidemiologic Perspectives & Innovations, 2012, 9 (1): 1.

③ Wolfram S. Theory and applications of cellular automata[M]. Singapore: World Scientific, 1986.

④ Wolfram S. Cellular automata as models of complexity[J]. Nature, 1984, 311 (5985): 419–424

⑤ Czárán T. Spatiotemporal models of population and community dynamics[M]. Springer Science & Business Media, 1998.

复杂系统的涌现，虽然建模机制较为简单，但是实际操作性强，而且能有效把握系统的内在运行特点。

多 Agent 系统建模方法最早由 20 世纪 70 年代的分布式人工智能研究引入，明斯克（Minsky）在 1988 年系统介绍了多 Agent 概念[①]。范德霍克（Van Der Hoek）总结了这样的观点：MAS 建模方法允许自主设定代理行为，使得主体能够依据自身的状态和规则进行变化，自主地同周围的个体交互，而不受邻近其他主体的状态及属性值限制。但是这种假设的结果就是每个 Agent 都可以自主运动，每个 Agent 都拥有不同的规则，在 Agent 数量较多的情况下，系统在运行有限步长后就会呈现溢出的不良后果，从而不能从整体层面估计整个系统的特征[②]。

为揭示网络社会治理的机制，采用元胞自动机和多 Agent 系统相结合的方法。元胞自动机和多 Agent 系统都是自动系统，也就是说在不需要人工干预的条件下就可以实现对网络社会特征的动态模拟和预测。这两种方法的区别在于：

首先在形式上，自动元胞拥有确定的状态和转换规则[③]，依据转换规则，下一个时刻的状态取决于现在时刻的状态和输出值。自动元胞可以用简单的公式描述，但是具体到微观层面，需要每个单独的自动元胞设定尽可能简单的状态、转换规则和输出过程，这样才能降低表达的难度[④]。在元胞自动机模型中，输出值由元胞的属性内容决定，每个单独的网格单元代表单个元胞的空间位置，输出值会从邻近网格的邻居中衍生出来。在一般情况下，交互规则决定了元胞自动机系统的状态随着时间推移如何变化，并且在邻域的共同作用下，元胞自动机的方法可以捕获几乎所有离散空间内元胞的变化[⑤]。因此，CA 模型最显著的特征是网格内元胞位置相对固定，虽然信息可以在整个网络空间传播，但是实际上元胞和它的邻居的空间格

---

① Minsky M. Society of mind[M]. Simon and Schuster, 1988.

② Van Der Hoek W, Wooldridge M. Multi-agent systems[J]. Foundations of Artificial Intelligence, 2008, 3: 887–928.

③ Benenson I, Torrens P M, Torrens P. Geosimulation: Automata-based modeling of urban phenomena[M]. John Wiley & Sons, 2004.

④ 张耀峰，肖人彬 . 基于元胞自动机的网络群体事件舆论同步的涌现机制［J］. 系统工程理论与实践，2014，（10）：2600–2608.

⑤ Wen G, Duan Z, Yu W, et al. Consensus in multi-agent systems with communication constraints[J]. International Journal of Robust and Nonlinear Control, 2012, 22 (2): 170–182.

局关系是固定的[①]。随着时间的推移，CA 的另一个缺点会显现出来，就是元胞缺乏自主智能。元胞被假定为没有自主的线性变化和非线性变化规程，这就意味着元胞不能自由运动[②]。所以单独的 CA 模型主要被用来模拟没有独立决策能力的主体的交互过程，比如物流运输和电气自动控制等。

MAS 通过指定主体状态和转换规则的方式描述拥有自主行为能力的主体[③]。MAS 与 CA 的一个重要区别在于代理的主体可以在整个空间内移动[④]。在当前位置移动到任何一个网格点的过程中，主体除了可以改变位置外，也可以改变状态。与 CA 相比，MAS 对邻居的设定没有像 CA 那样严格，允许邻居之间任意连接。比如，某个 Agent 的邻居是由多个邻居组成的网状结构[⑤]。此外，MAS 还假定智能体拥有与人类相似的特性，比如情感交互、规划管理等。

那么为什么不使用条件较为宽松的 MAS 方法而要将 CA 和 MAS 方法结合起来呢？因为将 MAS 作为刻画模型变化的单一工具时作用有限。如上所述，MAS 假定 Agent 之间存在非固定的且任意的邻域关系，这种假定非常适合模拟入室盗窃犯罪，因为小偷的活动时间和空间都不固定，每次入室盗窃也不会是同一家[⑥]。虽然网络社会中形成的关系是动态的，但在一定时间范围内的邻近关系却是相对固定的。顾名思义，MAS 是由自主代理的智能体组成的，但是一些看上去固定的主体，例如家庭，没有自我决定的智能属性，却会主动和其他家庭建立合作关系。因此，使用较为简单的 CA 方法描述非自动的复杂 Agent，并且同时使用复杂的 MAS 方法刻画非固定的复杂 Agent 时，不会带来复杂度的提升。虽然表面上系统变得更加

---

① 宋彪，朱建明，黄启发 . 基于群集动力学和演化博弈论的网络舆情疏导模型［J］. 系统工程理论与实践，2014，（11）：2984–2994.

② Delivorias S, Hatzikirou H, Peñaloza R, et al. Detecting Emergent Phenomena in Cellular Automata Using Temporal Description Logics[M]//Cellular Automata. Springer International Publishing, 2014: 357–366.

③ Sun S, Manson S M. Simple Agents, Complex Emergent City: Agent-Based Modeling of Intraurban Migration[M]//Computational Approaches for Urban Environments. Springer International Publishing, 2015: 123–147.

④ Conte R, Paolucci M. On agent-based modeling and computational social science[J]. Frontiers in Psychology, 2014, (5): 668.

⑤ O’Sullivan D, Evans T, Manson S, et al. Strategic directions for agent-based modeling: avoiding the YAAWN syndrome[J]. Journal of Land Use Science, 2015 (ahead-of-print): 1–11.

⑥ Yokoo M. Distributed constraint satisfaction: foundations of cooperation in multi-agent systems[M]. Springer Publishing Company, Incorporated, 2012.

复杂，但是实际上却使系统的运行效率得到了提升[1]。

总而言之，CA 和 MAS 方法的结合，一方面可以设计并控制代理自动体，自动体可以自主感知周围的环境变化，并有能力进行自主决策；另一方面，可以设计处理每个时间点上固定的代理自动体的交互和属性特征变化。CA 与 MAS 相互弥补各自的不足，可以模拟不受空间约束且能自主移动的个体。已有研究将二者结合分析土地利用格局变化[2]和人口在不同城市之间的迁移，结果发现混合的计算实验建模方法比单独的 CA 方法或者 MAS 方法更为理想。

在网络社会治理分析中，需要考察社会主体的动力机制。德芬（Deffuant）等提出了德芬·威斯布奇（Deffuant-Weisbuch）模型，在与其他 Agent 随机交互时，Agent 相互改变、更新自身的属性，这种更新的程度受到相互信任界限的制约。他们将信任界限表述为两个 Agent 之间相关属性差值的绝对值范围，如果在可接受的范围内，则进行属性的更新。如果可接受的范围较小，则属性变化的概率降低[3]。

如式（1–1）–（1–3）所示：

$$|x_i(t)-x_j(t)|<\varepsilon \tag{1–1}$$

$$x_i(t+1)=x_i(t)+\mu[x_j(t)-x_i(t)] \tag{1–2}$$

$$x_j(t+1)=x_j(t)+\mu[x_i(t)-x_j(t)] \tag{1–3}$$

式中：$x_i(t)$、$x_j(t)$ 分别为主体 i 和 j 在 t 时刻的状态值，ε 是信任界限，μ 是信任系数。

在计算网络社会主体的状态属性时将上述模型做了改进，一是通过分配不同的敏感度系数分别考查主体观点和情绪交互后的状态变化，二是将最终的属性变化视为主体观点和情绪交互后的联合函数。同时引入情绪和观点两个角度的影响因素，原因在于主体之间的交互是建立在社会人的假设之上的。虽然网络社会主体之间的交互和现实社会中人与人之间的交互有所区别，但是从根本上讲，网络社会主体之间相互影响的介质是观点和

---

① Hernández L, Baladron C, Aguiar J M, et al. A multi-agent system architecture for smart grid management and forecasting of energy demand in virtual power plants[J]. IEEE Communications Magazine, 2013, 51 (1): 106–113.

② Benenson I, Torrens P M, Torrens P. Geosimulation: Automata-based modeling of urban phenomena[M]. John Wiley & Sons, 2004.

③ Deffuant G, Neau D, Amblard F, et al. Mixing beliefs among interacting agents[J]. Advances in Complex Systems, 2000, (3): 87–98.

情绪，二者都可以作为现实社会和网络社会中个体之间交流的途径。不仅如此，网络社会是现实社会在网络拓扑结构上的映射，网络社会中的节点是抽象化了的现实社会中的实实在在的人。

至于如何衡量这种情绪和观点的变化，麦基翁（Mckeown）与希伊（Sheehy）提出将观点和情绪值设定在 [0,1] 连续区间内，这种设定为观点和情绪状态的迭代方程计算提供了便利，可以通过敏感度系数将变化后的状态值始终保持在 [0,1] 的范围之内①。此理论和王昌伟采用的伯努利随机过程的状态迭代方法的区别在于，麦基翁（Mckeown）与希伊（Sheehy）的过程更适合估计随机网络的结构迭代而不是各个主体属性值的变化②。卡斯特拉诺（Castellano）等提出了统计物理学层面的自旋粒子交互的仿真模型，自旋粒子通过遍历周围的粒子后再计算出当前的状态③。借鉴这种思想，通过引入 Agent 的连续情绪值和观点值，设置对他人、商业媒体、官方媒体以及政府等其他主体的敏感度系数，限制 Agent 之外的因素与自身的交互水平，模拟不断扩展的网络拓扑空间内产生的交互水平的变化。

五、网络社会治理的模拟仿真分析

（一）仿真模型的研究步骤

通过对以上网络社会治理理论和相关领域的研究总结，以及仿真建模的方法讨论，基于元胞自动机和多 Agent 系统方法，建立四类网络社会治理主体的仿真模型。具体的模拟仿真研究步骤如下：

1. 界定模型的问题和环境

建立仿真模型需要解决的问题如下：网络社会治理过程中网民和商业媒体、官方媒体和政府的属性特征是什么？主体之间的交互过程及遵循的规则是什么？交互产生的结果是什么？如何通过仿真模拟的手段模拟出网络社会系统中宏观客体和微观主体之间的关联？包括微观层面的主体心理、行为选择和交流反馈机制，主体间的适应性和交互行为，以及宏观层面的

---

① Mckeown G, Sheehy N. Mass media and polarisation processes in the bounded confidence model of opinion dynamics[J]. Journal of Artificial Societies and Social Simulation, 2006, (1).

② 王昌伟 . 网络危机信息传播机理与仿真研究［D］. 哈尔滨工程大学，2012.

③ Castellano C, Fortunato S, Loreto V. Statistical physics of social dynamics[J]. Reviews of modern physics, 2009, 81 (2): 591.

集体“涌现”的关系，进而通过对以上问题的总结发现网络社会治理模式的优化方式，分析网络社会治理结构和机制存在的问题，从而获得最优的治理路径。

仿真模型建立的现实背景是近年来国内外网络社会治理成功和失败的案例。我们设定网络社会中网民可以自由地同虚拟网络和现实网络中的其他网民进行交互，并在一定程度上受到商业媒体和官方媒体宣传报道和舆论导向的影响，网民、商业媒体、官方媒体都要遵循一定的社会法律法规和道德行为规范，网民、商业媒体、官方媒体和政府在网络中的环境资源条件是自我诉求的满足程度以及在网络中运动的范围和影响范围。

2. 建立模型的基本假设

（1）环境资源假设

在实际的网络社会治理过程中，网民、商业媒体、官方媒体和政府等研究对象所处的环境复杂多变，建立的仿真模型是将现实社会缩小一定比例而得来的，相当于一种小型的社会网络模型。可以假定整个模拟系统中的网民、商业媒体、官方媒体和政府的数量固定不变。因此，活动范围和影响范围都可以成为主体可以利用的资源，而利益诉求的畅通程度和受重视程度则成为除网民之外的主体可以利用的资源。

（2）主体属性的假设

网络社会中的网民既是监督的主体，也是自我实现的主体，可以自由地表达、传播观点，并且形成网络上非正式的组织。网民在地理空间上的分布呈现分散性的特征，但是在网络虚拟空间内呈现相似集聚的态势。由于个人的信念和价值观在网络社会中可以形成网络隐形组织，因此将网络社会中的人视作在实际社会中存在并且具有一定社会关系的现实的人是合理的。所以，这样的设定就为网络社会治理中主体的虚拟化提供了便利，否则网络社会中的主体只能当作没有情感、没有主观感受的在各个网络节点上运行的机器人，也就不能抽象出现实社会主体之间产生的规则和交互的方式和动态变化。

首先是社会人假设，即网民在网络社会中不是孤立地存在，而是处在一定的网络社区当中，每个网民主体的观点和情绪会受到周围其他主体的影响，反过来，网民主体也会对周围的其他主体产生影响。

其次是有限理性假设。假定网络社会的主体是有限理性的，不可能完全按照理性行为的标准选择决策和行为。如果假设为完全理性或者完全无理性，不仅和现实社会中人的属性相违背，在实际生活中也找不到实际的例证，因此也就没有实际运用的前景了。

（3）行为偏好假设

偏好是个体一切行为的理由和驱动因素，行为主体一切行为的最终导向都是为了满足其某种偏好，所以行为主体偏好的结构和内容决定了他的行为模式。网民在决策过程中一部分表现出自利的倾向，即根据是否符合自身利益的标准决定采取的行动；另一部分会表现出利他的倾向，即依照社会的集体利益选择行动。商业媒体的盈利性倾向高于公益性倾向，而官方媒体维护社会正常秩序、提供公共服务的倾向更为强烈。

不同 Agent 对商业媒体、官方媒体和政府的信任程度、观点和情绪的吸纳程度不同。但是依照我国的现实情况，可以假设 Agent 对商业媒体的观点和情绪的接受程度更强。

不同主体在行为决策时既要考虑当前利益，也要考虑未来收益，所以时间上的偏向也是主体决策的影响因素。此外，网民、商业媒体的行为也会受到政府的制约，政府制定决策时产生的政策风险以及网民、商业媒体对行为后果的风险评估也会对相关主体的行为产生影响。

假定官方媒体和政府更倾向于社会秩序的获得，商业媒体更倾向于经济利益的获得，而公众则更倾向于利益诉求渠道的畅通。代理 Agent 通过主体间的交互，调整和改变自身的偏好，最终获得某种程度的一致。

（4）信息感知假设

假设所有网民在网络中的分布位置随机，可以自由、畅通无阻地接受整个网络中其他主体传递的信息，所有人的信息获取能力以及从中获得收益的能力相同。

（5）交互作用假设

主体在网络上交互的介质是观点和情绪。其中观点是介质的内容，情绪是介质的表达方式，也就是说观点和情绪组成了交互介质的统一体。在主体交互时会受到周围人观点和情绪的直接影响，也会受到周围人传递的媒体、政府等主体的间接影响。主体也可以以自己为中心，与其他人交互传递影响。

（6）行为决策假设

网络社会中的主体可以自由地与周围的其他主体交互，由观点和情绪交互后形成的网民行为决策是支持、中立和反对三种行为规则的集合。因为模型假定网民人数不变，网民在主体交互中表现出这三种状态也就代表了他们在公共事务中所处的状态。

（7）学习能力假设

网民在与周围人、商业媒体、官方媒体和政府交互后，会更新自身的状态和属性，并且会参照其他主体的状态和行为，以及外部压力的大小适当改变行为决策。这样的假定符合一般智能体的特征，并且使主体的运动能够持续不断地进行下去，让整个系统处于不断变化的态势之中。

（8）系统事件假设

假定公共事务的不当处理会引起网民的反对意见，反对的声音集中后形成涌现现象，政府一般根据浪涌出现的概率和时间对网络中的网民、商业媒体、官方媒体施加影响。商业媒体和官方媒体也会比政府先介入公共事务的报道和舆论宣传中去。系统状态的改变与整个小世界网络中的人群比例变化有关。

（二）建立仿真模型

1. 网络社会系统环境模型

（1）初始运行阶段

一定数量的网民在网络中的位置随机分布，每个网民在网络中的以智能体的形式存在，并在一定的邻域内与其他网民可以进行自由的交互，交互的介质是对公共事务的观点和情绪。

网民的初始比例分布由系统设定的处在网络社会中的网民对某件公共事务的观点及情绪综合作用的状态决定，分别为反对、中立和支持三种状态。

当系统开始运行时，Agent 开始在网络中随机运动，运动的步长和方向随机，每运行完一个时间点后，智能体开始遍历邻域中的其他 Agent，分别与它们进行观点和情绪的交互。如图 1–3 所示，在 5 × 5 的拓扑网络内随机分布着五个网民，每个网民的邻域是 5 × 5 的网格。网格中部的 Agent 按照自上而下或者自下而上的顺序，依次同周围的其他四个 Agent 依照一定的规则进行态度和情绪的交互。每运行完一个步长后，处在不同网格中的 Agent 更新自己的状态，观察系统中反对、中立和支持的 Agent 数量变化情况，循环运行下一个步长。

图 1–3　5×5 网格内 Agent 分布示例

（2）加入商业媒体的影响

如图 1–4 所示，在整个网络系统中共有六家商业媒体，商业媒体的数量和影响范围在初始阶段随机分布，在系统运行时不会改变在网格中的位置和影响范围。不同商业媒体的影响范围是图示的阴影部分。同时假设阴影部分不重叠，也就是说 Agent 在单个运动时间内只会受到一家商业媒体的影响。在每个运动时间点，每个 Agent 和所处影响范围内的商业媒体依照一定的规则进行交互。每运行完一个步长后，处在不同网格中的 Agent 更新自己的状态，观察系统中反对、中立和支持的 Agent 数量变化情况，再循环运行下一个步长。

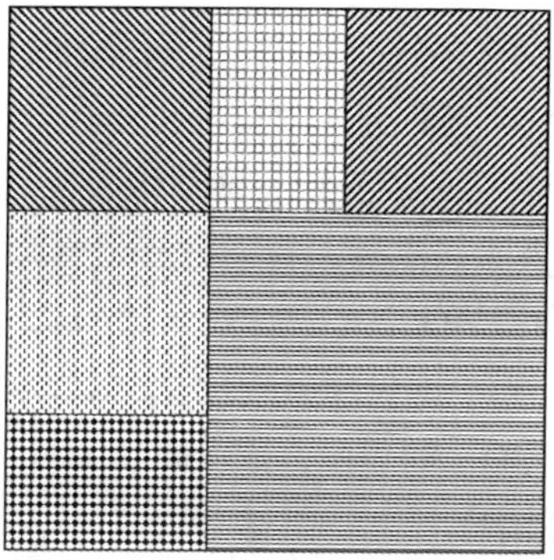

图 1–4　商业媒体影响范围示意图

（3）加入官方媒体的影响

假设官方媒体的数量只有一个，服务范围是系统网络之中的所有

Agent。在每个运行步长，每个 Agent 都会和官方媒体依照一定的规则进行观点和情感的交互。每运行完一个步长后，处在不同网格中的 Agent 更新自己的状态，观察系统中反对、中立和支持的 Agent 数量变化情况，再循环运行下一个步长。

（4）加入政府的影响

这里的假设与官方媒体相似，即假设网络中只存在一个政府，服务范围是所有的 Agent，政府通过行政措施或者法律手段对网络中的 Agent、商业媒体和官方媒体施加影响，并以一定的概率对它们的行为决策产生作用。在运行完每一个步长后，处在不同网格中的 Agent 更新自己的状态，观察系统中反对、中立和支持的 Agent 数量变化情况，再循环运行下一个步长。

2. 主体属性描述

（1）网民

①网民对周围人的态度（Attitude）：$A_i(t)$，值域为 (0,1)，值越大表示对周围人的公共事务观点越支持，越小表示倾向反对。网民对周围人的情绪（Emotion）：$E_i(t)$，值域为 (0,1)，越大表示情绪越消极，越小则相反。网民对周围人的态度敏感度参数 α_1，值域为 (0,1)，越大表示越容易受周围人的观点影响，越小则相反。网民对周围人的情绪敏感度参数 α_2，值域为 (0,1)，越大表示越容易受周围人的情绪感染，越小则相反。

②网民对商业媒体的态度（attitude towards commercial medias）：$AC_i(t)$，值域为 (0,1)，越大表示对商业媒体的观点越赞成，越小则相反。网民对商业媒体的情绪（Emotion towards Commercial Medias）：$EC_i(t)$，值域为 (0,1)，越大表示对商业媒体的情绪越积极，越小则相反。网民对商业媒体的态度敏感度参数 β_1，值域为 (0,1)，越大表示越容易受商业媒体的观点影响，越小则相反。网民对商业媒体的情绪敏感度参数 β_2，值域为 (0,1)，越大表示越容易受商业媒体的情绪传染，越小则相反。

③网民对官方媒体的态度（attitude towards official media）：$AO_i(t)$，值域为 (0,1)，越大表示对官方媒体的观点越认同，越小则相反。网民对官方媒体的情绪（emotion towards official media）：$EO_i(t)$，值域为 (0,1)，越大表示对官方媒体的情绪越偏向激烈，越小则相反。网民对官方媒体的态度敏感度参数 γ_1，值域为 (−1,1)，越大表示越容易受官方媒体的观点影响，越小则越不容易受影响，当小于 0 时开始负向变化。网民对官方媒体的情绪敏感度参数 γ_2，值域为 (−1,1)，越大表示越容易受官方媒体的情绪传染，

越小则相反。

④网民对政府的态度（attitude towards goverment）：$AG_i(t)$，值域为(0,1)，越大表示对政府处理公共事务的做法越认同，越小则相反。网民对政府的情绪（emotion towards goverment）：$EG_i(t)$，值域为(0,1)，越大表示对政府处理公共事务的情绪越激烈，越小则相反。网民对政府的态度敏感度参数：η_1，值域为(–1,1)，越大表示越容易受政府的观点引导，越小则反复变动。网民对政府的情绪敏感度参数：η_2，值域为(–1,1)，越大表示越容易受政府的情绪引导，越小则反复变动。

（2）商业媒体

①商业媒体对政府处理公共事务的态度（commercial attitude）：$CA_k(t)$，值域为(0,1)，k=1,2......m，m为商业媒体数量，值越大表示对政府处理公共事务的做法越支持。

②商业媒体对政府处理公共事务的情绪（commercial emotion）：$CE_k(t)$，值域为(0,1)，k=1,2......m，值越大表示商业媒体向公众传递的情绪越激动。

（3）官方媒体

①官方媒体对政府处理公共事务的态度（official attitude）：$OA(t)$，值域为(0,1)，默认值大于0.7。

②官方媒体对政府处理公共事务的情绪（official emotion）：$OE(t)$，值域为(0,1)，默认值为0.5。

（4）政府

①政府处理公共事务的态度（government attitude）：$GA(t)$，值域为(0,1)，默认值大于0.7。

②政府处理公共事务的情绪（government emotion）：$GE(t)$，值域为(0,1)，默认值为0.5。

（三）算法实现

1. Time ticks=0，设置100×100的网络方格，共有10000个网民（netizens），其中持反对意见的网民人数为N_1，持中立意见的网民人数为N_2，持支持意见的网民人数为N_3，$N_1+N_2+N_3$=10000。网民作为可以自由运动的元胞，随机分布在1000×1000的网格当中。假定整个系统没有人数变动，没有人员退出，也没有新的成员加入，仅考虑人群中观点和情绪的集聚和扩散等现象。网民的观点和情绪的函数决定了网民的状态。

2. Time ticks=1，每个网民在系统网格上随机运动，运动的方向和步长随机。假设两个或多个 Agent 在相邻的区域相遇，则认为这几个 Agent 产生了观点和情绪的交互，其中默认邻域为 5×5 的网络方格。如果 Agent 在每个运行时间内没有和其他 Agent 在邻域内相遇，则保持状态和属性不变，在下一个运行时间继续随机运动。

（1）设定 Agent 之间的观点交互规则：

设 $A_i(t)$ 为 Agent 在 t 时刻对特定公共事务的态度，$A_j(t)$ 为邻域内其他 Agent 的态度，j=1,2…24。a_1 为观点差异阈值，如果两个 Agent 之间的观点差异超过 a_1，两个 Agent 的观点趋向于平均值，即观点差异过大不能达成一致意见，但是会相互削弱，即：

如果 $|A_i(t)-A_j(t)|>a_1$，则：

$$A_i(t+1)=A_i(t)+(A_j(t)-A_i(t))\times\alpha_1 \tag{1–4}$$

如果两个 Agent 之间的观点差异小于 a_1，则认为二者之间的观点较为相似，两个 Agent 的观点会受到同向增强效应的影响。下文中的情绪阈值也参照此道理。为了计算方便，一般默认阈值为 0.5。

如果 $|A_i(t)-A_j(t)|\leqslant a_1$，且 $A_i(t)\leqslant 0.3$，$A_j(t)\leqslant 0.3$，则：

$$A_i(t+1)=A_i(t)-½(A_i(t)\times A_j(t))^{½}\times\alpha_1 \tag{1–5}$$

如果 $|A_i(t)-A_j(t)|\leqslant a_1$，且 $A_i(t)\geqslant 0.7$，$A_j(t)\geqslant 0.7$，则：

$$A_i(t+1)=A_i(t)+½(A_i(t)\times A_j(t))^{½}\times\alpha_1 \tag{1–6}$$

如果 $|A_i(t)-A_j(t)|\leqslant a_1$，且 $0.3\leqslant A_i(t)\leqslant 0.7$，$0.3\leqslant A_j(t)\leqslant 0.7$，则：

$$A_i(t+1)=A_i(t) \tag{1–7}$$

（2）设定 Agent 之间的情绪交互规则：

如果 $|E_i(t)-E_j(t)|>a_2$，则：

$$E_i(t+1)=E_i(t)+(E_j(t)-E_i(t))\times\alpha_2 \tag{1–8}$$

如果 $|E_i(t)-E_j(t)|\leqslant a_2$，且 $E_i(t)\leqslant 0.3$，$E_j(t)\leqslant 0.3$，则：

$$E_i(t+1)=E_i(t)-½(E_i(t)\times E_j(t))^{½}\times\alpha_2 \tag{1–9}$$

如果 $|E_i(t)-E_j(t)|\leqslant a_2$，且 $E_i(t)\geqslant 0.7$，$E_j(t)\geqslant 0.7$，则：

$$E_i(t+1)=E_i(t)+½(E_i(t)\times E_j(t))^{½}\times\alpha_2 \tag{1–10}$$

如果 $|E_i(t)-E_j(t)|\leqslant a_2$，且 $0.3\leqslant E_i(t)\leqslant 0.7$，$0.3\leqslant E_j(t)\leqslant 0.7$，则：

$$E_i(t+1)=E_i(t) \tag{1–11}$$

最后更新网民受周围人影响后的状态函数

$$SS_i(t+1)=(A_i(t+1)\times E_i(t+1))^{½} \tag{1–12}$$

3. 在 $T = t_1$ 时引入商业媒体的影响，假设共有 10 家商业媒体，每家媒体的影响区域为所在的矩形邻域。10 家商业媒体随机分布在 100 乘 100 的方格中，按邻域的大小设置比例为 1∶3∶6，大型商业媒体 1 家，中型商业媒体 3 家，小型商业媒体 6 家。每种商业媒体之间的影响范围不交叉，每个计数时间每个 Agent 只会受到一家商业媒体的影响。

首先判别 Agent 处在哪家商业媒体的影响范围内，即先确定 k 值，再设定商业媒体和网民的交互规则。

（1）设定网民和商业媒体之间的观点交互规则：

如果 $|AC_i(t) - CA_k(t)| > b_1$，则：

$$AC_i(t+1) = AC_i(t) + (CA_k(t) - AC_i(t)) \times \beta_1 \qquad (1\text{–}13)$$

如果 $|AC_i(t) - CA_k(t)| \leqslant b_1$，且 $AC_i(t) \leqslant 0.3$，$CA_k(t) \leqslant 0.3$，则：

$$AC_i(t+1) = AC_i(t) - \tfrac{1}{2}(AC_i(t) \times CA_k(t))^{\frac{1}{2}} \times \beta_1 \qquad (1\text{–}14)$$

如果 $|AC_i(t) - CA_k(t)| \leqslant b_1$，且 $AC_i(t) \geqslant 0.7$，$CA_k(t) \geqslant 0.7$，则：

$$AC_i(t+1) = AC_i(t) + \tfrac{1}{2}(AC_i(t) \times CA_k(t))^{\frac{1}{2}} \times \beta_1 \qquad (1\text{–}15)$$

如果 $|AC_i(t) - CA_k(t)| \leqslant b_1$，且 $0.3 \leqslant AC_i(t) \leqslant 0.7$，$0.3 \leqslant CA_k(t) \leqslant 0.7$，则：

$$AC_i(t+1) = AC_i(t) \qquad (1\text{–}16)$$

（2）设定网民和商业媒体之间的情绪交互规则：

如果 $|EC_i(t) - CE_k(t)| > b_2$，则：

$$EC_i(t+1) = EC_i(t) + (CE_k(t) - EC_i(t)) \times \beta_2 \qquad (1\text{–}17)$$

如果 $|EC_i(t) - CE_k(t)| \leqslant b_2$，且 $EC_i(t) \leqslant 0.3$，$CE_k(t) \leqslant 0.3$，则：

$$EC_i(t+1) = EC_i(t) - \tfrac{1}{2}(EC_i(t) \times CE_k(t))^{\frac{1}{2}} \times \beta_2 \qquad (1\text{–}18)$$

如果 $|EC_i(t) - CE_k(t)| \leqslant b_2$，且 $EC_i(t) \geqslant 0.7$，$CE_k(t) \geqslant 0.7$，则：

$$EC_i(t+1) = EC_i(t) + \tfrac{1}{2}(EC_i(t) \times CE_k(t))^{\frac{1}{2}} \times \beta_2 \qquad (1\text{–}19)$$

如果 $|EC_i(t) - CE_k(t)| \leqslant b_2$，且 $0.3 \leqslant EC_i(t) \leqslant 0.7$，$0.3 \leqslant CE_k(t) \leqslant 0.7$，则：

$$EC_i(t+1) = EC_i(t) \qquad (1\text{–}20)$$

最后计算每个 Agent 在每个时间点上受商业媒体影响的状态函数：

$$SC_i(t+1) = (AC_i(t+1) \times EC_i(t+1))^{\frac{1}{2}} \qquad (1\text{–}21)$$

4. 在 $T = t_2$ 时引入官方媒体（Official media）的影响，$t_2 > t_1$，假设只有一家官方媒体，观点的初始值为 0.7，情绪的初始值为 0.5，观点和情绪在整个过程中不变，官方媒体的影响范围是全局。

（1）设定网民和官方媒体之间的观点交互规则：

如果 $|AO_i(t) - OA(t)| > c_1$，则：

$$AO_i(t+1) = AO_i(t) + (OA(t) - AO_i(t)) \times \gamma_1 \quad (1\text{–}22)$$

如果 $|AO_i(t) - OA(t)| \leqslant c_1$，且 $0.3 \leqslant AO_i(t) \leqslant 0.7$，则：

$$AO_i(t+1) = AO_i(t) + ½(AO_i(t) \times OA(t))^{½} \times \gamma_1 \quad (1\text{–}23)$$

如果 $|AO_i(t) - OA(t)| \leqslant c_1$，且 $AO_i(t) \geqslant 0.7$，则：

$$AO_i(t+1) = AO_i(t)$$

（2）设定网民和官方媒体的情绪交互规则：

如果 $|EO_i(t) - OE(t)| > c_2$

$$EO_i(t+1) = EO_i(t) + (OE(t) - EO_i(t)) \times \gamma_2 \quad (1\text{–}24)$$

如果 $|EO_i(t) - OE(t)| \leqslant c_2$，且 $0.3 \leqslant EO_i(t) \leqslant 0.7$，则：

$$EO_i(t+1) = EO_i(t) + ½(EO_i(t) \times OE(t))^{½} \times \gamma_2 \quad (1\text{–}25)$$

如果 $|EO_i(t) - OE(t)| \leqslant c_2$，且 $EO_i(t) \geqslant 0.7$，则：

$$EO_i(t+1) = EO_i(t)$$

最后计算每个网民受官方媒体的影响

$$SO_i(t+1) = (AO_i(t+1) \times EO_i(t+1))^{½} \quad (1\text{–}26)$$

5. 在 $T = t_2$ 时引入政府的角色，$t_3 > t_2 > t_1$，只有一个政府处理公共事务，政府的观点和情绪在整个系统运行过程中假定不变。

（1）设定网民和政府的观点交互规则：

如果 $|AG_i(t) - GA(t)| > d_1$，且 $GA(t) \geqslant 0.7$，则：

$$AG_i(t+1) = AG_i(t) + (GA(t) - AG_i(t)) \times \mu_1 \quad (1\text{–}27)$$

如果 $|AG_i(t) - GA(t)| < d_1$，且 $0.3 \leqslant AG_i(t) \leqslant 0.7$，$GA(t) \geqslant 0.7$，则：

$$AG_i(t+1) = AG_i(t) + ½(AG_i(t) \times GA(t))^{½} \times \mu_1 \quad (1\text{–}28)$$

如果 $|AG_i(t) - GA(t)| < d_1$，且 $AG_i(t) \geqslant 0.7$，$GA(t) \geqslant 0.7$，则：

$$AG_i(t+1) = AG_i(t) \quad (1\text{–}29)$$

（2）设定 Agent 与政府之间的情绪交互规则：

如果 $|EG_i(t) - G(t)| > d_2$，且 $GE(t) \geqslant 0.7$ 则：

$$EG_i(t+1) = EG_i(t) + (GE(t) - EG_i(t)) \times \mu_2 \quad (1\text{–}30)$$

如果 $|EG_i(t) - GE(t)| < d_2$，且 $0.3 \leqslant EG_i(t) \leqslant 0.7$，$GE(t) \geqslant 0.7$，则情绪会在一定程度上提升：

$$EG_i(t+1) = EG_i(t) + ½(EG_i(t) \times GE(t))^{½} \times \mu_2 \quad (1\text{–}31)$$

如果 $|EG_i(t) - GE(t)| < d_2$，且 $EG_i(t) \geqslant 0.7$，$GE(t) \geqslant 0.7$，则：

$$EG_i(t+1) = EG_i(t) \quad (1\text{–}32)$$

最后计算每个网民受政府的影响：

$$SG_i(t+1) = (AG_i(t+1) \times EG_i(t+1))^{½} \quad (1\text{–}33)$$

6. 在 [0,T] 的时间范围内，一个 Agent 四阶段的状态可以表示如下，

当 $0 < t < t_1$ 时，$S_i(t) = SS_i(t)$ （1–34）

当 $t_1 < t < t_2$ 时，$S_i(t) = 1/2 \times [SS_i(t) + SC_i(t)]$ （1–35）

当 $t_2 < t < t_3$ 时，$S_i(t) = 1/3 \times [SS_i(t) + SC_i(t) + SO_i(t)]$ （1–36）

当 $t_3 < t < T$ 时，$S_i(t) = 1/4 \times [SS_i(t) + SC_i(t) + SO_i(t) + SG_i(t)]$ （1–37）

在每个阶段判断 $S_i(t)$ 值的大小，如果 $S_i(t)$ 小于默认下限，则认为该 Agent 持反对意见，如果 $S_i(t)$ 大于默认上限，则认为该 Agent 持支持意见，处在默认上限和默认下限之间的被认为是持中立意见。一般将默认下限设置为 0.3，默认上限设置为 0.7，默认上下限在模型中可以调节。

（四）结果分析

1. 模型运行环境

使用 Python 语言进行编程。Python 扩展性强，简单易学且功能强大，能够快速处理数据。Python 语言在网络抓取、图形界面处理、数据储存和科学计算等领域，以及能源市场商业性优化、汽车交通行为模拟等社会科学领域，都得到了广泛应用①②。Python 语言依托其丰富的扩展库，如 SimPy 仿真软件包，可以对离散事件构建时间循环仿真模型③，其面向对象编程的特点和基于进程范式的网络仿真器，可以满足建立 CA-MAS 仿真模型的需求。模型操作时需要不断在代码中调整相应的参数，实现模型的变化。

2. 仿真模型运行结果

通过上述模型构建和算法实现，进行下述几个实验，重点探讨网络社会治理动力的形成和影响治理动力的因素。

---

① Lincoln, R. W. ;Galloway, S. ;Burt, G. Open source, agent-based energy market simulation with python. Energy Market, 2009. EEM 2009. 6th International Conference on the European.

② Rei, R. J. ;Madera, P. J. ;Pedroso, J. P. Khronos. A high-level framework for Discrete Event Simulation in Python. International Conference on Computers & Industrial Engineering, 2009.

③ Goodwin D G. An open-source, extensible software suite for CVD process simulation[J]. Chemical Vapor Deposition XVI and EUROCVD, 2003, 14 (40): 2003–08.

（1）不同初始分布和治理时间条件下治理机制的形成和演化

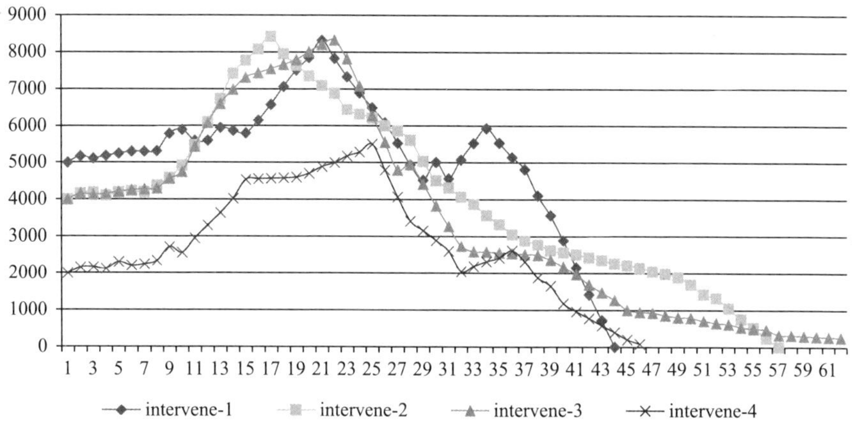

图 1–5　不同初始分布和治理时间下系统反对者人数的变化趋势

图 1–5 反映的是在模型的初始状态分别设置不同的反对者人数，随着时间的推移反对者人数变化的情况。如图所示，首先分析序列 1 和序列 4，序列 1 和序列 4 是假设没有任何其他媒体和政府的情形下，初始反对者人数分别为 2000 和 5000 的变化情况，不难看出当初始反对者人数增加时，波峰时段的反对者人数大大增加，波峰出现的速度也更快。不过相对于有媒体和政府治理的序列 2 和序列 3 而言，没有媒体和政府参与治理的反对者人数减少的速度也更快。

序列 2 和序列 3 反映了相同初始分布的条件下，商业媒体、官方媒体和政府分先后不同时间介入的人数变化。商业媒体在 t=10 开始发挥治理作用，上图中假定商业媒体是偏向反对者群体的，可以看到反对者人数急剧上升。官方媒体在 t=15 开始介入发挥作用，虽然反对者人数上升的速度有所放缓，但是人数还是在不断增加。当政府在 t=20 时刻发挥作用时，在这里假定政府的态度非常强势，情绪也偏向强硬，可以看出反对者人数在急剧下滑。不过值得注意的是，下滑的速度随着时间的递增出现衰减的态势，也就是说序列 2 和序列 3 比其他两只序列的厚尾现象更明显。

（2）不同邻域条件下治理机制的形成和演化

如图 1–6 所示，在 t=10 之前设定网民 Agent 的可活动邻域为 3 × 3 的方格，在 t=10 和 t=14 之间的活动邻域为 7 × 7 的方格，在 t=14 之后设置邻域为 3 × 3 的方格，t=16 之后设置为 5 × 5 的方格，默认假定是商业媒体的介入扩大了网民的活动邻域，政府介入治理限制了网民的活动邻域。不难发现，当 Agent 的活动邻域扩大时，观点和情绪的扩散速度呈指数式上升，并且达到波峰的速度加快。当 Agent 活动邻域相对缩小时，观点和情绪的扩散速度又表现出相反的态势，而且达到最小值的速度也比图 1–5 中的几个序列要快。另外，值得注意的是在 t=14 后，支持者的人数也出现了非常大的下降，而中立者的人数变化则呈现非常剧烈的 V 字型特征，具体原因我们将在下文中讨论。

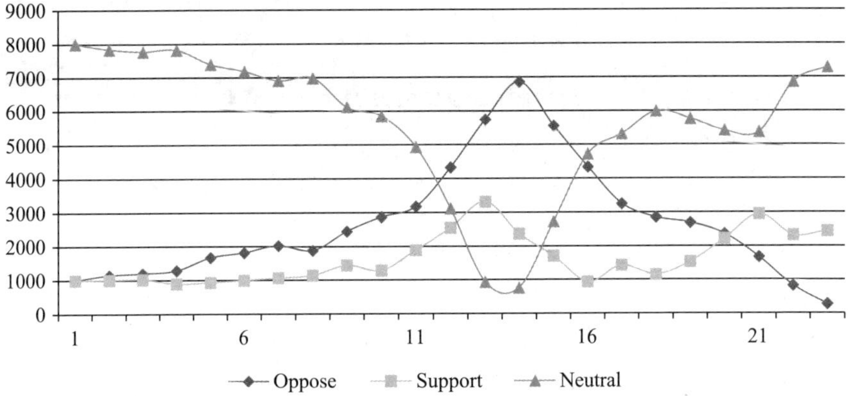

图 1–6　不同邻域条件下人群数量的变化趋势图

（3）不同阈值条件下治理机制的形成和演化

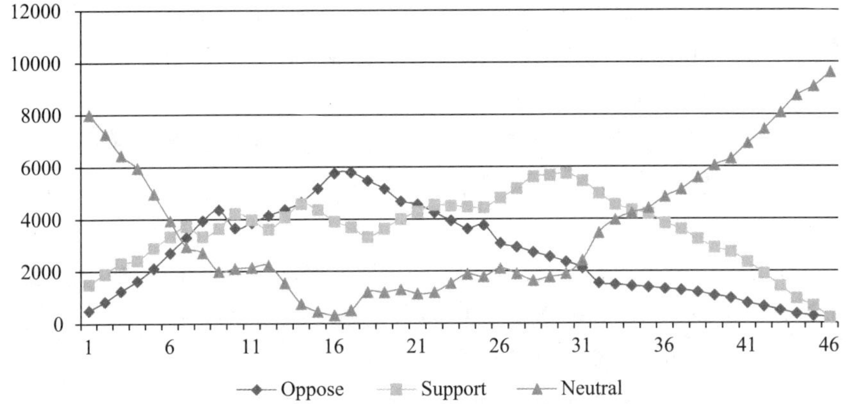

图 1–7　不同阈值条件下人群数量的变化趋势图

如图 1–7 所示，在 t=16 之前设定网民同其他主体交互时产生的观点和情绪的差值阈值为 0.7，在此之后设置的阈值为 0.3，阈值变小的原因可以解释为由于商业媒体、官方媒体和政府保持一致的宣传态度和情绪引导，使得网民对政府处理公共事务的做法的忍耐程度上升。可以看出，在阈值较大的时间段内，反对者人数和支持者人数上升速度都较快，分别在 t=16 和 t=30 处达到最大值。而在 t=16 后，反对者人数呈现出缓慢下降的态势，并在 t=46 才达到最低值。相比较而言，支持者的人数则出现最值前期波动上升、最值后期稳定下降的态势。

（4）不同敏感度系数条件下治理机制的形成和演化

假定在 t=20 之前的敏感度系数由 0.3 向 0.8 逐渐递增，t=20 至 t=26 由 0.8 向 0.5 递减，在 t=30 后减少到 0.2。商业媒体发挥治理作用的时间为 t=10，官方媒体参与治理的开始时间为 t=15，政府参与治理的时间为 t=20。

敏感度系数的上升可以理解为网民对商业媒体、官方媒体和政府观点和情绪的吸纳效应的增强，也就是类似于羊群效应的观点和情绪追随的效果增强，从部分接受其他网民、媒体和政府的观点和情绪，变为大部分接受其他网民、媒体和政府的观点和情绪。敏感度系数的下降可以理解为群众在类似“集体狂热”之后的理性程度上升，对外部传递的观点和情绪能够形成自己的判断。

由图 1–8 可以看出，随着敏感度系数的上升，反对者人数也呈现上升速度逐渐加快的趋势，而且在 t=20 至 t=24 的区间段，反对者人数又出现急剧下滑的状况。在 t=20 之后的 10 个时间段内，支持者的人数和中立者的人数，尤其是后者，表现出明显的持续爬升的趋势。

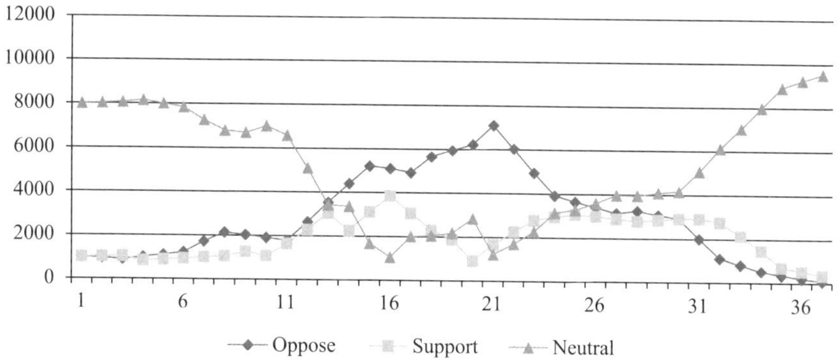

图 1–8 不同敏感度系数条件下人群数量的变化趋势图

3. 结果讨论

对建立在初始分布、治理时间、邻域大小、阀值大小和敏感度系数等五个不同参数假定的基础之上的网民观点和情绪状态进行分析，结果表明：不同治理主体不同的介入时间、治理方式都会对网络社会治理的运行机制造成影响，都会造成人群变动峰值出现快慢和大小的不同，人群“涌现”和消退耗费时间和变化快慢的不同，以及系统内人群结构变化的不同。基于上述结果，对网络社会治理动力的仿真运行结果总结如下：

（1）初始值的分布主要和网络社会中的参与主体——网民的状态有关，无论是“涌现”的规模还是速度，主要作用力量还是网民。也就是说网民的支持、反对和中立等不同行为选择，一方面和网民自身的利益诉求和决策风险相关，也和政府之前处理相似事件的结果有关。如果政府之前没有很好地发挥治理主体的作用，那么网民对政府处理当前事务就会多一份疑虑。在信任作为一个可以“遗传”的因素的现实情形下，如果政府不能和网民建立一种稳定的信任关系，那么不信任的因素就会不断累加，在争议事件的初始阶段就会表现为不满人群数量的积攒，进而导致政府处理解决争议事件时不能采取良好的应对措施。

（2）商业媒体、官方媒体和政府先后介入争议事件中发挥治理主体的作用，由前文的趋势变化可以总结出，介入的时间越早，治理的效果越明显，达到治理目标所用的时间也就越短。不过从我国目前政府和不同性质媒体的治理水平来看，很难保证治理主体一定能在广阔的网络平台上准确地预测并及时发现、检测网络中网民的状态变化，进而选择合理的时机和适当的方法介入网络群体的治理中去。但是这并不表明政府和媒体就不能很好地发挥治理作用。政府需要建立完善的网民观点和情绪监测和动态报告机制；媒体，尤其是商业媒体，可以发挥日渐成熟的新闻发现和报道机制，在以盈利为驱动的属性背景下，及时、准确地报道公共事务处理的动态情况，发挥社会治理的作用。

（3）由前文的趋势图可以看出，限制网民运动的邻域确实是一种非常快速且有效的治理方法，政府采取这种手段的出发点是想尽可能快地控制舆论，这种以治理效果和速度为动力的治理方法并不总是可取的：因为网关隔断、限制域名、IP 地址、屏蔽关键词等限制网民交互邻域的做法并不总是可行的，控制网络的通达度和个体的交互诉求意味着政府不仅要控制反对者的网络交互环境，也要控制支持者的网络活动范围，导致支持者的人数也会出现急剧下降，实际上是一种不分彼此的全面式限制，在实际中受到阻碍的可能性反而更大。另外一点，这种方法需要强大的网络技术作为支撑，而且只能在很短的时间内产生效果，如果政府在网络受限的时间内没有解决好对应的公共事务问题，那么在这段时间过后可能反而会出现更为强烈的反弹[①]，而且网络上小群体的反应速度更快也更难控制。

（4）阈值在实际生活中的再现就是个人对他人观点和情绪的容忍程度。阈值的形成是一个长期的过程，不可能在单个公共事务从兴起到解决的过程中发生急剧的变化。但是从长期来看，阈值的变化一方面需要商业媒体、官方媒体塑造网民理性、从大局出发的价值观和行为准则；另一方面也需要商业媒体、官方媒体和政府共同完善网民利益诉求的畅通渠道。政府需要在处理公共事务时把握与网民平等对话和强力管控之间的分寸，这样才能有的放矢，共同提高网络社会治理的水平。因此，这是从可持续的治理动力出发而形成的治理方法。

（5）敏感度系数更多反映了网民的群体理性和从众程度，在实际生活中个体受到他人影响时既不会像没有思考能力的“绵羊”一样全盘接受，也不会像一个根本不存在的、独立于社会之外的人一样一概拒绝，因此敏感度系数既可以认为是阻尼系数，也可以认为是吸收系数。基于源头的网络社会治理的动力就要求不断培养网民识别不良信息、鉴别虚假信息的能力。

（五）结论与讨论

基于网络社会和仿真模拟的理论，以元胞自动机和多 Agent 系统方法为核心，从网络社会系统结构层面和主体间的适应性和交互行为产生的系统宏观和微观之间的关联出发，通过对网络空间中个体和群体的心理和行为、交互模式、人际关系等复杂社会问题进行抽象描述并建立仿真模型，考察了网络社会治理的关键变量与治理机制生成模式。通过对微观个体的多样性与差异性建模，界定了不同网络社会主体的时间和空间特性，研究了网络社会治理过程中争议事件的产生条件、生存环境和交流机制。

研究发现网民初始状态的差异、不同治理主体介入治理时间的先后、主体活动邻域的变化、主体交互阈值的大小以及相互之间敏感度的区别，

---

① Lin F Y S, Wang Y S, Chang I T, et al. Effective Network Defense Strategies to Assure Service Continuity Under Collaborative Attacks[M]//Future Information Technology. Springer Berlin Heidelberg, 2014: 653–659.

都是网络社会治理动力机制的影响因素。不同影响因素对网络社会治理效果的影响程度也不完全相同，具体来说邻域的驱动因素最强，阀值的驱动效果最小。单个因素的驱动不能实现整体的最优效果，条件限制也最大。多个驱动因素的配合会提高网络社会治理的效果。因此，不同治理主体需要协同配合，才能实现最优的治理效果。

基于 CA-MAS 方法建立的网络社会治理动力仿真模型也存在一定的缺陷，例如在模型的返回形式上不够直观，没有反映观点和情绪这两个因素具体是以什么样的形态相互作用的。另外，在主体属性设定上，系统中没有网民的流失也没有网民的流入，商业媒体的影响范围不重叠的设定，媒体和政府只是单向的影响输出源而不会接受其他主体影响的输入等，都与现实情况有一定的出入。从模型的运行过程来看，设定的规则有很多条件限制，如果放松某一个或者多个假定，那么结果会非常不一样，而且仿真模拟的结果与现实情况的相似度也不一定完全吻合。

不过从模型建立的目的来看，模拟仿真方法主要是为了实现同现实情况最大程度的拟合，但这个要求不是必须的[①]。也就是说模拟仿真方法的内在要求是实现假定条件下与现实情况的相符即可，不能为了一味地追求与已经发生的公共事件发展过程相符而牺牲模拟仿真的一般设定，这不仅是不可能实现的，而且也没有实际的应用意义。况且仿真模拟的核心应用是用来预测网络社会中的人群变化趋势，所以模型参数的确定在很大程度上取决于研究对象的特征和性质，以及主体之间交互的动态变化，只有充分考虑到治理主体的因素，这样的模型才是有意义的。

---

① Kleindorfer G B, O'Neill L, Ganeshan R. Validation in simulation: various positions in the philosophy of science[J]. Management Science, 1998, 44 (8): 1087–1099.

第二章　网络社会信息伦理

一个稳定的社会需要一套被普遍认可和接受的伦理与道德规范，用于约束和指导人们的社会行为。建立适应网络社会发展的信息伦理准则，是网络社会健康发展的必要条件。

第一节　信息伦理的含义

一、伦理的基本含义

伦理是指人们在处理人与人、人与社会、人与自然之间的关系时应该遵循的规范和准则。它通过规范行为或道德判断对社会中个体或群体的行为进行约束和指导，具有社会管理、民众教化和价值传承的功能。直觉主义伦理学家罗斯（Ross）认为有些道德原则是不辨自明（self-evident）的，他列出了七条初定（prima facie）义务（duty）：诚实、补偿、感恩、不行恶、正义、仁慈、自我改进[①]。这七条义务是其他更加高级或复杂的伦理准则的基础，也是大多数文明社会所遵循的基本准则。其中，作为社会制度基础的正义原则得到了进一步发展。罗尔斯（Rawls）在其《正义论》一书中，提出了在一种无知之幕（veil of ignorance）后被选择的、作为公平的正义，主要适用于社会的基本结构以及收入和财富的分配[②]。在信息社会，作为公平的正义准则可以用来解释为什么应该消除或缩减不同地区、不同社会群体之间的数字鸿沟，也可以作为建立社会信息福利制度的伦理基础。

伦理分析的前提是价值判断。价值是指客体能够满足主体需要的效用

---

① Ross, W. D. The Right and the Good (1930). Philip Stratton-Lake, ed. New York: Oxford University Press, 2002.

② 约翰·罗尔斯（John Rawls）. 正义论（A Theory of Justice，1971）[M]. 中国社会科学出版社，2001（6）.

关系。人在判定客体、辨析是非时常常采取特定的思维或取向，从而体现出人、事、物一定的价值或作用。比如在追求道德理想的价值体系中，凡有助于促进真、善、美的事物，便具有价值。德国哲学家施普兰格尔（E.Spranger）根据人们的文化社会生活将价值观区分为六种：理论价值观、权力价值观、经济价值观、审美价值观、社会价值观和宗教价值观。理论价值观重视经验与理性，权力价值观重视权力和影响，经济价值观重视实用和功利，审美价值观重视形式与和谐，社会价值观重视利他和情爱，宗教价值观重视宇宙奥秘和信仰①。这六种价值观说明了为什么一些事物对一些人是重要的，而对另一些人则没有那么重要。从价值的作用范围来看，又可以分为公共价值与私人价值。公共价值是指客体因为可以满足多个主体甚至社会公众的需要而产生的效用和意义。这一类客体主要是由政府或社会组织设计、开发、制造，并提供或分配给公众进行消费和享受的公共产品与公共服务。而私人价值则是客体满足特定个体需要的效用和意义，一般通过市场购买或个体赠予来实现。

基于不同的价值判断倾向，西方伦理分析有三个基本的理论范式：结果伦理、义务伦理与美德伦理②。其中，结果伦理以功利主义为基础，其前提是“区别行动对错的标准是要看哪一个结果更好”③。只要结果是好的，则可以选择各种必要的手段。义务伦理则认为事情的对错是由人类所拥有的权利来决定的，比如隐私权、知情权、自由表达权利，等等。是否可以满足这些人类的基本权利，便是判断对错与好坏的标准。在这里，对于权利的初始规定就显得十分重要。事实上，不同社会对于个体权利的界定有着很大的不同，但是对于一些基本权利进行保护已经是大部分现代社会的共识。美德伦理关注个体性格与美德，其核心问题是“我应该做什么样的人？”在中国，美德伦理在儒家文化和道家文化中都有丰富的表述，“修身行善”“君子慎独”是中国人用美德标准进行道德自律的美好追求。在日常生活中，三种伦理分析范式在人们的道德判断中经常交替出现。面对不同

① Spranger, Eduard; (translated by) Pigors, P. J. W (1914). Types of Men. G. E. Stechert Company, 1928: Lebensformen;Halle (Saale).

② Ochollaa D N, Onyanchab O B, Britz J. Can Information Ethics be Conceptualized by Using the Core/Periphery Model?[J]. Journal of Informetrics, 2010 (4): 492–502.

③ Fallis D. Information Ethics for Twenty-first Century Library Professionals[J]. Library Hi Tech, 2007, 25 (1): 23–36.

的事物，人们常常采用不同的分析范式。

二、信息伦理的含义

信息伦理是指与信息的生产、收集、传播、管理和利用等活动相关的伦理要求、伦理准则、伦理规约，以及在此基础上形成的伦理关系。它是约束社会成员的信息行为，调节其相互之间信息关系的规范和准则。根据义务伦理理论，梅森（Mason）认为应关注人的四项主要信息权利：隐私权、信息的正确性、信息产权与信息获取权[①]。这四项信息权利又被简称为PAPA，包括：隐私权（Privacy）；信息的正确性（Accuracy，谁应当为信息的真实性与准确性负责）；信息产权（Property）；信息的获取权（Accessibility，个人和组织在什么条件下有权获取什么样的信息）。在图书馆学情报学领域，经典著作《图书馆职业的伦理挑战》讨论了以下问题：审查、隐私、信息获取、藏书的平衡、版权、公平利用、伦理编码、问题顾客等[②]。这些伦理判断主要是站在信息提供者的立场，关注读者和用户信息获取过程中一系列权利的保护。

随着信息技术的发展，信息伦理逐渐被更多的研究领域所关注，如计算机伦理、信息系统伦理、管理信息系统与信息政策等[③]。1976年，沃尔特·曼纳（Walter Maner）提出了计算机伦理的概念，认为这是涉及计算机专业人员应如何就专业和社会行为作出决定的实践哲学[④]。他主张将计算机伦理（computer ethics）作为独立的学术领域，因为技术的独特属性使得一系列问题无法用非计算机类的道德规范来解决，需要制定新的道德原则和政策[⑤]。20世纪80年代，计算机技术得到广泛应用并带来诸多道德和社会问题，关于信息伦理问题的研究广泛兴起。计算机伦理的概念逐渐被含义更加丰富的信息伦理所取代。梅森（Mason）等认为，在现实生活中存在

---

① Mason R O. Four Ethical Issues of the Information Age[J]. Management Information Systems Quarterly, 1986, 10 (1): 5–12

② Hauptman R. Ethical Challenges in Librarianship[M]. Phoenix, AZ: Oryx Press, 1988.

③ Froehlich T. A Brief History of Information Ethics[R/OL]. Computer Society of India (CSI), 2004[2012–06–14]. http: //www. ub. edu/bid/13froel2. htm.

④ Walter Maner. Starter Kit in Computer Ethics. Helvetia Press and the National Information and Resource Center for Teaching Philosophy, Hyde Park, New York, 1980. [Originally self-published by Maner in 1978.]

⑤ Maner, W. Is Computer Ethics Unique? Etica E Politica, 1999, 1 (2).

一些如隐私权保护与信息共享之间相互矛盾的“紧张时刻”，通过其中涉及的伦理决策经验总结出一种现象分析方法，可以促进信息管理的发展[①]。沙勇忠认为“信息伦理就是信息活动中以善恶为标准，依靠人们的内心信念和特殊社会手段维系的，调整人与人之间以及个人与社会之间信息关系的原则规范、心理意识和行为活动的总和”[②]。曹劲松与陈延斌认为信息伦理的特点主要体现在伦理总体的辩证性、伦理主体的实践性、道德规范的普遍性、道德机制的自律性等方面[③]。综合上述分析，将信息伦理作如下界定：信息伦理是组织和个人在从事信息发布、出版、传播、获取、管理和利用的过程中，不损害信息用户及其他利益相关者的利益和权利的约束规则，是判断信息活动与信息制度对错与好坏的价值标准，是一套应当依靠自律与他律的方式得到遵守的行为准则。

信息伦理为隐私保护、道德代理、信息环境、版权、数字鸿沟和数字权利等问题提供了一个批判框架，可以帮助图书管理员、档案管理员、信息专业人员以及其他信息职业人员真正明白如何传播正确信息并对自己的行为负责[④]。随着网络社会的到来，网络信息伦理面临新的研究课题，比如：自主性、开放性与多元性[⑤]，性别偏见及女性主义[⑥]，医疗行业的信息伦理，等等[⑦]。在网络社会，信息伦理不仅涉及个体与组织权益，比如隐私侵犯、信息失真、虚假广告、谣言、黑客入侵、病毒、网络暴力、网络欺诈、信息茧房、强制推荐、版权侵犯、不正当竞争等，也涉及社会公平问题，比如数字鸿沟、信息不平等。因此，网络信息伦理比传统的计算机伦理与信息伦理的范围更加广泛。

---

① Mason, R. O. ;Mason, F. M. ;Culnan, M. J. Ethics of Information Management[M]. Sage Publications Inc., 1995.

② 沙勇忠 . 信息伦理学［M］. 北京图书馆出版社，2004.

③ 曹劲松，陈延斌 . 试论信息伦理的特点与本质［J］. 伦理学研究，2004（03）：70–75.

④ Carbo, Toni;Almagno, Stephen. "Information Ethics: The Duty, Privilege and Challenge of Educating Information Professionals" (PDF). Retrieved 28 February 2017.

⑤ 孙伟平，贾旭东 . 关于“网络社会”的道德思考［J］. 哲学研究，1998（08）：10–16.

⑥ Adam A. Computer ethics in a different voice[J]. Information and Organization, 2001, 11 (4): 235–261.

⑦ James G. Anderson. The role of ethics in information technology decisions: a case-based approach to biomedical informatics education[J]. International Journal of Medical Informatics, 2003, (73) 145–150.

三、信息伦理的基本原则

梅森（Mason）关于信息权利的 PAPA 原则成为信息伦理的分析基础。在此基础上，一些学者与行业协会提出了一系列信息伦理准则。塞弗森（Severson）倡导了信息伦理的四项基本原则：第一，尊重知识产权；第二，尊重隐私；第三，公平参与；第四，无害①。曹劲松认为信息伦理原则具体应包括信息内容的无害原则、信息手段的功利原则、信息渠道的公平原则、信息享用的尊重原则和信息生态的发展原则②。沙勇忠提出的网络伦理原则包括：无害原则、公正原则、自主原则、知情同意原则、同情和合作原则③。贾德（Judd）提出了信息时代提高伦理与道德的三个准则：（1）适当承担责任，（2）预料消极影响，（3）以约翰·罗尔斯的正义原则为指导追求公平④。此外，美国计算机伦理协会制定了著名的“计算机伦理十诫”，美国信息科学学会、英国计算机学会、加拿大信息处理学会、日本电子网络集团等都制定了各自的职业伦理守则，对于指引人们做出正确决策、规范自身行为发挥了积极作用。

网络社会具有高度的互联性与开放性，既包括个体行为主体，也包括各类网络组织。因此，网络社会的信息伦理应当包含更加丰富的内容，体现为以下几条原则：①无害原则，不损害信息用户及其他利益相关方权益；②公平原则，对于关涉基本生存与安全保障的信息，信息获取的机会应当公平；③权利保护，包括个人隐私、知识产权、商业秘密等；④知情同意原则，对于个体或组织信息的采集、使用、修改、出售等应当告知当事人并获得同意；⑤利益分享原则，信息的权益所有人应当具有分享信息收益的权利；⑥主体自主性，在无害原则的前提下，信息主体应当具有自主处理所拥有信息的权利。

第二节　个体网络信息伦理

个体在网络社区的行为失范问题大致可以划分为两大类，一类是违反

① Severson R J. The principles of information ethics[M]. ME Sharpe, 1997.

② 曹劲松 . 论信息伦理原则［J］. 江西社会科学，2003（10）：6–10.

③ 沙勇忠 . 基于信息权利的网络信息伦理［J］. 兰州大学学报，2006（05）：54–59.

④ Judd L R. An approach to ethics in the information age[J]. Public Relations Review, 1995, 21 (1): 35–44.

法律的行为，一类是尚未突破法律底线但却属于不道德的行为。法律条文对于前者一般有比较明确的界定，但是对于后者的界定却常常比较模糊，甚至存在争议。

一、个体信息伦理失范的六大类问题

互联网上的信息伦理问题不断出现，可以大致归纳为六大类，其中既有违反法律的情况，也有违反伦理道德的情况。下面简要介绍：

第一类　金融欺诈

（1）网络欺诈

网络欺诈如今已经成为一种危害极其广泛的网络犯罪行为。犯罪人通过发布虚假信息、篡改数据资料、冒充他人等手段，骗取网民信任，非法获取金钱、实物、信息乃至感情。它的行为主体可能是个人，也可能是商家。常见的现象有发布虚假商品信息、钓鱼网站欺诈、虚假招聘、电信聊天欺诈，等等。由于作案手段极其精密隐蔽，致使很多人上当受骗。2018年仅四川省公安机关就破获电信网络诈骗案件3100余起，刑拘犯罪嫌疑人2400余名，冻结涉案资金5.1亿元[①]。

（2）网络洗钱

洗钱，又称洗黑钱，指的是将犯罪或其他非法手段所获得的金钱，经过若干方法“洗净”为看似合法的资金。洗钱常与经济犯罪、毒品交易、恐怖活动及黑道等重大犯罪有关联，也常以跨国方式为之。网络洗钱是指借助网络银行、电子货币划拨、电子商务交易等方式进行非法资金周转，以洗净非法交易所得的行为。互联网信息传递的快捷性和隐蔽性使得网络洗钱活动成为经济犯罪的新手段。

第二类　权利侵犯

（3）侵犯个人隐私

隐私信息是指涉及个人的、与公共利益无关的、已被识别或可被识别的任何资料，如个人的身份信息、财产收入、社会关系、健康记录、行为偏好、活动轨迹、特殊经历，等等。概括来讲，在互联网上侵犯个人隐私的活动主要表现为：①未经许可通过网络渠道监控、收集个人隐私数

---

① 重拳出击：四川公安2018年破获电信网络诈骗案件3100余起．中国青年网，2019-03-05.［2019-09-16］. http: //df. youth. cn/yczq/201903/t20190305_11886784. htm

据；②非法入侵他人的计算机系统，收集他人的私密信息资料或截获、复制、篡改他人的电子信息；③公开在网络上传播他人隐私；④人肉搜索；⑤其他。

（4）网络暴力

网络暴力是一种危害严重、影响恶劣的暴力行为，常常会演变成群体性事件。施暴者通过在网上发表具有诽谤、污蔑、侵犯名誉和煽动性的言论，对他人进行人身攻击和名誉损害，使之承受巨大的身心压力。近年来，网络暴力事件屡屡发生，严重时甚至致人于死地，亟待运用教育、道德约束、法律等手段进行规范。

（5）网络谣言和诽谤

网络谣言是指在网上发布一些没有事实依据或科学根据的内容，以达到骗取点击、诽谤他人、政治攻击、商业推广等目的。网络诽谤是指在网上发表关于他人情况的不真实言论，捏造、散布虚假信息，损害他人名誉，扰乱受害人的正常生活。

（6）侵犯知识产权

侵犯知识产权的行为主要是指以谋取私利为目的，未经许可擅自转载、出售、抄袭或剽窃著作权人的软件、数据、文字、图像或音乐作品。为促进科技进步和文化繁荣，人类早在 1709 年就立法保护知识产权。在网络环境下，由于信息产品的易复制、易传播和网络的隐蔽性、开放性特征，对知识产权的保护难度加大，监管和执法成本增加，致使侵犯知识产权的行为难以得到有效遏制。近年来随着网络知识产权监督执法力度的加大，这一问题已经有所缓解。

第三类　未成年人保护

（7）网络色情

网络色情信息通常包括色情图片、影音、聊天室、游戏以及文学作品等，通过网站、链接、垃圾邮件等种种方式传播，常常与色情商品的交易密不可分，是商家借助互联网营销谋取非法利润的重要手段。网络色情信息的泛滥严重污染互联网环境，败坏社会风气，诱发犯罪，尤其对青少年的身心健康造成极大的威胁。网络色情信息动摇了传统社会人们关于两性关系所建立起来的道德观念与美丑标准，对于社会伦理观念、语言文明、行为规范、文化传承有着严重的负面影响。

（8）网络游戏

网络游戏作为一种休闲娱乐的方式丰富了人们的生活，但是随着游戏用户规模的扩大，一些不法商家为牟取暴利，开始在游戏中加入一些更为刺激的色情、暴力内容，使许多人沉迷其中。特别是一些青少年，为此浪费了宝贵的时间，荒废了大好前程。更严重者，由于对网络游戏的过度迷恋和长期依赖导致个人身心健康严重受损，影响了正常的学习、工作、生活及社会交往，甚至危及生命。这些不良后果需要人们重新审视在互联网商业逻辑下网络游戏的正当性和所隐藏的伦理危机。

第四类　技术入侵

（9）网络黑客

黑客利用某种技术手段非法进入其权限以外的计算机网络空间，窃取或篡改、伪造信息，进行数字破坏和网站攻击，以达到获取经济利益、进行政治或军事斗争等种种目的。黑客是最早出现也是最常见的违反网络伦理甚至是违法犯罪的行为，是信息伦理研究的重要对象。

（10）网络病毒

病毒是常见的网络违法行为，具有扩散面广、种类翻新迅速、传播速度快、破坏性强、消除难度大等特点，成为个人或组织信息安全的严重威胁。

第五类　商业炒作

（11）网络出位炒作

网络出位炒作是指一些想要出名的普通人或娱乐明星在网络上发表出格的言论、照片、视频，从而引起舆论媒体和网民的关注，达到炒作自己、提高知名度的效果。常见的炒作方式有制造绯闻、另类表演、出格话语、不雅举动、基于商业目的打造炒作话题等。网络出位炒作给人造成不用努力、“一脱成名”的假象，误导青少年争当网红，导致粗鄙、肤浅的生活理念和拜金主义蔓延，侵蚀着传统社会关于是非、真假、善恶、雅俗、美丑的价值判断。

（12）网络水军

网络水军是指受雇于网络公关公司、为他人发帖回帖造势的网络人员。这些受雇人员以各种手法和名目在网上发帖，吸引网民关注和参与，通过对网络舆论的人为操纵和控制谋取利益。根据发帖内容可以将网络水军分为网络推手和网络打手。网络推手帮助受雇者宣传推广自己；网络打手则通过发布不利于竞争对手的信息，甚至损毁竞争对手的名誉，对竞争对手进行打击。网络水军是一种不正当的竞争行为，以破坏商业信用为代价谋取利益，正引起越来越多的价值反思和伦理讨论。

第六类　网络语言文明

（13）网络语言粗俗、偏激

相对于现实世界，网络上言论发表更加自由宽松。尤其是在匿名环境中，发言者对自身言论的影响所承受的责任远远小于现实世界。一些网民出于释放压力或其他种种原因，语言粗俗、偏激，与现实世界中截然不同。如果不加约束，会对青少年的健康成长造成不良影响。

（14）标题党

标题党是网络媒体常见的现象。为了吸引注意力，一些新闻媒体或自媒体在信息发布时追求标题的新奇。一些文章标题和内容不符，严重违反了新闻报道实事求是、准确客观的要求，对社会造成误导。为了加强对标题党问题的长效治理，2017 年国家网信办制定了《互联网新闻信息标题规范管理规定（暂行）》，明确要求标题不得出现以下情况：歪曲原意、断章取义、以偏概全；偷换概念、虚假夸大、无中生有；低俗、媚俗、暴力、血腥、色情；哗众取宠、攻击、侮辱、玩噱头式的语言；法律法规明确禁止的和明显违反社会公序良俗的其他内容。

（15）网络新词

网络新词是指在网络上流行的非正式语言。多为谐音、错别字改成，也有象形字词，还有英语缩写或特定指示词，通常来源于网络热门用语。一些网络新词形象生动、幽默诙谐，广受网民追捧，甚至已经被纳入正式的书写文本中。但是也有一些新词粗俗、错误，对语言的规范性造成极大冲击，甚至形成“语言公害”。

二、网络人肉搜索的伦理分析

人肉搜索本质上是一种信息查询的方式，主要方式是通过某一人提出问题，通过广大网民的参与而获得问题的解答。由于网络人肉搜索的方式、动机以及造成的结果比较复杂，自其产生起便饱受争议。

（一）网络人肉搜索的主要方式

人肉搜索主要是针对某个人的个人信息进行搜索，而且常常在搜索时持有预先的价值判断。网络的匿名性为人肉搜索提供了一定的保护。人肉搜索主要依靠众多网民的参与完成，类似于交互式问答，它提供了一个所有人都可以参与的平台，人们可以有一个提问和多个回答，诸多答案相互验证、提示和补充，最终形成问题的答案。

1. 根据提示信息进行推理位置的判断

2010 年 8 月 18 日北京某网友在网上买了一个鞋架并晒单，结果被网友在 54 个回复后人肉搜索出此网友的姓名、职业、籍贯、毕业院校、出生日期、手机号等信息[①]。以下是网友们主要的回复内容：

男的鞋码应该是 42，大概 175mm 左右；

篮球鞋居多，喜欢打篮球，都是平底鞋，体育学校毕业；

没有皮鞋，没有成年时装鞋，不是上班族，应该是在校学生；

鞋子看出两人都没什么钱；

楼主在北京，买这种鞋一般是租房，从房子的装修风格来看，90 年代的房子，在北京四环以外；

楼主应该 83 年左右，北京体育类院校，从没有高跟鞋上看，现在工作不是文职类；

从楼主说收货时候不在北京，应该经常出差，很有可能是记者，中央电视台也可能，运动鞋中没有一双阿迪和耐克，说明楼主收入不是很高，是编外人员；

楼主 ID 分析是天秤座，名字中带 Li 字，手机是 N95，拍照时间是下午 4 点，发帖是六点；

楼主空间地址……；

看照片经常去运动会，估计是体育记者，看房屋暖气片、布局应该是北京中关村一带某些 80 年代的小区；

职业：CCTV5 记者

大学：BSU

从此案例分析可以看出人肉搜索往往体现着网民强大的分析能力，此人肉搜索的整个过程完全是通过对发帖人发布信息的各种推理判断最终得出了发帖人的真实信息。根据所给的信息进行合理的推断本身并不违背道德，对于这种方式的价值判断在于其内容和结果。

---

① 央视女记者网购“晒”鞋架，网友“人肉”其真实身份 . 2010-09-03. http://www.cnhubei.com/ctjb/ctjbsgk/ctjb32/201009/t1408923.shtml

2. 采用黑客手段破解他人的网络空间、电子邮箱等

人肉搜索中能够提供大量信息的无疑是被搜索者注册的网络空间和电子邮件中所显示的个人信息，尤其是一些已经加密的私密信息。因此在多次重要的人肉搜索案例中都有网民利用黑客手段攻击被搜索者的加密空间甚至获取其空间的账号和密码。例如，2008 年 5 月 21 日，国外最大视频网 YouTube 上出现一段长 4 分 40 秒的视频，在视频中一名女子身处网吧，用很轻蔑的口气大谈对四川汶川地震和灾区难民的看法，激烈和肮脏的字眼充斥其中。她对地震持幸灾乐祸的态度。网站没有颜色、电视里全是灾难报道、哀悼日让她玩不成游戏成了她抱怨的理由。网友通过其 IP 地址查到她本人的 QQ 空间和 QQ 号码并破解，之后在其个人空间中获取了姓名、身份证、亲友等个人信息。通过这种黑客手段获取他人信息的行为即使是出于正义的目的，也应该予以禁止。

（二）人肉搜索的伦理分析

1. 人肉搜索与正义性

人肉搜索事关人们的道德选择。康德的义务论强调一个人的行为是否道德在于行为的动机和出发点是否是道德的，而与行为的结果无关。与康德的道德哲学不同，边沁的功利主义认为人都有一种趋利避害的特性，提倡实现整体福利的最大化，强调结果的正义性。根据正义的标准，可以将人肉搜索划分为四种情况：动机与结果都正义、动机与结果都不正义、动机正义结果不正义、动机不正义结果正义。

人肉搜索的动机往往是复杂的，有的人为了伸张正义，例如南京天价烟事件，网民进行人肉搜索的目的是出于对官员腐败的憎恨，有的则是为了满足人天生的好奇心理，例如各种明星八卦的人肉搜索。人肉搜索动机的复杂性使得它无法满足康德义务论的道德哲学，相比之下更多是根据功利主义的道德哲学进行判断的。在南京天价烟事件中，人肉搜索使腐败官员最终被绳之以法，使多数人的利益得到了维护。在 2006 年的虐猫事件中，网民们泄露了虐猫者的隐私，通过网络暴力宣泄义愤。

2. 人肉搜索与公民的隐私权

隐私又被称为私生活秘密，是指私人生活安宁不受他人非法干扰，私人信息保密不受他人非法搜集和公开。隐私有私密程度的差异，个人信息诸如姓名、手机号是一类较为普通的隐私，在一定环境下可以呈现给特定群体；更私密的信息如生活照片、生理状况、收入等则非常重要，一旦泄露对

当事人的影响难以估量。人肉搜索最为显著的负面结果便是对个人隐私权的践踏。隐私权是公民最为基本的人权之一，人肉搜索侵犯公民个人隐私，不仅是严重的信息伦理问题，同时也触犯了相关法律。值得注意的是，公众人物与普通公民的隐私保护限度并不完全一样。普通公民的隐私权受到严格保护，而公众人物，如政府官员、明星人物的隐私权则是有限度的保护。如果像普通公民那样保护高级官员的隐私，将不利于公众对公权力进行有效的监督；明星通过观众付费获得大量财富，因此需要接受社会的监督。

3. 合理质疑与多数人的暴政

人肉搜索反映了网民对社会事件的质疑精神，这种质疑精神是现代公民社会所必需的，但缺乏理性的质疑可能会演变成多数人的暴政。例如，一个 12 岁的小女孩面对央视记者的采访说出了“很黄很暴力”这样的字眼，网民们根据一般的逻辑推断这个小学生可能是在背稿子，对记者采访内容的真假进行质疑。这反映了民众对官方媒体的监督意识，但是合理的质疑并没有一直坚持下去，网民把更多的精力投入到对一个小学生进行疯狂的人肉搜索中，严重影响这个孩子和她家人的安宁。

从本质上来讲，在人肉搜索中网民们行使的是一种道德话语权，它甚至能够充当一种统治者所特有的对于某个个体的压制能力。尽管之后孩子的父亲发表声明谴责人肉搜索和侮辱他女儿的行为，但这个申明在浩瀚如汪洋的网络信息中如沧海之一粟，远远比不上声势浩大的讨伐者。这种情形如同托克维尔所描述的“多数人的暴政”，即以多数人名义行使的无限权力。在理性、成熟的网络社会，少数人的合理利益也应该受到保护。

4. 人肉搜索的道德底线

综合上述分析，可以发现人肉搜索关涉三项最为基本的道德原则：正义、自由、平等。密尔在其《自由论》中阐述了公领域和私领域两个不同的概念，他称“任何人的行为，只有涉及他人的那部分才须对社会负责；在仅只涉及本人的那部分，他的独立性在权利上则是绝对的”。人肉搜索的底线即是涉及他人合理利益的那部分，网络世界中每个人都有隐私尤其是私密信息不受侵犯的权利。

（三）人肉搜索的法律约束

如果缺乏有效的法律法规，对于人肉搜索的监管便缺乏合法性依据，从而导致人肉搜索问题无法可依。法律的缺位使得一些网民乃至猫扑这样的网站打着正义的旗号，在进行人肉搜索时非但不感到不安，而且还自以为见义勇为。

从 2017 年 6 月 1 日起，《中华人民共和国网络安全法》(以下简称《网络安全法》)、《最高人民法院与最高人民检察院关于办理侵犯公民个人信息刑事案件适用法律若干问题的解释》(以下简称“两高解释”)等法律相继实施，明确人肉搜索泄露他人信息是刑事犯罪行为。按照《网络安全法》第四十四条规定，任何个人和组织不得窃取或者以其他非法方式获取个人信息，不得非法出售或者非法向他人提供个人信息。这里的个人信息是指：以电子或者其他方式记录的能够单独或者与其他信息结合识别自然人个人身份的各种信息，包括但不限于自然人的姓名、出生日期、身份证件号码、个人生物识别信息、住址、电话号码等。至此，曾经被大多数网民认为是正当的人肉搜索被法律禁止。可以看到，伦理原则是立法的依据，是网络社会治理的重要依据。

三、网络暴力的伦理分析

在网络上，一些人打着伸张正义的旗号实施网络暴力，在未弄清事实的情况下，公开对当事人及其家人进行指责、谩骂和人身攻击，对当事人甚至其家人造成精神上和物质上的伤害。

（一）案例介绍

死亡博客事件

2007 年曾发生了一起死亡博客事件。一名叫姜岩的女子跳楼自杀，死前她把自杀的原因写在博客里，指出她丈夫与一女子有不正当关系，并公布了她丈夫的姓名 / 工作单位及丈夫与第三者的合影。这件事在网上引起很大反响，网友纷纷指责其丈夫的不忠行为并进行人肉搜索，在网上大量公布他的个人信息并对其进行谩骂，有人甚至到其家门口张贴恐吓标语。网络暴力演变成现实暴力，严重影响当事人的工作和生活，侵害了当事人的正当权益。

（二）网络暴力产生原因

1. 网络群体的非理性

网民群体在对事件进行评论时，往往显示出非理性的特征。如果一种言论态度占据主导，那么后来进行评论的人，往往出于从众心理而倾向于大多数人的言论。很多人在跟帖过程中可能只是盲从，根本没有认真了解事件的来龙去脉，更不会进行深入思考。而且，随着拥护者的增加，言论与态度都会得到群体极化，变得越来越强烈和极端，变成侵害他人正当权益的网络暴力。

2. 网站管理的技术漏洞

由于技术以及网站管理的不足，网络中的偏激言论、中伤信息没有被及时地阻截，被迅速复制和传播，导致网络暴力愈演愈烈，对当事人造成极大伤害。

3. 网民宣泄情绪的需要

在匿名的网络中，人们可以将许多现实生活中不能发泄的情绪发泄在网络上。当网络暴力的对象事关人们心目中固有的道德观念时，网民们常常会发表恶毒不堪的言论，把情绪发泄到被网络暴力的对象身上，以此来减轻自己的心理压力，从而在有意无意间导致了网络暴力的产生。

（三）网络暴力的法律规制

网络暴力通常表现为在网络上披露他人的姓名、单位、家庭住址等信息，借助群体的力量对当事人甚至其家人进行语言攻击，有的甚至发展到现实中的人身攻击，严重损害当事人的生活与工作，使其隐私权、名誉权以及精神和心理受到伤害。在互联网发展之初，人肉搜索与网络暴力都属新鲜事物。由于缺乏相应的法律约束，使得许多人误以为这种情况只是在“伸张正义”。

2013年最高人民法院、最高人民检察院联合发布了《关于办理利用信息网络实施诽谤等刑事案件适用法律若干问题的解释》(下称《解释》)，明确规定了利用信息网络实施诽谤、寻衅滋事、敲诈勒索、有偿删帖、非法经营犯罪的认定及处罚问题。《解释》第五条第一款规定，利用信息网络辱骂、恐吓他人，情节恶劣、破坏社会秩序的，以寻衅滋事罪定罪处罚。同一诽谤信息实际被点击、浏览次数达到5000次以上，或者被转发次数达到500次以上的，应当认定为《刑法》第246条第1款规定的“情节严重”，以诽谤罪定罪处罚。所谓情节严重，主要是指多次捏造事实诽谤他人的；捏造事实造成他人人格、名誉严重损害的；捏造事实诽谤他人造成恶劣影响的；诽谤他人致其精神失常或导致被害人自杀等的情况。《解释》第五条第二款规定，编造虚假信息，或者明知是编造的虚假信息，在信息网络上散布，或者组织、指使人员在信息网络上散布，起哄闹事，造成公共秩序严重混乱的，依照《刑法》第二百九十三条第一款第（四）项的规定，以寻衅滋事罪定罪处罚。”《解释》第六条规定，“以在信息网络上发布、删除等方式处理网络信息为由，威胁、要挟他人，索取公私财物，数额较大，或者多次实施上述行为的，依照《刑法》第二百七十四条的规定，以敲诈勒索罪定罪处罚”。

此外，《关于办理利用信息网络实施诽谤等刑事案件适用法律若干问题的解释》（2013）还规定，根据《刑法》第二百四十六条第二款的规定，对于“严重危害社会秩序和国家利益”的诽谤案件，应由公安机关立案侦查，人民检察院提起公诉。为了明确网络诽谤刑事案件适用公诉程序的条件，《解释》第三条列举了“严重危害社会秩序和国家利益”的七种情形，包括“引发群体性事件”“引发公共秩序混乱”“引发民族、宗教冲突”“诽谤多人，造成恶劣社会影响”“损害国家形象，严重危害国家利益”“造成恶劣国际影响”以及打着“网络反腐”的幌子，恶意捏造事实诽谤他人的情形。

四、个人互联网信息伦理问题产生的原因

互联网空间是现实社会的投射与延展。在网络社会，一些伦理问题是由互联网自身的特点和外在约束机制的不健全引起的。另一些问题则与具体技术无关，而是由人的自利本能和价值取向所决定的。

（一）网络世界的虚拟性易于滋生违反道德的行为

在现实社会中，人们实名交往。根据博弈论的观点，这相当于一个长期动态博弈，参与人每一个阶段的行动选择或选择结果都可以为其他博弈人观察到，并成为他们选择下一步行动的前提。因此，为追求个人利益的最大化，人们愿意牺牲短期利益，选择高尚的行为，建立起一个有利于个人长期收益的良好声誉。但是进入网络世界之后，由于网络的匿名性和虚拟性，人们认为自己不必承担言行的后果，即使发布不当言论也不会受到声誉的损失、道德的谴责或法律的惩罚。这使得许多人将网络视为猎奇与宣泄情绪的场所，有些人甚至突破自己的道德底线，做出违背道德伦理的行为。这就需要在网络世界建构类似于现实世界的道德约束氛围，使人们提高道德自律。建立网络声誉机制的关键在于实行网络实名制。随着当前互联网实名认证制度的全面推行，网络虚拟性所带来的问题已经得到很大的缓解，人们的网络行为正逐渐趋近于现实社会。

（二）便捷的电子支付使得网络欺诈更加容易

5G 时代的来临和便捷的电子支付使得资金的交付、流动和聚集变得更加容易，催生了大量新兴的商业业态。这些新兴商业模式在极大地方便人

们工作生活的同时，也使得一些人产生了“一夜暴富”的心理预期。一些诈骗集团抓住人们贪图便宜的心理弱点，不断翻新诈骗手段，超出了人们的日常认知，致使受害者轻则钱财尽失，重则家破人亡。对于这类违法犯罪行为，除了提高技术侦破手段、加大打击力度之外，还需要重新审视和发扬传统的道德价值观，让人们养成克已、不贪、不轻信、依靠执法机构等良好习惯。

（三）多元价值观使部分网民行为放任

互联网打破了不同地区、不同国家人们之间的空间隔离，传统以血缘、亲缘、地缘或近距离业缘关系为基础的传统社会结构正在逐渐瓦解。不同的文化传统、道德观念在互联网世界同时呈现，相互作用，逐渐趋同。这使得个体行为者不再只受到单一道德观念的约束，而可以自由选择不同的行为方式，致使一部分世界观不成熟的人随波逐流，言行放任。随着网络社会及其约束机制的成熟，出于功利主义考虑、义务责任或本能美德的伦理诉求，人们将会重新回归人类最基本的伦理价值轨道，正能量与主流的价值观将逐渐占据主导地位。

（四）立法滞后导致对网络不良行为的约束不力

法律是伦理的底线，对于突破人类伦理底线的行为，需要依靠法律加以惩戒。但是由于互联网发展十分迅速，新的网络现象层出不穷，而立法是一个相对漫长的过程。立法滞后导致对一些网络恶性问题的惩处缺少法律依据，对一些违背伦理道德的行为惩罚不力。

五、个人网络信息伦理问题治理对策

1. 实行网络实名注册制

网络实名制主要是针对网络谣言、网络欺诈等违法和违反道德规范的行为而设立的网络监管制度。目前，我国的网站和社区都要求实名注册，对约束网民行为、改善网络环境具有重要意义。

2. 加强法律法规建设

由于互联网技术与各种网络应用的快速发展，立法滞后难以避免。比如在人肉搜索、网络谣言、金融诈骗、网约车等出现之初，很难立刻出台相关的法律法规与管理政策。与此同时，网民对这些问题的认识也模糊不清，因此出现许多有违伦理规范却又无法可依的情况。随着网络法规体系的不断成熟，许多问题已经得到有效缓解。《互联网信息服务管理办法》《非经营性互联网信息服务备案管理办法》《关于办理信息网络实施诽谤等刑事案件的司法解释》《网络安全法》《儿童个人信息网络保护规定》等相继出台，但是新问题层出不穷，我国互联网立法进程仍需加快步伐。

3. 加强技术防范措施

信息安全技术在互联网监管、信息安全、未成年人保护等方面发挥重要作用，典型的技术有防病毒、非法入侵检测、防火墙、绿色网络软件等。但是，随着新问题的不断出现，相应的信息安全技术水平还有待提高。

4. 建立引导和规制互联网行为的宣传体系

互联网上青少年网民占有很大的比重，他们的人生观尚未成型，容易受到不良行为的影响和错误观念的误导。必要的宣传教育可以帮助他们树立正确的网络价值观，提高判断对错是非的能力，促使他们遵守网络道德，加强网络自律。

5. 建立互联网个人信息伦理准则

对于一些违背伦理道德但却没有触犯法律的网络行为，需要依靠伦理准则加以约束。针对个人信息伦理问题，历史上曾经出现了一些行业伦理准则。基于上文的分析，提出以下个人网络信息伦理准则建议方案。

六、个人网络信息伦理准则建议方案

1. 信息获取方式正当。杜绝使用黑客、人肉搜索等不正当手段获取信息。

2. 尊重知识产权。尊重信息创造者的劳动成果。

3. 尊重他人隐私及相关个人权利。

4. 发布信息真实。不造谣，不传谣，不信谣。

5. 信息使用合法。不利用所获信息损害他人利益，危害社会安全。

6. 尊重他人的言论自由。

7. 网络语言文明礼貌，杜绝人身攻击。

8. 独立思考，不盲从。

9. 不参与网络暴力。

10. 积极向上，不传播负能量与低俗信息。

第三节 企业网络信息伦理

伦理问题对于企业的健康发展具有重要影响。美国学者弗里切（Fritzsche）在《商业伦理学》一书中提到：“无论从宏观角度还是微观角度，道德的行为都是商业长期成功所必需的，不道德的行为导致资源配置效率低下。”[①] 同时，随着“互联网+”与数字经济的深化发展，无论是互联网企业，还是传统企业，都需要在互联网上开展经营活动，因而也面临着许多新的伦理问题。企业在互联网上的伦理规范关系到网络社会的健康发展，是网络社会治理必须关注的问题。

企业伦理是指在企业全部生活中所蕴含和活跃着的道德意识、道德准则与道德活动的总和，它是一个具有复杂内在结构的系统[②]。企业伦理准则主要有：第一，无害原则；第二，知情同意原则；第三，自觉原则。除此之外，还有些学者提出自主原则、公平竞争原则等。随着互联网产业的不断发展，企业信息伦理失范的案例不断发生，反映了在网络环境中企业信息伦理监管缺失的种种问题。比如隐私侵犯、数据泄露、网络侵权、虚假广告、网络欺诈，等等。

数据企业是互联网时代的新型经济主体。在大数据时代，涉数企业不断增加，在促进数据产业发展的同时，也出现了许多企业伦理失范甚至违反法律的现象。2018 年 3 月，媒体曝光 8700 万 Facebook 用户的个人数据被违规获取，并用于 2016 年美国大选政治广告投放，甚至英国脱欧公投也牵涉其中。此前，有消息称俄罗斯过去两年在 Facebook 上发表 8 万多篇试图影响美国政治的帖子，约有 1.26 亿美国人看过这些内容[③]。频繁发生的“互联网干政”事件和个人隐私泄露事件使公众对社交网络数据的巨大影响感到震惊，也使政府对社交网络平台企业的合法经营与伦理规范忧心忡忡。由于相关的政策法规制定存在一定的滞后性，致使企业面临许多

---

① Fritzsche, D. J. Business Ethics: A Global and Managerial Perspective. McGraw-Hill College, 1996.

② 周祖城 . 企业伦理学［M］. 清华大学出版社，2009，8.

③ Facebook 数据门：开放平台的失败与重生 . 数字经济与社会，2019–08–23. https://www.secrss.com/articles/13171

问题。

一、我国涉数企业现状

（一）涉数企业数量与规模增长迅速

随着大数据产业的发展，我国数据类企业增长迅速，分布在电子商务、在线银行、社交媒体、搜索引擎、视频娱乐、物流与供应链、医疗、基因检测等行业，呈现出增速快、行业覆盖面广等特点。与此同时，涉数企业规模也呈扩大趋势，2018 年 8 月顺丰联合 8 家企业注册 1 亿资金成立超级大数据公司①。除此之外，百度、阿里巴巴、腾讯、顺丰、京东等企业都拥有海量数据。

（二）企业数据大量涉及公民隐私

目前企业掌握的数据相当大一部分是互联网上的用户交易与痕迹数据，涉及用户身份证号、姓名、电话号码、银行卡号、家庭住址、性格偏好与交易记录等。还有一些生物数据公司，则以基因检测的名义收集公民基因数据。这些数据如果被不当使用，不但可能影响公民在就业、保险、商业竞争等方面的机会公平，而且使之面临电话推销、无度推荐、金融欺诈甚至网络暴力的威胁。人口基因、医疗数据的大量积累与泄露也可能影响国家安全。2015 年，英国的医疗大数据项目 care.data 正是因为涉及病人隐私保护问题，在强大的舆论压力下被中止。

（三）数据交易已经起步，但发展缓慢

目前国内的大数据交易平台主要由政府主导和企业主导两类。由政府或国企主导的大数据交易中心有贵阳数据交易所、上海数据交易中心、中关村数海大数据交易平台、长江大数据交易平台等；另一类则由大型互联网企业如阿里、京东、百度、浪潮、顺丰等主导。截至 2018 年底，贵阳大数据交易所已发展 2000 多家会员，可交易数据产品超 4000 个，明确规定交易的不是底层数据，而是数据清洗、建模分析的数据结果，要求数据买卖双方保证数据所有权合法、可信、不被滥用。目前，由于法规、技术标准与交易规则的限制，公开的数据交易在数量和种类上比较有限，但是违法违规的黑市交易却时有报道。

---

① 东莞日报 . 注册资本 1 亿元！顺丰等 9 家企业在松山湖组建“超级大数据公司”！新浪网，2018–9–23. http://k.sina.com.cn/article_2145932164_7fe8538401900coin.html

二、数据安全问题频发，危害日益严重

（一）政府数据业务外包存在安全隐患

目前，大部分政府信息系统与网站的开发运维业务都由外包企业承担，一些数据库维护业务也外包给企业承担。随着政府数据业务外包的增加，对企业的深度依赖使得政府数据面临多种安全风险，比如数据泄露、篡改、丢失、不可持续等，甚至可能威胁国家安全。2017年，美国一家数据公司泄露了近2亿登记选民的个人信息，约占美国人口的61%[①]。2018年3月，美国社交网站Facebook数据泄露，被用于操纵总统选举。2015年瑞典交通管理局将资料库及信息服务外包给美国IBM公司，而IBM再将部分服务外包给美国NCR公司。两家公司在转存资料时出现疏漏，让没有得到安全许可的员工接触到敏感信息。据瑞典媒体披露，泄露的数据包括瑞典公路和桥梁的承载能力（包括指示哪些道路将用作战时机场）；空军战斗机飞行员的姓名、照片和家庭地址；警察的姓名、照片和家庭地址；特种部队军人的姓名、照片和住址（最高级机密）；受保护证人的姓名、照片和住址，及其获得的保护身份；政府和军队所有的车辆所属机构、车辆型号、载重和机械缺陷；警方所登记的公民信息，等等。瑞典政府在2017年1月才发现漏洞。这一事件极大冲击了瑞典执政党的执政地位，反对党因此发起“不信任投票”，要求首相引咎辞职[②]。

（二）数据滥用形式多样，危害严重

涉数企业对经济利益的追逐致使数据滥用形式不断翻新，严重危害公民利益，甚至危及生命安全。一些电商企业在用户不知情的情况下长期跟踪用户，通过爬虫和推荐算法收集用户数据，强制向用户推送广告和弹窗，甚至运用数据标签进行“杀熟”。2018年8月30日，某大学在新加坡留学的学生发回邮件，说受到精准的国际电信诈骗，将留学基金委刚刚发放的津贴悉数骗走。更加严重的是，还出现了贫困学生因遭受精准诈骗跳楼身亡、清华教授巨额房款被骗、独居老人被骗失去住房等性质恶劣、影响广泛的事件。

---

① Akan. 全美最大选民数据泄露：共和党所属数据公司意外泄漏近2亿美国选民个人资料 . https://www.freebuf.com/news/137819.html

② 李峥，牛帅 . 数据泄露会让政府倒台吗？澎湃新闻网，2017–08–03. https://pit.ifeng.com/a/20170803/51555005_0.shtml

（三）个人信息频频泄露，暗网上非法数据交易活跃

暗网是指存储在网络数据库里、不能通过超链接访问、不能被标准搜索引擎索引，而需要通过动态网页技术访问的资源集合。近年来，暗网上底层数据交易活跃。据报道，2018 年 8 月 28 日，一位暗网用户发帖出售 1.3 亿名华住旗下酒店入住用户数据包，数据总数达 5 亿条[①]。8 月 31 日晚，大约 3 亿条疑似顺丰用户数据在暗网售卖，包括寄件人、收件人的姓名、地址、电话等个人信息[②]。可见，高频接触个人信息的行业已成高度敏感行业。更早些时候，京东、摩拜、优酷、前程无忧、支付宝、当当等企业都被传有上千万用户数据在暗网兜售。

根据 2017 年测算，中国网络黑产从业人员已超过 150 万，市场规模达千亿级别。数据泄露规模由 2016 年的 14 亿条跃升至 2017 年的 50 亿条。2017 年 3 月，公安部开展打击整治黑客和侵犯公民个人信息犯罪专项行动，仅 4 个月时间就侦破案件 1800 余起，抓获犯罪嫌疑人 4800 余名，查获各类公民个人信息 500 余亿条[③]。

（四）数据采集不规范，《网络安全法》得不到有效执行

在网站后台实时抓取消费者个人信息并用于精准营销，是大数据应用的主要形式。《中华人民共和国网络安全法》规定“网络运营者收集、使用个人信息，应当遵循合法、正当、必要的原则，公开收集、使用规则，明示收集、使用信息的目的、方式和范围，并经被收集者同意”。但是，由于互联网企业在技术上处于主导地位，“经被收集者知情同意”这一条很难得到严格执行。根据 DCCI 互联网数据中心发布的报告，2017 年手机 App 获取个人信息呈常态化趋势，高达 96.6% 的安卓（Android）应用会获取用户隐私，而 iOS 也达到 69.3%。此外，雅虎被指扫描用户邮箱出卖给广告商；德国反垄断监管机构发现脸书（Facebook）在用户不知情或不同意的情况下搜集个人数据；而谷歌收集的数据远远超过脸书

① 赵婷婷．华住 5 亿条用户信息疑遭泄露．北京青年报．2018–08–29. http://www.xinhuanet.com/yuqing/2018–08/29/c_129942361.htm

② 王潇燕．3 亿条疑似顺丰用户数据泄露，暗网交易售价两个比特币．中国企业报，2018–08–31. http://finance.sina.com.cn/chanjing/gsnews/2018–08–31/doc-ihiixzkm2994318.shtml

③ 中国“网络黑产”规模达到千亿级别，网络安全亟待多维度防御体系．中国网络安全等级保护网，2018–5–10.

（Facebook）[①]。2019年3月，曾号称“中国最大的简历大数据公司”北京巧达科技因涉嫌非法爬取、购买、售卖简历信息，所有员工被警察带走，公司办公室也被查封[②]。

（五）企业信息安全投入不足，长期低位徘徊

处理大量客户机密信息的企业和存管大量个人信息的企业，如金融类、证券类、咨询公司、律师事务所、会计事务所、保险机构、人才招聘机构、医院诊所、呼叫中心、拥有专利的制造类企业等，在软件开发、数据中心、系统集成以及在线销售（电商）都存在信息安全隐患。黑客可能通过钓鱼、挂马等攻击方式，对办公电脑进行控制或数据洗劫，获取进入内网的入口信息（账号、密码等），或者直接对有价值的办公网系统实施勒索等破坏性攻击。尽管涉数企业拥有大量敏感数据，但是用于信息安全的投入却严重不足。防护手段仍以防火墙设备、杀毒、漏洞扫描等被动式防御技术为主，远不能满足数据保护的需要。

近年来，从脸书（Facebook）泄露客户隐私到互联网企业不正当竞争，企业违反伦理的事件时有发生。下面对一些案例进行简要分析。

三、企业网络伦理失范案例分析

（一）案例简介及分析

案例1：上海罗维邓白氏营销服务买卖个人信息[③]

案例简介

2012年央视“3·15”晚会披露了上海罗维邓白氏营销服务公司买卖个人信息的事件。作为一家营销公司，邓白氏数据库拥有超过2亿条全球商业数据，超过1.5亿条中国中高端消费者数据。这些数据包括客户的年龄、性别、学历、生活区域、联系方式等个人信息。该企业就是靠这些数据对客户进行直复式营销（指通过发送短信、电子邮件、拨打电话、实名

---

① 程春雨．25.3%安卓应用越界获取用户隐私，成网络诈骗主要源头．中新网，2017–07–19. https://www.thepaper.cn/newsDetail_forward_1737124

② 走狗．最大简历大数据公司被一锅端，大数据产业已无路可走？［EB/OL］．［2019–09–28］. https://www.chainnews.com/articles/793779820357.htm

③ 上海罗维邓白氏营销服务被曝买卖个人信息．腾讯财经［微博］2012–03–15. https://ln.qq.com/a/20140310/015117.htm

制邮寄印刷品等方式为客户进行广告营销）。罗维邓白氏的数据主要来源于购买当地个人信息中介公司的信息，同时还利用交易过程中的暗箱操作，如在帮助银行做业务的同时，记录下银行客户的资料。该公司不仅购买数量庞大的个人信息数据，同时也出售个人信息，对外出售时，一个字段的价格是 0.3 元，信息越详细，价格越高，如果有名字、邮编、地址、电话、车型还有房子（房产）的信息则可以卖到 1.5 元。针对这种违法行为，上海市公安局闸北分局依法扣押了四台公司服务器和一台监控器，并传唤数据采购部、财务部等三名部门负责人接受调查。

案例 2：银行员工出售客户信息

案例简介[①]

2011 年 2 月下旬，上海警方连续接到几十起报案，涉及招商银行、工商银行、农业银行等多家银行，被盗金额最高达到 233 万多元。警方发现，作案人极其狡猾，在通过网银进入受害人的账户后，并不是直接将钱划走，而是利用目前银行对水电煤气等公共事业费缴费不提供短信通知服务这一点，先给账户开通公共事业费缴费功能。之后通过淘宝网店，使用受害人的银行账户，以低折扣代缴电话费、水电费等方式转手套现，而受害人毫无察觉。要完成这些操作，除了银行卡号，必须要有账号密码。

据犯罪嫌疑人交代，他在网上联络寻找专门贩卖个人信息的贩子，以每份几十到一百元的价格，购买了 3000 多份车主的个人银行卡信息和个人征信报告，包括：车主在各家银行的银行卡卡号和账户余额、银行客户的收入、详细住址、手机号、家庭电话号码，甚至配偶和子女的职业、生日等等。借助这些信息，犯罪嫌疑人筛选编排出最有可能的六位数密码，之后逐个登录网银，用编制的密码尝试进入受害人账户。他交代，成功的机率达到 20% 左右，共造成受害人损失 300 多万元。

据央视“3·15”晚会报道，这些银行客户信息的最初来源则如下：招商银行信用卡中心风险管理部贷款审核员胡斌曾向作案人出售个人信息 300 多份。中国工商银行客户经理曹晓军，通过工行跟银行接口的征信查询系统查询到了大量的个人信息，并通过中介向作案人提供多达 2318 份个

① 张洪泉 . 员工泄密应加大惩处银行 .CCTV 新闻中心，2012–03–18. http://news.cntv.cn/20120318/117645.shtml

人信息。此外，还有中国农业银行无锡荣龙支行员工董某、中国工商银行福州鼓楼支行员工陈某等也出售了个人征信报告与银行卡信息。

案例分析

隐私权是指公民享有的私人生活安宁和私人信息受到法律保护，不被他人非法侵扰、知悉、搜集、利用、公开等的一种人格权。上海罗维邓白氏买卖他人信息获取利益的行为严重侵犯了公民的隐私权。我国《刑法修正案（七）》中明确规定：国家机关或者金融、电信、交通、教育、医疗等单位的工作人员，违反国家规定，将本单位在履行职责或者提供服务过程中获得的公民个人信息，出售或者非法提供给他人，情节严重的，处三年以下有期徒刑或者拘役，并处或者单处罚金。窃取或者以其他方法非法获取上述信息，情节严重的，依照前款的规定处罚。单位犯前两款罪的，对单位判处罚金，并对其直接负责的主管人员和其他直接责任人员，依照该款规定处罚。

目前我国还没有专门立法保护公民的隐私权，所以被一些企业打了擦边球，损害消费者利益。关于我国网络隐私权的法律保护，1997 年 12 月 8 日国务院信息化工作领导小组审定通过的《计算机信息网络国际联网管理暂行规定实施办法》第 18 条规定："不得在网络上散发恶意信息，冒用他人名义发出信息，侵犯他人隐私。"2001 年，最高人民法院在颁布的《关于确定民事侵权精神损害赔偿责任若干问题的解释》中隐含关于隐私权保护的内容，但仍未从法律上明确隐私权作为一项独立民事权利的地位。2017 年出台的《网络安全法》规定："网络运营者、网络产品或者服务的提供者违反本法规定，侵害个人信息依法得到保护的权利的，由有关主管部门责令改正，可以根据情节单处或者并处警告、没收违法所得、处违法所得一倍以上十倍以下罚款，没有违法所得的，处一百万元以下罚款，对直接负责的主管人员和其他直接责任人员处一万元以上十万元以下罚款；情节严重的，并可以责令暂停相关业务、停业整顿、关闭网站、吊销相关业务许可证或者吊销营业执照。"

（二）网络盗版治理所面临的困难

1. 侵权赔偿责任由谁来承担难以判定

网络文学遭遇盗版，搜索引擎、盗版内容采集者、盗版内容发布者、盗版内容阅读者等都有责任。因此，版权人向谁维权存有争议。

《关于办理侵犯知识产权刑事案件适用法律若干问题的意见》规定，侵权行为的首要条件是"以营利为目的"，主要包括以下四种情形："以在他人作品中刊登收费广告、捆绑第三方作品等方式直接或者间接收取费用的；

通过信息网络传播他人作品，或者利用他人上传的侵权作品，在网站或者网页上提供刊登收费广告服务，直接或者间接收取费用的；以会员制方式通过信息网络传播他人作品，收取会员注册费或者其他费用的；其他利用他人作品牟利的情形。”百度虽利用百度文库营利，但上传者却是用户，用户上传所获得的积分是否算营利，在《意见》中却是未予界定。

盗版内容的采集者和发布者是反盗版主要打击的对象。2008 年，起点中文网状告云霄阁，福建省莆田市涵江区法院作出一审判决：云霄阁网站在未经著作权人许可的情况下，擅自复制传播起点中文网拥有版权的 1339 部网络文学原创作品，从中牟利，构成侵犯著作权罪，分别判处两名被告有期徒刑 1 年 6 个月，并处罚金 10 万元。

2. 规避版权、变相侵权的方法层出不穷

除披着用户上传的外衣传播未获得版权的作品外，规避版权的方法还有许多。比如在一部书产生影响之后，立即跟风续写，在其他网站发布。如我吃西红柿的作品《星辰变》便被续写出《星辰变后传》在读吧网发布；但起点中文网反应迅速，联系作者劝其停止写作。读吧协调不成以垄断及不正当竞争起诉起点，但结果是起点胜诉，两位作者停止写作。即使如此，《星辰变后传》也已使读吧网获得巨大利益。此外，书名故意“撞车”的现象也时有发生，苍天白鹤所著《武神》便遭遇同名小说。该同名小说因此获宣传之效，但因除书名外，人物设定、故事情节均不相同，无法起诉其侵权。

3. 技术上的困难

为了限制无权访问的用户进行非法访问和获取信息，在网络传播过程中主要使用加密与数字签名技术、数字水印技术等，但是盗版网站总有新方法应对，即使能够完全控制文本的非法复制，拍照、手打等方式也是难以禁止的。

（三）网络文学盗版的治理对策

1. 完善版权法，加强执法力度

我国的《著作权法》对原创小说续写是否侵权判定的缺失，让原创网络文学版权保护存有漏洞。而我国《刑法》对侵犯著作权犯罪的规定比较概括、狭窄，使得相当多的严重侵权行为得不到应有的刑事制裁。即使证据确凿，也是通过一些罚款等手段处理，而罚款金额又很低，无法实现对盗版的有力打击。

2011年，最高人民法院、最高人民检察院与公安部发布《关于办理侵犯知识产权刑事案件适用法律若干问题的意见》，进一步明确了侵犯知识产权刑事案件的管辖问题，且对犯罪的认定做了明确规定：服务器所在地、网络侵权行为发生地、站长所在地等都可以成为管辖理由。非法经营数额在5万元以上的；传播他人作品的数量合计在500件（部）以上的；传播他人作品的实际被点击数达到5万次以上的；以会员制方式传播他人作品，注册会员达到1000人以上的；数额或者数量虽未达到第（一）项至第（四）项规定标准，但分别达到其中两项以上标准一半以上的；都纳入《刑法》第二百一十七条规定的“其他严重情节”。而根据《刑法》第二百一十七条与第二百二十条的规定，犯本罪的，违法所得数额较大或者有其他严重情节的，处三年以下有期徒刑或者拘役，并处或者单处罚金。将此问题，从单纯罚款到罚款与拘禁并重，在一定程度上提高了盗版制作与传输的成本。

但与此同时，著作权中的相关条款并未更改。我国《著作权法》第四十八条规定，侵犯著作权或与之相关权利的，侵权人应当按照权利人的实际损失给予赔偿；实际损失难以计算的，可以按照侵权人的违法所得给予赔偿。权利人的实际损失或者侵权人的违法所得不能确定的，由人民法院根据侵权人侵权行为的情节，判决给予50万元以下的赔偿。盗版问题取证的困难重重与50万的最高额度限定无疑使得版权方打击盗版的行为得不偿失。2009年，美国明尼苏达州一名妇女从互联网非法下载24首有版权的歌曲，被判向6家唱片公司赔偿192万美元。如果国内法律对盗版的打击能达到如此地步，使得盗版的风险成本大大提高，愿意铤而走险的人应该会大幅减少。

2. 切断盗版小说传播途径，限制搜索引擎的行为

网络文学盗版难以打击的原因在于巨大的经济利益。由于读者主要通过网络搜索来寻找小说内容，因此搜索引擎成为盗版文学网站的一个主要流量来源。如果能够对搜索引擎的行为予以规定，使其参与到打击盗版的行动中来，将会大大降低打击盗版的技术成本。

四、企业网络伦理失范的原因分析

（一）立法滞后，一些企业钻法律空子

企业在互联网伦理失范的重要原因是法律法规不健全，致使监管主体

责任不明、监管问题界定不清、惩罚措施不力、监管缺少长期性和稳定性。另外，有些法律虽然已有条文规定，但是可执行性、可操作性较差，或者执法主体不够明确，导致企业在互联网环境中制作、采集、发布、传播、开发、利用信息时出现种种违反法律或伦理道德的现象。

目前，我国大数据产业发展势头良好，但是问题也较多，由于缺乏专门的数据保护法规与政策，使得监管部门执法无力，影响数据产业健康发展。《网络安全法》鼓励通过技术监测与管控促进网络安全、健康运行，但较少涉及直接约束技术权力滥用，对于涉数企业在数据保护方面的责任与义务规定不够详细具体。2018 年 5 月，欧盟《通用数据保护条例》正式实施，对于数据的采集、管理与使用做了详尽规定，对我国具有参考价值。

（二）企业社会责任与伦理意识淡薄

我国市场经济发展历史较短，一些企业尚未树立良好的社会责任与伦理意识。由于网络环境独有的特点，采取不道德行为可能为某些企业带来牟取暴利的机会，比如买卖客户隐私信息、非法网络公关、侵犯知识产权、低俗炒作等。尤其是搜索引擎企业，在信息传播中发挥着“把关人”的作用。从某种程度上讲，搜索引擎决定了网民所能够看到的信息。如果搜索引擎企业对于“第一，尊重知识产权；第二，尊重隐私；第三，公平参与；第四，无害”的企业伦理原则缺少认知，就会在有意无意间成为企业伦理失范甚至违法活动的帮凶。此外，企业领导者对于企业文化与伦理观念的塑造起着决定性作用。查尔斯·汉迪说过：“领导者塑造并传播一种前景，这种前景为其他人的工作指明了方向。”一些领导者受暴利的诱惑，出现了道德缺失与价值异化，他们为实现自己的利益和野心，甘心“冒天下之大不韪”，做出违法的经济行为。从上海罗维邓白氏公司到三鹿集团，无一不是如此。

（三）监管政策宽松，违规企业惩罚力度过小

现行监管模式主要依靠企业主动向主管部门申请许可、备案、评测，递交经营信息年报等措施。在滴滴顺风车乘客遇害、百度虚假医疗广告以及大量企业数据泄露事件中，政府最严厉也最有效的监管方式是行政约谈企业负责人，虽然在短期内效果显著，但是长期效果却不尽人意。由于违法经营利润巨大，而惩罚力度过小，涉事企业在避过风头后又故态复萌，造成恶劣影响。

此外，政府对互联网新兴业态监管宽松，给一些企业违法经营带来可乘之机。CCTV 对滴滴顺风车事件调查发现，滴滴在一些城市并未得到许可，但却违法经营半年之久。在 2018 年的滴滴司机杀害乘客的事件中，当公安局接到受害人家属报警后，要求获取涉案车辆数据却被企业拒绝，导致严重后果。垄断型涉数企业如果已经达到无视法规与政府监管的地步，不但损害消费者利益，也严重损害政府的权威与公信力。

（四）监管技术尚不成熟

互联网是一个复杂、创新活跃的社会活动场域，新技术层出不穷。一些违法犯罪活动或窃取信息的行为比较隐蔽，运用普通的技术手段难以实时监测，从而给违规企业以可乘之机。我国司法实践中主要采信公证处的公证文书，而公证处与用户处于同样弱势地位，违规企业可以通过封堵其 IP 地址，或结合“云计算”技术分时段、分地域发送指令，实施干扰等方式绕开公证处的监督，使不正当行为无法被取证。

五、针对企业伦理失范的对策建议

（一）建立准入制度，加强对涉数企业安全资质的审查

对于涉及生产安全的企业，我国有专门的资质要求，如《特种设备安全法》等。《中华人民共和国安全生产法》第二十四条规定，“生产经营单位的主要负责人和安全生产管理人员必须具备与本单位所从事的生产经营活动相应的安全生产知识和管理能力。危险物品的生产、经营、储存单位以及矿山、建筑施工单位的主要负责人和安全生产管理人员，应当由有关主管部门对其安全生产知识和管理能力考核合格后方可任职”。数据安全涉及公民利益与国家安全，对涉数企业的建立应当加强资质审查，可以参照上述法律规定，对企业负责人的数据安全知识和安全管理能力进行审核。

（二）加强立法，建立统一的企业监管备案平台

将数据视作与石油、矿山等同的国家战略资源，明确数据管理的最高权力机关，统筹协调，建立满足业务协同和共享需求的数据监管平台，将各级监管部门、第三方评估机构的相关数据统一接入，实现监管信息共享、行业部门协同共治，并利用平台定期披露违规企业行为。依托大数据监测平台，对数据的跨境流通、转移等行为进行监控，形成我国数据信息的安全防线，并定期开展技术抽检行动，对数据中心及相关企业的经营行为进行监督管理。通过搭建备案系统，对涉数企业数据进行详细记录，实现设

备与设备使用者、资源与资源占有者的一一对应，并将必要信息接入统一监管平台，使监管部门能查、能管、能追责。

推动设立政府信息化建设外包服务企业名录，对涉数企业的数据采集、管理与使用进行信用等级评估，并记入企业信用记录，运用诚信机制促使涉数企业合规经营。与此同时，营造公平公正的市场竞争环境，防止出现行业内一家独大的垄断性经营。利用市场竞争机制促使涉数企业自觉提高数据安全意识，加大数据安全投入，加强内控管理，合法合规经营。

（三）成立专门的监管机构，开展多部门联合执法

成立专职的数据安全管理部门，依法行使数据安全监管与执法职能，领导制定数据保护管理制度与技术标准，维护国家数据资源安全，促进数据产业公平、健康发展。具体的，参照传统资源开发型企业的监督管理办法，采用先进的信息安全技术，协同公安、工商税务等政府部门以及第三方审计机构对涉数企业的数据采集、存储、传输、共享、使用、归档及销毁的各环节进行审查，依法追究违规企业责任；对互联网企业内控机制开展专项检查和整治行动，严厉打击企业无资质采集、违规出售、滥用国家及公民个人数据的违法行为；加大惩罚力度，严厉打击数据黑市交易；加强对跨境数据流的跟踪管理；维护国家、公民与涉数企业的正当利益，促进数据产业繁荣发展。

（四）尽快制定出台细化的数据保护条例

参照欧盟《通用数据保护条例》，尽快制定出台我国的数据保护法规或条例，确立企业数据处理的基本原则和实施细则，保护数据主体的知情权、访问权、修改权、删除权和被遗忘权；明确涉数企业应当承担的责任和义务，包括接受监管机构的数据审查以及执法部门的数据实时调用；接受社会监督，加大对违法违规企业的经济惩罚力度，运用多种手段监督涉数企业合法运营。

（五）增强技术监管力度

互联网企业的伦理失范或违法行为一般具有很强的技术性，对其进行监管也需要运用技术手段。为此，有必要成立社会化的互联网业务应用技术检测认证机构，制定技术检测标准，鼓励针对互联网业务应用占用终端资源实施市场化的技术检测和技术认证。建设互联网市场不正当竞争行为监测取证平台，运用大数据、云计算等现代信息技术强化市场监督管理，实现对互联网平台企业不正当竞争行为的快速发现、记录和比对，尽快提升互联网市场不正当竞争行为的技术举证、仿真建模、行为人溯源等能力建设。

（六）建立企业信息伦理准则，倡导企业自律

企业在互联网上之所以产生很多失范行为，原因之一为企业信息伦理准则的缺失。行业协会应积极倡导建立企业网络信息伦理准则，加强对企业的伦理约束。鉴于搜索引擎企业在网络信息伦理传播中的“把关人”角色，应特别加强此类企业的伦理意识与道德自律，将信息的“公平、无害、真实、权利保护（知识产权、隐私权）”作为企业自觉遵守的伦理义务。

六、企业网络伦理准则探索

面对纷繁复杂的网络伦理问题，在加强法律监管的同时，也需要倡导建立企业网络伦理准则，通过行业协会与企业自律来规范企业网络信息行为。

（一）诚信准则

网络是现实世界的延伸，现实世界的道德在网络中也应该得到遵循。诚信，是企业最基本的伦理准则，也是企业在参与网络经济时的首要准则。2011 年 5 月阿里巴巴 B2B 公司宣布 CEO、COO 引咎辞职，该公司约 0.8% 即 1107 名“中国供给商”因涉嫌欺诈被终止合同。此举维护了客户第一的价值观和诚信经营准则，缓解了企业在网民消费者心中的不良印象。

（二）公平竞争准则

随着互联网商业模式的不断突破，互联网竞争行为的日益纷繁复杂，不正当竞争频频发生。根据北京市海淀区人民法院的数据，2015 年至 2017 年共审结 786 件不正当竞争案件，其中约 532 件涉及互联网平台企业，占比高达 66.7%，涉及搜索服务、电子商务、网络内容、社交媒体、竞价排名、网络游戏、网络直播等领域。由此可见，互联网领域的案件高发地已逐渐从网络安全、网络犯罪等领域，逐步延伸至互联网产业的各细分领域。2018 年 1 月，修订后的《反不正当竞争法》正式实施，将阻碍运行、恶意拦截、流量劫持等不正当竞争行为纳入其中。然而，有关用户移动终端、内存、系统、驱动、内核等各层级资源及个人数据的保护性规定及诉权规则仍不健全，让企业有机可乘。为此，应当进一步完善立法，加大执法力度，维护公平竞争的市场环境。

（三）社会利益与企业利益相统一准则

这一准则也可以理解为无害或不做恶准则。庞德将利益分为三大类，即个人利益、公共利益和社会利益。他认为社会利益是最重要的利益，是包含在文明社会中并基于维护文明社会的正常秩序和活动而提出的各种具有普遍性的主张、需要和愿望[①]。社会利益在伦理道德上就是维护和增进社会大多数人的利益，企业在追求经济效益的同时应考虑到社会与公共利益，不得以侵害客户或他人利益的方式谋利。

第四节　政府信息伦理

公共伦理是对行政系统中行政人格的阐释，是政府机构和政府公务员在履行管理与服务职能时所应秉持的价值取向和道德规范，是约束其行为方式、影响其工作作风的重要因素。随着电子政务的深化发展，政府数据在政府治理当中的作用日益重要，因此相应的信息伦理规范应当成为行政伦理准则的组成部分。尽管政府是规约其他社会主体信息行为的主导者，但是对其自身的信息活动也应当进行伦理约束。如同“依法行政”的重要性一样，政府信息伦理对于政府行政效率的提高与公众权利的维护具有重要的意义，是网络社会治理不可忽视的组成部分。

一、政府信息伦理的含义

作为行政组织，政府机构须接受行政伦理与公共伦理的约束。美国于1978年出台了《政府伦理法》，规定自总统以下的民选和任命官员都必须在规定的时间内公布自己的收入、资产和受礼等信息，而且要求官员的税表等财产申报资料在6年内可供公众查询。美国政府伦理办公室总检察长（司法部长）共同负责对违反伦理法规的官员进行调查。为了发挥社会管理和公共服务的职能，政府机构及其工作人员需要通过政府网站、政务新媒体等发布通知公告、公开政务信息、与网民互动，等等。在发布信息、分享信息、提供信息服务以及与公民进行信息交流、互动时，政府工作人员应该遵循行政伦理规范和道德伦理准则，将政府的伦理精神体现在公共信

① ［美］罗斯科·庞德．沈宗灵，董世忠译．通过法律的社会控制：法律的任务．商务印书馆，1984（原著出版于1942年）．

息服务过程中。这些与政府信息活动相关的伦理道德规范可以称之为政府信息伦理准则。目前，我国已经出台了《行政许可法》《政府信息公开条例》等一系列法律法规，对政府机构的信息行为予以规范，但是由于互联网发展迅速，政府机构在互联网上的信息活动仍然会遇到一些伦理问题，需要进行分析研究并提出对策。

二、案例分析

案例一：国家统计局曝光两地方数据造假

1. 案例介绍[①]

从2012年2月18日开始，国家统计局全面推行企业数据联网直报，这一举措旨在避免企业数据在层层上报过程中受到来自外界力量的干预，以遏制数据失真。但是，部分地方政府却存在干预数据上报的情况。国家统计局网站分别于2012年2月21日和3月12日曝光了重庆永川区和山西河津市政府干预企业联网上报统计数据的行为。由于群众举报和相关机关调查整改及时，这两起数据造假事件没有对数据产生实质性的影响。

2011年11月，永川区人民政府办公室印发《永川区“企业一套表”联网直报办法（暂行）》，规定企业数据在上网报送之前必须将要上报数据报经镇街统计机构或工业园区或区城乡建设委员会、国土资源与房屋管理局、商委、经信委等相关行业主管部门审核评估。这些规定严重影响了数据上报的独立可靠性。

经统计执法检查室查证，山西省河津市统计局个别工作人员在企业一套表联网直报2011年年报数据前后，通过电话、邮件等渠道让某些企业依据自己提供的数据进行上报，受此影响，相关企业存在严重的虚报现象。

2. 案例分析

信息公开、真实、可获取，保障公民的知情权，是政府信息公开立法的伦理基础。地方企业作为地方经济发展的支柱，其经营绩效是地方政府政绩考核的重要指标，但是，通过干预数据上报、制造虚假数据来美化地方建设成果，违反了政府信息伦理的基本要求。目前，政府数据开放力度

---

① 马文婷 . 国家统计局曝光两地方数据造假 . 京华时报，2012–03–17. https://finance.qq.com/a/20120317/000383.htm

不断加大，公众对于政府数据质量的期望和要求也越来越高。虽然我国已经出台了《政府信息公开条例》，但是在对政府信息行为的约束方面，还有一定的欠缺，需要探索相应的政府信息伦理准则，对政府信息行为进行伦理约束，并在此基础上探讨立法的可能性和可行性。

案例二：数据泄密背后的利益链条

1. 案例介绍[①]

2011 年 2 月，央行在春节假期的最后一天宣布加息，业内普遍预计 1 月份 CPI 可能破 5% 才迫使央行采取行动。但在数据发布前的 2 月 14 日，有外媒通讯社援引两位市场人士的话说，由于中国官方调整了 2011 年 CPI 的权重，中国 1 月 CPI 同比上涨 4.9%，环比涨幅约在 0.9%，低于市场的普遍预期。等到 2 月 15 日国家统计局网上公布经济数据时，其中的 CPI 数据正是 4.9%。4 月份，有券商高层在微博上发帖："【传】4 月份 CPI 为 5.3%。超预期！" 5 月 11 日，国家统计局发布数据时，4 月份的 CPI 就正好是 5.3%。中信证券在其 2017 年 1 月初的月度数据前瞻报告中预计，去年 12 月食品价格将有所回落，但非食品价格将保持较快增长，预计 CPI 将达 4.6%。2017 年 1 月 20 日，统计局公布的上年 12 月份 CPI 同比上涨数据正是 4.6%。国家统计局原副局长贺铿曾对媒体表示，提前泄露是因为太多部门在数据正式发布之前就已经看到了。被查出泄密的人员职位不高，多是处级干部，但都是位于能提早接触到数据的核心部门。

2. 案例评论

CPI 等经济数据对于资本市场来说是十分敏感的经济指标，不仅直接关系到债券市场收益率的变化，而且是政府未来经济政策放松或紧缩的风向标，如果提前得到经济数据，就创造了投机性交易的机会。投资者可以利用所获数据与市场预期的差异进行获利。对于券商而言，如果能提前获取宏观经济数据，则可以吸引更多客户跟着做。因此，CPI、工业、投资、消费、进出口等经济数据在未被披露之前基本都属于涉密数据。在正式发布前，会被提前提供给相关的宏观经济决策部门和领导层进行参考。除了数据的生产环节，涉及数据传递链条上的各个部门也都可能是数据泄密的

---

① 汪时锋，郭茹．数据泄密背后的利益链条．山东商报，2011 年 6 月 8 日．http://news.qq.com/a/20110608/000057.htm?pgv_ref=aio.

风险点。由于技术、管理制度等方面存在的安全隐患，对关键岗位的公务员监督约束不到位，导致重要信息泄露。

CPI 数据提前泄露会影响中国的经济安全和政府公信力。为减少数据被泄露的可能性，有关部门已经采取了多项措施，包括缩短数据传递链条，统计局已经将 CPI 数据生产和发布的时间差从 72 小时缩短到 48 小时。另外，按照《中华人民共和国保守国家秘密法》(下称《保密法》) 的规定，泄露会使国家安全和利益遭受严重的损害。机关、单位发生重大泄密案件的，要依法对直接负责的主管人员和其他直接责任人员给予处分和处理。

三、问题产生的原因

（一）数据保护立法滞后

政府是国家立法的主要发起者和行政法规的执法主体，但是政府针对自身的法律建设还很不完善。目前我国已经出台了《行政许可法》《政府信息公开条例》《档案法》《保密法》《电子签名法》《网络安全法》等一系列法律，另外《物权法》《劳动保障法》等也涉及对政府行为的约束，但是我国迄今为止尚没有出台《政府伦理法案》《隐私保护法》等，对于政府在网络环境中的信息采集、传播和利用过程中的权利义务、责任划分、奖惩措施等尚无完善的条文规定。这使得政府机构在面对互联网信息传播的一些新问题时，无法可依，出现“不作为”现象。

（二）政府个别工作人员信息伦理意识不强

电子政务的根本目的是提高政府行政效率，改善公共服务。但是目前我国针对公务员群体的信息安全立法、行政监督和管理制度尚不完善，缺乏清晰完整的规范准则，对于公务员的约束主要依靠教育和自我约束，从而难以杜绝公务员网络信息伦理失范行为。有些人经不起不法分子的经济诱惑，利用职位便利做出损害国家利益和违反信息伦理的事情。

（三）公众对政府机构信息行为的监督意识淡薄

虽然社会公众对政府官员腐败和违法的监督意识很强，但是由于存在信息不对称，对他们所从事的信息活动的监督意识淡薄，对于政府机构不当的网络信息行为了解不够，监督不力，对个别机构在信息公开、隐私保护、信息采集中出现的伦理失范问题听之任之，使得失范行为得不到及时有效的制约。

四、对策建议

上述分析表明，政府信息伦理失范的现象虽不普遍，但也时有发生。一方面是因为针对政府信息行为的法律法规及伦理规则不完善，另一方面是特定情境下在国家安全和政府信息伦理之间存在冲突。针对前者，需要加强法制建设，针对后者，则应以国家利益为重，兼顾信息自由和公平。

（一）建立完善的政府信息法规体系

建立完善的政府信息法规体系，明确政府机构在信息活动中所应承担的法律责任，出台明确的奖惩措施，加强法律法规的可操作性和执行力度，确保政府机构、公务员的信息活动和行为有法可依，违法可究。

（二）加强政府机构内部管理，确保信息真实安全

在政府内部设立专门的数据监管机构，制定测评标准，确保政府部门发布的信息真实有效。负责信息发布的机关和个人必须承担相关责任，权责分明。对于重要信息的发布，应进行多方审核，确保信息无误。对下属机构和公务员的网络信息行为定期进行监督和考核，对违背信息伦理的行为予以惩罚。

（三）提高信息安全技术水平，防止机密信息泄露

一些政府机构掌握着关乎国家安全的第一手机密资料，需要从管理制度和信息安全技术两方面保证信息安全。对于一些重要的机密信息和个人信息应实行多重保密技术，防止个别人员泄露信息。

（四）制定针对政府机构与公务员的网络信息伦理规范

除了法律法规建设之外，还应制定针对政府机构和公务员的网络信息伦理准则，比如遵守信息法规、保守国家秘密、保护公民隐私、发布信息真实、及时回应公众质询等。

第五节　信息伦理与信息政策、信息法律的关系

信息法律与信息政策都是与信息伦理密切相关的概念，为信息伦理的实现提供了支持。考察信息伦理、信息法律与信息政策之间的区别与联系，有助于深入了解信息伦理的内涵，探索规范信息行为的伦理准则和约束机制。

一、信息伦理、信息法律与信息政策的概念

信息伦理“为信息隐私、道德代理品（如人造代理品是否道德）、新环境议题（尤其是代理品应如何在信息环境中表现）、信息生命周期（产生、收集、记录、传播、处理等）中产生的问题（尤其是所有权、版权与数字鸿沟等）提供了一个批判性框架”。[①] 在信息通信技术高度发达的信息社会，网络伦理和计算机伦理是信息伦理最为重要的组成部分。

法律是一套由社会机构强制执行以控制人们行为的规则与指导方针的体系。法律由政府及其立法机构制定，用于调节人们之间的政治、经济与社会关系。信息法律指在调整信息活动中所产生的社会关系的法律规范的总称[②]。这里的社会关系主要涉及利益、权益的安全问题。信息法律的主要内容包括知识产权法（专利法、著作权法、商标法等）、信息安全法、信息公开法、新闻出版与传播法、电信法、电子商务法（电子签名与数字认证法等）、有关计算机犯罪的法律，等等。

政策是指导决策并达到合理目的的原则或规则。信息政策用于指导信息收集、生产、创建、组织、存储、获取、传播与保存整个生命周期的活动。信息政策既包括公共信息政策，也包括组织内部的信息政策。罗兰滋（Rowlands）将信息政策划分为基础设施信息政策、水平信息政策与垂直信息政策三个层次[③]。查特兰（Chartrand）[④]与米列夫斯基（Milevski）[⑤]将信息政策划分为十大类：政府信息资源管理、信息技术、电信与广播、国际通信、信息公开、保密与隐私、计算机管制与计算机犯罪、知识产权、图书馆与档案馆、政府信息传播。

---

① Ochollaa D N, Onyanchab O B, Britz J. Can Information Ethics be Conceptualized by Using the Core/Periphery Model?[J]. Journal of Informetrics, 2010 (4): 492–502.

② Browne M. The Field of Information Policy: 1. Fundamental Concepts[J]. Journal of Information Science, 1997, 23 (4): 261–275.

③ Rowlands I. Understanding Information Policy: Concepts, Frameworks and Research Tools[J]. Journal of Information Science, 1996, 22 (1): 13–25.

④ Chartrand R L. Legislating Information Policy[J]. Bulletin of the American Society for Information Science, 1986, 12 (5): 10.

⑤ Milevski S. Information Policy through Public Laws of the 95th-98th Congresses[C]. Proceedings of the American Society for Information Science Annual Meeting, 1986, 23: 211–219.

二、信息伦理、信息政策与信息法律的共同价值目标

一般来讲，信息法律关注的问题是：什么样的法律应当颁布？什么样的法律应当废除？现有法律应进行什么样的改革？对这些问题的回答离不开对价值和原则的诉求。这些价值和原则同样也是信息伦理所关注的对象，例如秩序、自由、公平、效率等。而信息政策制定的前提是信息法律所提供的法律参考和限制，它不应违反相关的信息法律。因此，一般来讲，信息伦理、信息政策与信息法律应当建立在共同的政治哲学与价值目标基础之上。

信息活动的价值取向和原则属于信息政治哲学所关注的问题。政治哲学研究政体、正义、自由、财产、法律和执法等权威的合法性等基本问题。西方自文艺复兴、启蒙运动以来逐渐形成了一系列的政治哲学思想，虽然彼此有很大差异，但许多核心思想也有共通之处，这些政治哲学思想深刻地影响了西方社会的伦理和法律。我国虽也有以儒家为核心的政治哲学体系并形成了一系列伦理、律法制度，但自近代以来逐渐受到削弱，国家立法层面更多地受到西方大陆法系的影响。一般来讲，信息伦理、信息法律与信息政策享有如下共同的价值目标：

（一）相同的义务准则

罗斯（W.D. Ross）认为这些原则就如同数学公理一样向我们显示其不证自明的过程：经验告诉我们这两根火柴加那两根火柴是四根火柴，这两个线球加那两个线球等于四个线球，对之思考，我们慢慢知道了二加二等于四[①]。事实上，罗斯的直觉是建立在经验基础上的，这些经验来自人类社会发展过程中伦理观念的积累。无数的人在不断选择中最终确立下来这些不证自明的道德原则，告诉我们依靠这些原则人类社会能够变得更好。这些原则反映在信息伦理中则表现为人们在信息活动中需要遵循的道德义务。例如“遵守诺言”要求我们要有信息契约精神；“感恩”告诉我们要尊重他人的劳动成果如保护知识产权；“不行恶”提示我们有维护信息安全和保护隐私信息的责任；“仁慈”表明我们应当避免数字鸿沟与信息贫困；而“自我改进”则要求政府实行信息公开。不证自明的道德原则反映在信息法律上则表现为：涉及这些原则的信息伦理问题常常能够得到法律的支持，例如很少有人反对关于知识产权保护和信息安全的立法，因为这些法律的政

① 崔剑荣．罗斯的显见义务论直觉主义［J］．哲学研究，2011（17）：33–34.

治哲学得到多数人认可，属于最基本的原则。信息政策作为一种极富针对性的规范在制定过程中是以信息法律为依据的，因而必然体现信息法律最为基本的价值取舍。

（二）相同的权利追求

信息伦理权利是有关信息活动基于一定的信息伦理原则、伦理规范、伦理关系、伦理理想而享有的能使其利益得到维护的自由和要求①。以权利为基础的伦理学把尊重个人权利看成是当然的义务，权利优于结果。权利可以简单定义为拥有某物或做某事的资格。关于信息伦理权利最具代表性的是前述梅森（Mason）的"PAPA"理论，提出了信息环境下人们所应当拥有的基本权利。

权利的基础是契约，正如卢梭所言：人生而自由，但却无往不在枷锁之中。人们在自然状态下产生的权利主要用于维护个人利益，但在一个共同生活的社会中，虽然每个人都应该享有平等权利，但如果每个人都只为个人利益行使自己的权利，则可能损害他人的权利，并最终也会损害自己的利益。因此，人们需要签订一系列契约来保证在行使自身权利时不损害他人的利益，这些契约通常表现为法律条文。信息伦理权利的契约基础是信息法律，信息法律所涉及的信息权利既有传统个人权利的延伸，又有为新的信息环境而制定的内容。例如，表达自由是人类最早确立的信息伦理权利之一，"离开表达自由，人们就不能按照人的本性表达自己的思想与他人交流，人的个性必然遭到压制，人的创造力必然被扼杀，社会的多样性就会因此湮灭。"② 早在1766年瑞典就颁布了《出版自由法》，以保证公民的观点自由、表达自由。除此之外，许多国家制定了《信息自由法》《隐私权法》《数字签名法》《电子政务法》等，以保证公民和社会组织的各类信息权利。在网络环境下，这些法律依然有效并得到了修订和完善。

如果说信息法律是针对人类普遍的基础性信息权利而制定的话，信息政策更多的是为解决因法律的强稳定性而难以覆盖的特定对象的信息权利问题而制定的，比如公共图书馆的平等服务政策，旨在消减城乡数字鸿沟的"村村通"工程。在新的信息环境中诞生的有争议的信息权利，例如软

---

① 周毅．信息权利：伦理与法律权利的互动及其意义［J］．图书馆学理论研究，2009（4）：27–30.

② 肖泽晟．宪法学——关于人权保障与权力控制的学说［M］．科学出版社，2004：201.

件知识产权的保护问题，虽然知识产权法案早就存在，但在网络环境下此项产权保护变得十分复杂。由于信息法律相对滞后，适时的信息政策发挥了重要作用。

（三）相同的功利主义追求

功利主义信奉实用即至善的理论，提倡追求幸福的最大化，无论是在现实世界还是在网络世界，良好的秩序都能够给多数人带来最大的幸福，而无序与混乱却会损害多数人的幸福。美国法律学者博登海默认为人类对秩序的需求有着深刻的心理根源：第一，人具有重复过去被认为满意的经验或安排的倾向；第二，人对于非秩序的情形会做出逆反反应；第三，秩序具有审美成分；第四，对秩序的追求有一种思想的成分，根植于人的思维结构之中[①]。由此可见，秩序是一种伦理价值观。出于功利最大化的目标，信息伦理、信息法律与信息政策都追求秩序目标。由于现代信息环境主要是以网络技术为支撑，网络环境的虚拟性使得人们不能很好地实行自律，产生的问题主要表现为现实世界中的秩序与伦理在网络环境下被颠覆，例如黑客入侵、网络盗版、网络诈骗、以匿名身份在论坛上发表粗俗语言甚至相互谩骂，等等。为此，世界各国的伦理准则都强调网民在互联网上应当遵守一定的行为规范，以维护良好的网络秩序。而信息法律则更是以法律强制力的方式，严厉打击信息欺诈、危害信息安全、侵犯版权等行为，以维持信息活动中的秩序，阻止信息生活中的混乱，约束互联网中各种网络暴力行为。而信息政策则是对上述两种方式的有益补充，例如实行网络实名制以及舆情监控是政府维持网络秩序的重要手段。

三、信息伦理、信息法律与信息政策的主要区别

信息伦理、信息法律与信息政策在指导、约束人们的信息行为以及相互关系方面发挥着不可替代的作用，但是三者的作用层次、作用力度还是有所不同，其影响力的发挥也各有侧重。其主要的区别可以归纳为以下五点，如表 2–1 所示：

---

① 博登海默·E. 法理学：法律哲学与法律方法［M］. 中国政法大学出版社，1999：226.

表 2-1　信息伦理、政策与信息法律的比较

	制定主体	强制力	适应性	公开形式	影响力（调节范围）
信息伦理	全体社会成员	弱	强	不成文或行业内部的明文规范	社会生活各个领域
信息政策	国家机关、政党、社会组织	中	较强	文件、指示	社会生活的部分领域
信息法律	有立法权的国家机关	强	弱	明确的成文法条	社会整体中重大的社会关系

（一）制定主体不同

任何针对特定群体的规范都是特定群体博弈的结果，信息伦理、信息政策、信息法律都是由特定群体在各自利益博弈之后形成的共同遵守的规范。不同的是，信息伦理是由全体社会成员在信息活动中不断磨合形成的普遍遵循的伦理规范，是针对社会成员信息活动与行为的对错善恶进行判断的批判性框架。而信息政策和信息法律则主要由国家机关制定，并非所有人都可以参与其中发表意见，由代议制政治下的代表审议通过。一些行政机关可以直接发布某些信息政策，例如，相当一部分信息产业的发展政策由国家信息化主管部门召集专业人士讨论形成建议，经审查后由政策发布机构进行发布。而信息法律的制定则必须由立法机关制定和批准，比如数字签名法，等等。

（二）约束强度不同

信息伦理是没有强制力的道德约束，信息政策有一定的约束力，而信息法律作为国家法律的组成部分，具有由国家机器保证的强制性和约束力。信息伦理主要存在于人类长期以来不断选择、抛弃而逐渐形成的伦理价值观之中，它对人的行为约束仅限于伦理道德上的劝告，恶行所遭遇的仅仅是谴责。信息政策由行政机关、政党或社会组织制定，其约束力主要体现在行政执行和实施上。比如政府下级部门对上级部门信息政策的贯彻执行，信息机构对所属上级行政机关政策的执行，企业或其他组织内部信息政策的执行，等等。信息法律则由国家立法机关立法产生，依靠国家机器强制执行。信息法律调节的行为是维持社会运作所必须的最低伦理限度，需要依靠国家赋予的强制力来执行以确保信息社会的有序与效率。

（三）对实际问题的适应性有所不同

飞速发展的信息社会令人们对网络生活中种种层出不穷的新鲜事物产生强烈的不适应感。面对一个新出现的信息问题或现象，人们常常会首先对其进行道德上的判断，辨析其是非善恶。随着讨论日益广泛深入，问题的影响不断扩大，受到相关政府部门的关注而上升为公共政策问题，最终进入公共决策程序而形成信息政策。新的信息政策的实施将会进一步促使旧有信息法律修订完善或新法律的出台。相比于信息伦理与信息政策，信息法律表现出较强的稳定性。由于发布和修改程序较为严格，信息法律在内容上少有争议，从而能够保持长期稳定。而信息政策则介于二者之间，由于它的形成、发布、执行和终结在程序上不像信息法律那么严格，因而对不断变化、不同类型的问题具有更强的适应性。比如针对青少年网络沉迷、网络语言暴力粗俗、虚假信息发布等问题，网民们首先就其后果、所涉及的公民权利以及网民素质等伦理问题进行了广泛讨论。

2012 年全国人大常委会通过了《全国人大常委会关于加强网络信息保护的决定》[①]，要求有限度的网络实名，即服务提供商在“为用户办理网站接入服务，办理固定电话、移动电话等入网手续，或者为用户提供信息发布服务”时，要求用户提供身份信息。该决定同时要求服务提供者保护个人隐私和个人信息。2012 年 3 月 16 日，新浪、搜狐、网易和腾讯微博共同正式实行微博实名制。2016 年 11 月 7 日通过的《中华人民共和国网络安全法》[②]第二十四条规定，网络运营者为用户办理网络接入、域名注册服务，办理固定电话、移动电话等入网手续，或者为用户提供信息发布、即时通讯等服务，在与用户签订协议或者确认提供服务时，应当要求用户提供真实身份信息。用户不提供真实身份信息的，网络运营者不得为其提供相关服务。这是我国首次以法律形式明确网络实名制。2017 年 8 月 25 日，国家互联网信息办公室公布《互联网跟帖评论服务管理规定》[③]，规定网站不得向未实名认证的用户提供跟帖评论服务、新闻信息的用户评论应先审核后发布等。可以看出，信息法律与相关的信息政策相辅相成，但是信息

① 全国人民代表大会常务委员会关于加强网络信息保护的决定 . 全国人大常委会 . 2012–12–28.

② 织就网络安全的“法网”——网络安全法六大看点解析 . 新华社 . 2016 年 11 月 7 日 .

③ 互联网跟帖评论服务管理规定 . 中华人民共和国国家互联网信息办公室 . [2017–08–26] .

政策更加灵活，所针对的问题也更加具体。

（四）发布形式不同

信息伦理是在特定信息环境中人们普遍认可的道德准则，是一种约定俗成的行为规范，可能没有形成明确的条文规范，也可能由某些行业组织发布明文的行为规范。比如中国互联网协会发布的抵制网络谣言倡议书、美国计算机伦理学会（CEI）制定的计算机伦理十戒、加拿大信息处理学会（Canadian Information Processing Society，CIPS）、英国计算机学会（British Computer Society，BCS）等组织制定的业内人员伦理准则等。由于信息政策的制定者为行政机构或政党，它往往以政府或政党的公文文件如规划、通知、意见等形式发布，并且不一定向所有人公开，例如由工信部制定的一项信息产业政策可能只向相关的企事业单位颁发，而信息法律则必须将明确的法律条文向全体公民公开。

（五）调节范围不同

信息伦理通过人们普遍遵循的伦理道德准则调节人们的信息行为。信息伦理是传统社会的伦理价值观在信息社会的映射，涉及信息社会的各个领域，因而其调节具有广泛性。信息政策的调节范围则要小于信息伦理的调节范围，它是行政机构或政党针对某个问题、某个领域或某个行业提出的政策指导，例如关于加强信息基础设施建设、加强信息系统安全管理、保护知识产权的政策等。“法律化的道德属于社会公共领域，是义务的道德。”信息法律并非由全部的信息伦理准则构成，而是那些原则上得到承认的信息伦理的最低限度。它是维持社会秩序所必需的基本规则，需要法律为它提供强制的约束力。在信息网络社会中有许多富有争议的规范，有些并不是维持社会进步所必需的，而仅仅是如果能够履行它会使人类社会变得更好或加快社会进步。例如网络语言暴力或不文明用语可能受到谴责但无需承担法律责任，也没有受约束于相关信息政策。信息法律所关注的是人在信息活动中的外在表现，这些外在表现涉及与社会、他人的联系。因而，信息法律的调节范围远小于信息伦理的调节范围。

四、世界网络信息法律与伦理准则实践进展

随着互联网的发展，世界各国不断加强网络监管。美国是互联网立法最为成熟的国家。自 1978 年以来，美国先后出台 130 多项涉及互联网管理的法律法规，包括联邦立法和各州立法。2011 年 1 月 7 日，美国政府宣布

将通过推出网络身份证，构建一个网络生态系统。2011 年 3 月，日本内阁会议决定向国会提交部分修改《刑法》的草案，将制作、传播、拥有电脑病毒纳入《刑法》处罚的范围。欧洲许多国家以国家立法形式授权警察和安全部门秘密监控各种网站和电子邮件。许多国家将网络色情、欺诈、种族歧视、信息失真、教唆和诱导犯罪，侵犯知识产权、著作权和个人隐私，非法侵入计算机系统，主张恐怖主义，利用网络贩毒等列入追究刑事责任范围。

各国都非常重视互联网儿童保护。自 1996 年以来，美国通过了《儿童在线保护法》《儿童互联网保护法》及《儿童网络隐私规则》等法律，对色情网站加以限制。根据《儿童互联网保护法》，美国公共图书馆必须为联网计算机安装色情过滤系统，政府对建立网络过滤技术系统提供资金支持，以防止未成年人上网接触“淫秽、儿童色情和伤害未成年人的露骨描述”。日本制定了《打击利用交友网站引诱未成年人法》《青少年安全上网环境整备法》等法律法规。1996 年 6 月，法国对一部有关通信自由的法律进行补充并提出《菲勒修正案》，为互联网从业人员和用户之间自律解决互联网带来的有关问题，提出“强制网络接入提供商向客户提供封锁某些信道的软件设备，从而使成年人通过技术控制来对未成年人负责”等措施。

除正式立法之外，许多国家的政府或互联网相关行业协会制定了相应的行为准则。美国计算机协会 1992 年通过并采用的《伦理与职业行为准则》明确规定为社会和人类的美好生活做出贡献、避免伤害其他人、做到诚实可信、敬重包括版权和专利在内的财产权、尊重他人的隐私、保守机密等。此外，还有“网络伦理十诫”，规定了人们在互联网上应遵守的伦理规范。新加坡还制订《网络内容指导原则》（Internet Content Guidelines），明确规定网络媒体若在网络上传播危害公共安全与国防、破坏种族及宗教和谐、违反公共道德等内容，将受到处罚。英国的网络媒体从业者非常注重行业自律。1995 年，英国互联网服务提供商协会（The Internet Services Providers’Assoeiation, ISPA）成立，100 多家网络公司加入该协会。1996 年 9 月，WIF、ISPA 和伦敦网络协会（London Internet Exchange）共同发表《3R 安全规则》“3R” 分别代表分级认定、举报告发、承担责任，旨在从网络上消除儿童色情内容和其他有害信息。2001 年 2 月，加拿大政府宣布关于应对互联网上不良信息的战略，并出版《提倡安全、谨慎和负责地使用互联网》手册，提倡有效的行业自律。加拿大互联网提供商协会

（Canadian Association of Internet Providers, CAIP）制订了用于行业自律的行业管理守则，内容包括保护网络用户的个人隐私等。澳大利亚互联网行业协会（Internet Industry Association，IIA）提倡政府和行业协会共同治理，即通过协会制订政府认可的行业规范，并在政府监控下实施这些规范，提出电子平等、技术中性、保护客户隐私等原则。互联网行业颁布的行业规范有:《电子网络运营中的伦理纲领》(1996)、《关于电子网络事业中有关伦理的自主指南》(1996)、《电子网络运营中有关个人信息保护的指南（修订版）》(1997)、《互联网用户规则与方法集》(1999)等。

我国在互联网立法方面也取得了较大进步。《中华人民共和国计算机信息系统安全保护条例》(1994)第七条规定“任何组织或个人，不得利用计算机信息系统从事危害国家利益、集体利益和公民合法利益的活动，不得危害计算机信息系统的安全”。以公安部门为主体的《计算机信息网络国际联网安全保护办法》(1997)第七条规定“用户的通信自由和通信秘密受法律保护，任何单位和个人不得违反法律规定，利用国际联网侵犯用户的通信自由和通信秘密”。《电子出版物管理规定》(1998)规定“电子出版物复制单位不得接受非电子出版物出版单位和个人委托复制电子出版物，不得擅自复制电子出版物、计算机软件、电子媒体非卖品。”《关于加强通过信息网络向公众传播广播电影电视类节目管理的通告》(1999)规定经批准通过信息网络传播的广播电影电视类节目禁止包含诽谤、侮辱他人的、宣扬淫秽、迷信或者渲染暴力的以及虚假的信息等内容。2016年11月，全国人民代表大会常务委员会正式颁布了《中华人民共和国网络安全法》。

除正式的法律法规之外，我国计算机相关的行业也出台了部分行业自律守则。2012年，中国互联网协会发布了抵制网络谣言倡议书，呼吁互联网企业共同抵制网络谣言，营造健康文明的网络环境。此外，我国还采用行政手段打击互联网违法犯罪活动，如打击网络淫秽色情的专项行动，设立网络虚拟警察，进行即时网络控制等。

第三章　网络社区治理

社区是社会的基本单元，社区治理是基层社会治理的主要内容。随着互联网应用的普及，网络社区快速发展。网络社区是个人与组织在互联网上活动的基本社会组织形式。借助网络社区，成员可以进行信息交换与社会互动，展示个人身份，获得社会支持、信任、显示度与声誉。但是，与现实社区相类似，网络社区也可能产生矛盾与冲突，出现管理混乱、道德失范甚至违法犯罪的问题，因而需要进行有效治理。

第一节　社区与社区治理

一、社区治理的含义

社区（community）是指具有共同性和互动性的社会单元①。戈特迪纳（Gottdiener）和巴德（Budd）认为，衡量社区的标准包括：个人定期参与活动；成员认同感强度与社会联系感知；可以被理解为群体领土的物理空间和位置，这个空间通过一套物质标记使社区具有强烈的情感联系②。社区对于社会和民族的发展十分重要。古典的社区概念是指在自然发展过程中形成的居住相近、具有共同利益、彼此相互需要的一群人，比如社区、小镇、邻里等。随着社会的发展，“community”一词也常常被翻译成共同体或社群，比如科学家共同体、国际社会等，强调语言、规范、宗教、价值观、习俗或身份等的共同性。在互联网时代，社区的概念超出了自然地域的范围，用于指称由于共同的兴趣爱好在虚拟空间中进行思想和观点交换的群体，又称虚拟社区或在线社区。

---

① 丁元竹 . 社区的基本理论与方法［M］. 北京师范大学出版社，2009：69

② Gottdiener, M. and L. Budd. Key concepts in urban studies. London: Sage, 2005.

社区发展是社会学关注的内容。古典区位理论认为社区是社会的基础，根据社会成员的互动方式可以把社会发展过程分为四个阶段：竞争、冲突、调节、同化，城市社区是由商业地段竞争而来的共生关系，竞争影响着社区的空间结构和区位功能[①]。其中，冲突是引起社区变迁的重要因素。科尔曼（Coleman）认为社区冲突的根源主要包括：经济争端、政治争端和价值观的冲突[②]。桑德斯（Sanders）将社区冲突分为结构性冲突和争论性冲突两类，包括对立的关系、不同的权力分配以及社区居民某种激烈的情绪[③]。由于导致社区冲突的各种事件会互相强化，因此在冲突之初就必须制止这种恶性循环。由此可见，社区治理是社会治理的基础，关系到社区发展、社会稳定、文化传承与国民的政治认同。

社区治理是社会治理在社区层面的体现，是指社区成员共同进行社区事务管理和决策制定的过程。早期的社区治理主要指中央或地方政府对于社区的正式管理。随着治理思潮的兴起，一些学者强调社区对于自身未来的思考、决定和追求，而政府则应当发挥一个赋能者的角色。魏娜认为，社区治理可以理解为："在一定区域范围内，政府与社区组织、社区公民共同管理社区公共事务的活动。"[④]另一些学者则强调社区治理的核心在于制定出具有约束力的规则，构建有效的、回应性的治理结构。史密斯（Smith）等从全球治理的视角，将社区治理定义为在复杂和分裂的社会中确保秩序的规则、过程和结构的结合，包括关键政策目标的确定，以及相关政策、方案和服务的设计和交付[⑤]。

二、社区治理结构

社区结构在社会学中有多种含义，一种是指社区中各种群体的分布和相互之间的关系，一种是权力结构，即治理主体的资源和权力分配情况。关于我国社区结构中不同主体的关系，学术界有较大争议。林尚立认为，

---

① Park, R E. Human Communities: the City and Human Ecology [M]. Glencoe: The Free Press, 1952.

② Coleman, J S. Community Conflict. New York: Free Press, 1957.

③ 桑德斯 . 徐震（译）. 社区论［M］. 台北：黎明文化事业公司，1982.

④ 魏娜 . 我国城市社区治理模式：发展演变与制度创新［J］. 中国人民大学学报，2003（1）：135–140.

⑤ Smith, I., E. Lepine and M. Taylor. Disadvantaged by where you live? Neighbourhood governance in contemporary urban policy. Bristol: Policy Press, 2007.

社区居民委员会拥有国家赋权，是社区治理中的关键力量，其他组织皆为非权威的边缘组织[①]。陈伟东认为，社区党组织是社区组织的领导核心[②]。魏姝在对中国中东部城市社区管理考察研究的基础上，提出城市社区的三种类型：传统型社区、协助型社区、行政化社区[③]。夏建中认为，在商品房住宅小区，业主委员会是真正的居民自治组织，是公民社会的先声，在社区治理中起着不可替代的主体作用[④]。史云贵认为城市社区治理在街道办事处的管理、人才结构、多元治理主体的协调、社会团体和中介组织的作用发挥等方面都存在问题[⑤]。

不同的社区结构产生相应的治理模式。国外典型的社区治理模式有行政主导、社区自治和混合模式三种[⑥]。新加坡是行政主导治理的典型，政府直接管理社区，社区内设有公民咨询委员会、社区中心管理委员会和居民委员会，居民直接参与较少。社区自治模式以美国为代表，政府不在社区派驻管理机构，只提供规划、指导和资助，由居民组成的社会团体行使管理职能[⑦]。美国华盛顿特区绿带城（Greenbelt）市的治理模式可以概括为居民自治基础上的专家行政模式，通过议会普选、加入议会咨询委员会、社区组织和社区义工、信息公开等形式实现居民自治[⑧]。

中华人民共和国成立后，我国城市社区以单位制管理体系为主，单位制瓦解后强化了基层政府的职能，各地相继进行了一些创新。例如郑州等

---

① 林尚立．社区民主与治理：案例研究［M］．社科文献出版社．2003：40–69.

② 陈伟东．社区自治：自组织网络与制度设置［M］．中国社会科学出版社，2004：195.

③ 魏姝．中国城市社区治理结构类型化研究［J］．南京大学学报（哲学·人文科学·社会科学版），2008（4）：125–132，144.

④ 夏建中．中国公民社会的先声——以业主委员会为例［J］．文史哲，2003，(3)：115–121.

⑤ 史云贵．当前我国城市社区治理的现状、问题与若干思考［J］．上海行政学院学报，2013，(2)：88–97.

⑥ 金佩璇．国外城市社区管理体制对我国的借鉴意义［J］．改革与开放，2010，(19)：14–15.

⑦ 施雪华，孔凡义．美国社区治理及其启示［J］．山西大学学报：哲学社会科学版，2008，31（4）：90–95.

⑧ 孙英翔，刘朱胜．美国地方社区自治实证研究［C］// 刘幽泓．社区治理的多元视角：理论与实践．北京大学出版社，2008：249–258.

一些城市开展了社区网格化管理[①②]。杭州在社区治理中，通过政府职能转变和基层组织的体制创新构建社区治理体系，政府做编制规划、出台政策、资金扶持的工作，推动居委会、社区工作站等基层组织的积极性，扶持社工队伍，以“居民直选代表”和“圆桌会议”等形式进行协商治理[③]。武汉百步亭社区[④⑤]、千里马社区[⑥]在社区治理方面进行创新，发挥了社区企业、志愿者等多元主体的作用。在这种模式中，企业尤其是龙头企业发挥了重要作用，政府对企业充分信任和支持，但是该模式如何推广，在划定企业等主体的权力、约束和监督企业的社区治理行为等方面，还需要深入研究。

根据不同的标准，我国的社区治理模式可以划分为不同的类型。杨稣与贾明德将我国社区管理模式划分为政府导向型、市场导向型与社会导向型三类，分别以基层政府街道办事处、物业公司和居民自治组织为管理主体，其他主体参与配合[⑦]。围绕社区治理中政府、社会与市场之间的关系，另有一些学者将我国的社区治理结构总结为：①强政府—强社会的政府主导型治理结构；②社区主导与政府支持的小政府、大社会自治型治理结构；③政府推动与社区自治相结合的合作型治理结构[⑧⑨⑩]。

就我国的社区治理机制而言，根据文献可以总结为自组织机制、协商沟通机制、文化渗透机制、利益相关者参与机制等。①社区居民自组织机

① 阎耀军 . 对社会稳定施行前馈控制的可能性探索［J］. 学术研究，2006，（9）：87–91.

② 盛铎，王芳 . 条块融合的城市管理创新：郑州市网格化社会管理案例分析［J］. 电子政务，2013，（6）：52–59.

③ 杨芜 . 积极探索具有杭州特色的社区治理体系——访杭州市民政局局长邵胜［J］. 杭州（周刊），2014，（11）：30–33.

④ 张绍泰，左吉祥，高波 . 武汉市百步亭社区管理创新模式研究［J］. 长江论坛，2009，（6）：37–41.

⑤ 郑家杰 . 城市社区治理创新模式研究——以百步亭社区治理模式为例［J］. 长沙大学学报，2014，28（4）：36–39.

⑥ 曹志刚 . 多重逻辑下的社区变迁——武汉市千里马社区治理模式研究［J］. 中国行政管理，2013，（12）：84–88.

⑦ 杨稣，贾明德 . 试析新型城市社区管理模式［J］. 山西师大学报（社会科学版），2005，（3）：49–53.

⑧ 张宝锋 . 我国城市社区治理结构研究综述［J］. 华北水利水电学院学报（社科版），2006，（1）：6–9.

⑨ 朱健刚 . 城市街区的权力变迁：强国家与强社会模式——对一个街区权力结构的分析［J］. 战略与管理，1997，（4）.

⑩ 唐士其 .“市民社会”、现代国家以及中国的国家与社会的关系［J］. 北京大学学报：哲学社会科学版，1996，（6）：66–73.

制，比如杨贵华认为社区具有系统性，具有自组织的机制和能力，社区治理应以社区居民的自我管理为基础[①]。②政府和居民协商沟通机制，比如齐卫平与陈朋认为协商民主为城市基层治理提供有效的利益整合机制与公共参与的协商、沟通机制，促进政府与公民之间的良性互动，进而实现善治[②]。③文化渗透机制，比如颜德如和张云平提出"文化"渗透的重要性，要积极采取诸如情感共鸣、价值观等文化手段来改进基层治理[③]，其隐含的观点是政府主导型治理。④所有利益相关者参与机制，比如赵毅旭认为，应当把城市社区的成员主体扩大到非户籍居民和辖区各单位，治理主体包含所有社区内利益相关者和对社区提供服务的组织和个人[④]。

三、社区治理中的政府角色

不同观点对于治理主体的地位、作用、关系和互动机制的看法不同。其中，政府角色是一个核心问题。在社会治理中以国家为核心（state centric perspective）还是以社会为核心（society centered）是学术界争论的焦点[⑤]。我国政府的社区政策经历了一个从管理到治理的历史过程。相对于社区管理，社区治理具有以下特征：非意识形态性、非强制性、权力运行的多向性[⑥]。社区管理需要政府权威自上而下运行，而治理是合作的、协商的、多主体的。魏文斌认为社区治理尚存在行政管制还是社区自治、一元主体还是多元主体、财政拨款还是社会资本的争议[⑦]。

不同国家、不同地区、不同时期政府在社区治理中的角色可以归纳为统治者、协调者、监督者、服务者，甚至是缺位者。张康之认为治理模式与社会的复杂性有关，统治型社会治理、管理型社会治理和服务型社会治

---

① 杨贵华 . 自组织：社区能力建设的新视域［M］. 社会科学文献出版社，2010：5–13.

② 齐卫平，陈朋 . 协商民主：城市基层治理的有效模式——基于上海 H 社区的个案分析［J］. 理论与改革，2008（5）：9–13.

③ 颜德如，张云平 . 推进中国基层治理创新的文化路径［J］. 理论探讨，2014,（6）：11–15.

④ 赵毅旭 . 城市社区治理路径［M］. 成都：四川大学出版社，2010：17–26.

⑤ Stephen Bell, Andrew Hindmoor. Governance Without Government ? The Case Of The Forest Stewardship Council[J]. Public Administration. 2012, 90 (1): 144–159.

⑥ 俞可平 . 治理和善治引论［J］. 马克思主义与现实，1999,（5）：37–41.

⑦ 魏文斌 . 城镇化进程中的社区管理转型思考［J］. 苏州大学学报：哲学社会科学版，2011，32（6）：70–73.

理对应于农业社会、工业社会和后工业社会[①]。日本受儒家文化影响，社区经历了一个由统治、管理到治理的转型过程，现代日本社区治理呈现准自主、多元主体、服务化、组织化的过程，基层政府的角色转变为监督和服务[②]。奥库安（Aucoin）分析了英国、新西兰等多个国家政府在新媒体时代面临的管理压力，认为降低风险的方法是政府把一些社会问题交给专业机构和公众解决[③]。安德鲁斯（Andrews）等通过理论假设和实证研究证明政府鼓励居民参与社区管理，能够提高社区居民的归属感，促进社会和谐[④]。班（Bang）提出政府应该提高自我治理和协同治理的能力，承诺使用真正民主和协商的方式处理事务[⑤]。奥斯特洛姆（Ostrom）等研究了不同时期和不同地域的社区，认为社区可以是一个自组织，具备不借助政府而自我治理的能力[⑥]。

当前我国社区治理中政府的角色正处于转型时期。政府与社会组织的关系是合作，还是竞争，政府如何转变职能和调整角色需要进一步研究。一些研究认为，中国官员有“官本位”思想，民众缺少政治参与的强烈要求和训练，因而不具备多元治理的条件[⑦]。姚中进则认为非政府组织在城市社区治理中不仅可以促进民主自治、维护社会稳定，而且也推动政府职能的转变[⑧]。卢炜与汪文革通过案例研究分析了非营利组织为社区提供服务的可行性[⑨]。各种形式的民间组织也成为农村治理结构中的重要主体[⑩]。郭丽的

---

① 张康之 . 行政伦理的观念与视野［M］. 中国人民人学出版社 . 2008：347.

② 宋雪峰 . 日本社区治理及其启示［J］. 中共南京市委党校学报，2009，(3)：90–96.

③ Aucoin, P. New Political Governance in Westminster Systems: Impartial Public Administration and Management Performance at Risk[J]. Governance, 2012, 25 (2): 177–199.

④ Andrews, R, Cowell, R, Downe, J. Promoting Civic Culture By Supporting Citizenship: What Difference Can Local Government Make?[J]. Public Administration. 2011, 89 (2): 595–610.

⑤ Bang H P. Culture Governance: Governing Self-Reflexive Modernity[J]. Public Administration, 2004, volume 82 (1): 157–190 (34).

⑥ Elinor Ostrom, Walker James, Gardner. Roy Covenants with and Without a Sword: Self-Governance Is Possible[J]. The American Political Science Review. 1992, 86 (2): 404–417.

⑦ 臧志军，罗峰，李春成等 . 反思与超越——解读中国语境下的治理理论［J］. 理论文萃，2003，(4)：10–18.

⑧ 姚中进 . 合作中的竞争：非营利组织与政府的新型关系［J］. 学习月刊，2013，544 (24)：29–30.

⑨ 卢炜，汪文革 . 试论非盈利组织在社区服务中的作用［J］. 理论月刊，2002，(10)：52–53.

⑩ 徐勇，朱国云 . 农村社区治理主体及其权力关系分析［J］. 理论月刊，2013，(1)：172–175.

研究发现贵阳市政府在社区治理中有“越位”“缺位”“错位”的问题，应调整角色定位[①]。政府与非政府组织如何在社区治理中定位各自角色仍然是一个富有争议的问题。

四、我国社区治理面临的挑战

当前我国社区治理正处于转型时期，各地方社区治理呈现出合作共治、分类治理、信息化管理与网络化治理等趋势[②]。由于利益相关者的诉求日趋多元化，以及信息化与城市化进程所带来的变化，目前我国社区治理面临着如下挑战：

1. 城市流动人口社区

随着我国城市化进程的加快，大量农村人口涌入城市。在城市和农村的中间地带，被拆迁安置的本地居民与大量外来人口聚集形成过渡型社区、移民社区或流动人口社区。在这类社区中，人口的流动性大，居住环境较为恶劣，伴随着户口限制、子女入学困难、医疗卫生资源有限等问题，居民多种利益诉求得不到满足，政府面临着行政资源不足的窘境。目前一些流动人口社区通过自组织方式解决了公共资源的配给与公共服务的提供问题，但是还需要探索更为有效的社区治理模式，以使流动人口社区与城市的整体发展步伐相适应。

2. 乡村社区的治理

目前我国乡村社区面临的突出问题有基层组织内部矛盾、人口老化、农村土地分配、特殊群体诉求、征拆补偿、城乡资源分配不均衡，等等[③]。张成林认为，信息化正深刻改变着农村社区的治理生态，农村社区治理模式需要在治理环境、治理标的物和治理机制三个向度上进行适应性转型[④]。同时，城市化给乡村社区带来了人才流失问题，留守老人与留守儿童问题严重，加上法制监管力量薄弱，居民的文化与民主素养普遍较低，使得农村社区的治理面临挑战。

---

① 郭丽 . 社会治理新体制下贵阳市社区治理中政府角色定位思考［J］. 贵州社会科学，2014，（10）：152–154.

② 郑杭生，黄家亮 . 当前我国社会管理和社区治理的新趋势［J］. 甘肃社会科学，2012，（6）：1–8.

③ 邓军辉，胡中胜等 . 完善农村基层治理机制问题研究［J］. 领导科学，2013，（24）：48–50.

④ 张成林 . 信息化视角下的农村社区建设和治理研究［D］. 苏州大学，2012.

3. 老龄化社区的治理

随着老龄化社会的到来，老龄化社区的治理成为一个值得关注的问题。当前独生子女已经进入婚育年龄，家庭承担养老的能力严重不足。为此，有必要加大智慧社区的建设力度，通过技术手段加强社区养老服务的提供。现有研究对智慧社区的建设标准①、实现途径②、关键技术③和政府角色④进行了分析。如何更好地对老龄化社区进行治理，是当前我国社区治理面临的挑战。

综上所述，随着信息化与城市化的发展，我国社区类型日益多样，社区结构正发生着多种变化。针对当前社区治理面临的挑战，处理好政府、社会组织、企业与居民的关系，培育社会组织，充分利用信息技术，探索在社区公共产品和服务供给以及冲突协调的新机制变得十分重要。

第二节　网络社区的概念与分类

一、网络社区概念辨析

网络社区又称在线社区、虚拟社区等，是当足够多的人在网络上进行长时间的公共讨论，并通过人际情感在虚拟空间形成个人关系网络时所出现的“社交聚集体”（social aggregations）。作为一种新型的社会组织，在线社区具有表达自由、缺乏集中控制、多对多传播、成员自主互动等特点⑤。在线社区的研究从20世纪90年代开始，文献分析表明，国内外研究者针对在线社区所使用的术语主要有“虚拟社区”（virtual community）、“在线社区”（online community）、“电子社区”（electronic community）、“网络社区”（WEB community）、“互联网社区”（Internet community）、“赛博社区”（cyberspace community）、“虚拟公共场所”（virtual public），等等。

---

① 周洁，梁小明，黄海．我国智慧社区服务标准体系构建探析［J］．中国标准化，2013，（11）：88–91.

② 张彭，王轶斌，沈玉梅等．基于城乡统筹综合信息服务平台构建智慧社区的研究［J］．中国管理信息化，2012，15（6）：83–84.

③ 肖凌，王若舟，李伟．云平台助力智慧社区建设［J］．光通信研究，2014，（3）：18–20.

④ 伍堃．智慧社区建设中政府的主导作用［J］．河北学刊，2013，33（5）：112–114.

⑤ Rheingold H. The Virtual Community: Homesteading on the Electronic Frontier[M]. MIT Press, 1993.

1. 虚拟社区

最先使用“虚拟社区”一词的是莱茵古德（Rheingold），他对虚拟社区的描述主要包括以下几点：①网络虚拟空间，活动是在网络虚拟空间中发生的，这区别于传统的社会活动；②公共讨论，无论是分享观点、知识或者情绪，参与者都是和其他人进行讨论，这表示讨论的话题是由参与者产生的；③个人关系，只要有充足的时间，参与者持续发展自己和他人的关系[①]。曼纽尔·卡斯特[②]认为“虚拟社区”这种新型的社会群体，是围绕着共享利益或目的而组织、在网络虚拟世界进行共同活动的集体，不过有时候沟通和互动本身会成为目的。他将虚拟社区中的成员视为一个集体，并且共同进行活动。

虚拟社区的核心是“参与者的交流和互动，并且在参与者之间形成一种社会关系”[③]。在虚拟社区中，人们分享兴趣、共同的经历和观点，一起娱乐，完成交易和信息交换[④]。“虚拟社区”一词明确表示了与现实的传统社区形态上的不同，现实社区中的人、地域、设施、组织都是可触摸可感知的；而虚拟社区则把人们带入一个触摸不到的世界，通过计算机才能与同一社区中的成员进行互动。由于网络具有虚拟性，而虚拟社区在网络中形成，因此一般认为虚拟社区同时具有网络的虚拟性。除了“虚拟社区”这一概念之外，一些学者把“virtual community”翻译为“虚拟社群”，并认为虚拟社群与虚拟社区之间有着明显的区别，虚拟社区重在表示区域，例如天涯社区，就是众多虚拟社区中的一个，而虚拟社群重在表示群体的概念，例如曾经在天涯社区上讨论“华南虎”事件的“打虎派”和“挺虎派”[⑤]。

此外，琼斯（Jones）和拉斐利（Rafaeli）提出应该使用“虚拟公共场所”（virtual public）一词，理由如下：第一，在虚拟公共空间造就的社会关系类型千差万别；第二，术语“网络空间”和它的“公共空间”之间存

---

① Rheingold, H. The Virtual Community: Homesteading on the Electronic Frontier [M]. Boston: Addison Wesley, 1993. 转引自柴晋颖，王飞绒．虚拟社区研究现状及展望 [J]. 情报杂志 2007,（05）.

② 曼纽尔·卡斯特．网络社会的崛起［M］．社会科学文献出版社，2001

③ 柴晋颖，王飞绒．虚拟社区研究现状及展望［J］．情报杂志，2007，26（5）：101–103.

④ Armstrong A, Hagel H. Net gain: Expanding markets through virtual communities[J]. Journal of Interactive Marketing, 1999, 13 (1): 55–65.

⑤ 彭澎．虚拟社群的分类研究［J］．浙江万里学院学报，2013 年 11 月．

在区别；第三，尽管虚拟公共场所在技术和社会方面不相同，但它们的相似之处使集体标签具有可行性；第四，虚拟公共场所对于电子商务是相当重要的①。

2. 在线社区

“在线社区”是学者们经常使用的术语。斯坦诺夫斯卡－斯拉贝瓦（Stanoevska-Slabeva）与斯米德（Schmid）提出在线社区有组织体系，成员应该共同遵守组织规则。他们将在线社区定义为：以社区成员的特征作为联合的动因，他们有共同的语言、世界观、价值观和兴趣，遵守共同明确的组织体系，与人沟通合作，通过电子媒体随时连接，可能化身为代表②。费恩巴克（Fernback）与汤普森（Thompson）认为在线社区同现实社区一样也是有边界、有范围的，而现实社区的边界是可视的，在线社区的范围和边界虽无形却是存在的③。

3. 网络社区

艾瑞咨询集团发布的《中国网络社区发展研究报告》使用“网络社区”这一术语，强调论坛是网络社区的核心应用，在网络社区这个平台上可以接收信息、讨论交流、聊天、交友等，共同兴趣是访问者访问同一主题社区的动因。虚拟社区、在线社区、网络社区相对能够突出网络中社区无形的边界，而网络社群、虚拟社群则更注重群体性。

综上所述，文献中关于在线社区所使用的相关术语及界定如表 3–1 所示：

表 3–1　文献中关于在线社区相关的概念界定

术语	概念描述
虚拟社区	莱茵古德（Rheingold）虚拟社区形成于网络中，是数量足够多的人围绕着共同话题尽情表达自己的感受从而在网络空间中形成人际关系的社交集合。
	黑森（Hesse）虚拟社区是跨越时间和空间的社区，由个人电脑和信息高速公路增补建筑和道路的社区。
	普里斯（Preece）虚拟社区由人、共同的目标、政策和计算机系统组成。

① Jones Q, Rafaeli S. Time to split, virtually: 'Discourse architecture'and'community building'create vibrant virtual publics[J]. Electronic Markets, 2000, 10 (4): 214–223.

② Stanoevska-Slabeva K, Schmid B F. A typology of online communities and community supporting platforms[C]//System Sciences, 2001. Proceedings of the 34th Annual Hawaii International Conference on. IEEE, 2001: 10 pp.

③ Fernback, J. & Thompson, B. (1995). Virtual Communities: Abort, Retry, Failure?. Howard Rheingold, 1995.

续表

术语	概念描述
在线社区	费恩巴克 & 汤普森（Fernback&Thompson）在线社区的定义：通过在规定边界或范围内反复联系而建立在网络空间的社会关系。
	罗伯特·普兰特（Robert Plant）一个在线社区作为一个实体、个人或组织的集合，聚在一起，通过电子媒介在一个共同的问题或兴趣空间临时或永久互动。
网络社区	中国网络社区发展研究报告（2010）网络社区是指以论坛为基础核心应用，包括公告栏、群组讨论、在线聊天、交友、个人空间、无线增值服务等形式在内的网上互动平台，同一主题的网络社区集中了具有共同兴趣的访问者。
网络社群	王琪（2011）狭义的网络社群就是在网络空间中，子空间、话题、帖子、角色为构成要素的通过网络互动形成的以网络电子文本为表现形式的社群。而广义的网络社群就是以互联网为媒介进行网络互动，形成的具有共同目标和网络群体意识的相对稳定的人群。
虚拟社群	彭澎（2013）虚拟社群用来指代由参与互联网的交流与讨论而形成的线上团体或者紧密的个人关系。
虚拟公共场所	Jones&Rafaeli（2000）虚拟公共场所象征性地划定计算机为媒介的空间，其存在是相对透明和开放，允许个人参加团体，有助于类似的以计算机为媒介的人际互动。

虽然研究者们使用的术语不同，但是都反映了相同的要素——网络空间是基础、信息技术是支撑、共同兴趣和目标是动因、信息交流是功能、人际关系是结果。我们认为，对于网络社区的认同感和归属感是支撑社区成员维持与社区连结的重要因素，网络社区能够给予人们一个平台无顾忌地展示自己。网络社区的开放性、包容性、隐蔽性使成员乐于表达和交流。本书将网络社区定义为：由网络空间中具有共同兴趣和目标的一群人聚集形式，成员使用网络平台提供的服务并遵守共同的规则，用以获取归属感和认同感，实现自己的目标，同时对平台产生一定的忠诚度。

二、网络社区的特点

关于网络社区的特点，也引起了大量讨论。拉扎尔（Lazar）和普里斯（Preece）发现不同的在线社区有四个共同的维度：属性、支持软件、与物理社区之间的关系以及边界[①]。其中属性维度包括目标与兴趣[②]、家庭与生活

① Lazar J, Preece J. Classification Schema for Online Communities[J]. AMCIS 1998 Proceedings, 1998: 30.

② Kim A J. Community Building on the Web: Secret Strategies for Successful Online Communities[M]. Addison-Wesley Longman Publishing Co., Inc., 2000.

方式、工作、游玩、精神与健康、政治、商业交易、热情交互与情感联系、共享活动、共享资源、支持、惯例、语言与礼仪、规模、匿名程度与收入来源；与物理社区的关系则包括基础（通常是面对面的）、城市、政府、教育、在线学术社区、爱好、匿名与角色扮演、健康、犯罪等。

在线社区为成员提供的支持可以增强其社区身份认同进而影响其使用社区的持久性。在线社区给个人带来的好处包括信息交换、社会支持、社会互动、时间与地点的灵活性、持久性等[①②③④]。虚拟社区提供的互动支持帮助成员获得并展示个人身份[⑤]，对社区虚拟角色的自我认同会让成员感知社区的吸引力[⑥]，产生对社区的归属感[⑦]。米勒（Millen）等认为在线社区为组织带来的益处包括消费者忠诚、职员的沟通与信任、可见性与声誉、生产力的提高等[⑧]。卡兹默（Kazmer）等对肌萎缩性侧束硬化症（ALS）社区中用户知识共享意愿和模式进行了探索，发现用户参与社区讨论是为了更好地理解自己的病情并寻求更好的医疗方式，对相关医疗案例的合作搜寻可以为病人提供分享知识的机会和精神支持[⑨]

同现实社区一样，在线社区的发展也具有阶段性。温格（Wegner）等

---

① Maloney-Krichmar D, Preece J. A Multilevel Analysis of Sociability, Usability, and Community Dynamics in an Online Health Community[J]. ACM Transactions on Computer-Human Interaction (TOCHI), 2005, 12 (2): 201–232.

② Johnson G J, Ambrose P J. Neo-tribes: The Power and Potential of Online Communities in Health Care[J]. Communications of the ACM, 2006, 49 (1): 107–113.

③ Preece J. Empathic Communities: Reaching Out Across the Web[J]. Interactions, 1998, 5 (2): 32–43.

④ Preece J. Empathic Communities: Balancing Emotional and Factual Communication[J]. Interacting with Computers, 1999, 12 (1): 63–77.

⑤ 刘瑛，杨伯溆．互联网与虚拟社区［J］．社会学研究，2004（5）：1–7.

⑥ Dutton J E, Dukerich J M, Harquail C V. Organizational Images and Member Identification[J]. Administrative Science Quarterly, 1994: 239–263.

⑦ Okleshen C, Grossbart S. Usenet Groups, Virtual Community and Consumer Behaviors[J]. Advances in Consumer Research, 1998, 25 (1): 276–282.

⑧ Millen D R, Fontaine M A, Muller M J. Understanding the Benefit and Costs of Communities of Practice[J]. Communications of the ACM, 2002, 45 (4): 69–73.

⑨ Kazmer M M, Lustria M L A, Cortese J, et al. Distributed Knowledge in an Online Patient Support Community: Authority and Discovery[J]. Journal of the Association for Information Science & Technology, 2014, 65 (7): 1319–1334.

识别出了在线社区构建的五个阶段：潜在、集结、成熟、管理与转型[①]。马尔霍特拉（Malhotra）等建议了三个阶段：开始在线社区、鼓励早期交互、走向自我持续的交互环境[②]。伊里伯尔（Iriberri）与勒鲁瓦（Leroy）将在线社区的生命周期划分为开始、产生、成长、成熟与死亡五个阶段，并分析了各个阶段的成功因素[③]。

南乔（Namjoo）等对社交分类网站的调查显示，把握网站内容的质量和提高用户的社群意识能够保证用户对网站的持续使用[④]。科尔（Koh）等通过研究在线社区用户的使用黏度、参与动机以及影响信息分享的因素等，探索保持在线社区活力的方法和途径[⑤]。塔垃（Thara）等发现成员的交互与变动、平台的意外变化、用户发现自身沉浸网络社区的倾向以及用户所处社区的生命周期逐渐成熟都会影响用户产生社交网络疲惫[⑥]。

三、网络社区的分类视角

传统社区由于地域空间的限制数量有限，而网络的无边界性并不会对网络社区数量有所限制，致使网络社区数量迅速增长。国内外研究者对网络社区的类型进行了划分，大致包括以下几种视角：

1. 人类需求视角

多样化的网络社区满足了人们在生活、工作方面相互交换资源、获得情感支持的需要。哈格尔（Hagel）和阿姆斯特朗（Armstrong）[⑦]认为虚拟社区的交互作用基于人们的四种基本需求：兴趣、关系、幻想、交易，因此基于这样的需求将虚拟社区分为兴趣型社区（人们分享兴趣以及特定话

---

① Wenger E, Mcdermott R A, Snyder W. Cultivating Communities of Practice: A Guide to Managing Knowledge[M]. Harvard Business Press, 2002.

② Malhotra Y. Virtual Corporations, Human Issues and Information Technology[J]. Training & Development Magazine, 1997: 10.

③ Iriberri A, Leroy G. A Life-Cycle Perspective on Online Community Success[J]. ACM Computing Surveys (CSUR), 2009, 41 (2): 11.

④ Choi N, Joo S. Booklovers' World: An Examination of Factors Affecting Continued Usage of Social Cataloging Sites[J]. Journal of the Association for Information Science & Technology, 2015.

⑤ Koh J, Kim Y G, Butler B, et al. Encouraging Participation in Virtual Communities[J]. Communications of the ACM, 2007, 50 (2): 69–74.

⑥ Ravindran T, Yeow Kuan A C, Hoe Lian D G. Antecedents and Effects of Social Network Fatigue[J]. Journal of the Association for Information Science & Technology, 2014, 65: 2306–2320.

⑦ Hagel, J & Armstrong, A. Net Gain: Expanding Markets through Virtual Communities [M]. Boston: Harvard Business school Press, 1997.

题的专业知识）、关系型社区（为人们聚集到一起并形成重要的人际关系提供机会）、幻想型社区（为人们聚集到一起并探索新的幻想世界或娱乐世界提供机会）和交易型社区（为参与者进行信息交易提供一个平台）。很多研究者在此基础上发展网络社区的分类理论。舒伯特（Schubert）和金斯伯格（Ginsburg）[①] 从兴趣领域角度进一步将在线社区分为休闲型社区（用户的兴趣内容主要与生活相关，如兴趣社区、关系社区和幻想社区）、研究型社区（用户的兴趣内容主要与科学研究相关）和商业型社区（用户的兴趣内容主要与商业利益相关，如贸易社区、交易社区和电子商店）。

2. 社会功能视角

结构功能主义（Structural functionalism）将社会看作由众多部件组成的复杂系统，这些部件为了促使社会稳固及稳定地运作而协力合作[②]。这些部件也包括网络社区。琼斯（Jones）[③] 从社会功能的角度，将虚拟社区（作者使用的术语为"虚拟公共场所"）分为虚拟住所（虚拟社区的网络空间）、网络客栈、虚拟机场酒吧、其他形式的虚拟公共场所。

3. 组织者动机视角

大量网络社区的发起者和建立者都有特定的动机和目的。克朗（Klang）和奥尔森（Olsson）[④] 从组织者及其动机角度将虚拟社区分为：非营利性公司的论坛、非营利性非公司的俱乐部、营利性公司的商店、营利性非公司的集市。他认为这个分类不作为一个明确的描述，但是可以促进虚拟社区分类的研究。普朗特（Plant）[⑤] 从一个受管制组织的角度，根据该组织是私人的还是公开的以及是否营利，将网络社区分为营利性公开管制社区、营利性私人管制社区、非营利性公开管制社区、非营利性私人管制社区。

4. 社区参与者动机视角

社区成员构成社区的主体，参与者的动机决定了社区是否可以长期存

---

① Petra Schubert, Mark Ginsburg. Virtual Communities of Transaction: The Role of Personalization in Electronic Commerce[J]. Electronic Markets, 2000, 10 (1): 45–55.

② Macionis, John. Sociology. Gerber, Linda Marie 7th. Toronto, Canada: Pearson Prentice Hall. 1944–2011.

③ Jones Q. Time to split, virtually: Expanding virtual publics into vibrant virtual metropolises[C]//System Sciences, 2000. Proceedings of the 33rd Annual Hawaii International Conference on. IEEE, 2000: 10 pp. vol. 1.

④ Klang M, Olsson S. Virtual communities[C]//Proceedings of the 22nd Information Systems Research Seminar in Scandinavia. 1999.

⑤ Plant R. Online communities[J]. Technology in society, 2004, 26 (1): 51–65.

在。布雷斯勒（Bressler）和格兰瑟姆（Grantham）[①] 按人们参与社区活动的动机将在线社区分为三类，第一类是目的型社区，参与的人们试图达到相似的目标；第二类是实践型社区，人们在其中分享专业知识、职业技能等；第三类是环境型社区，类似于实践型社区，但人们更多的是由于立场、环境或生活经历的相似性而聚在一起，而不仅仅出于职业动机；第四类是兴趣型社区，人们出于寻求兴趣相似者的动机而参与社区活动。

5. 参与者身份的视角

虽然大部分网络社区对于参与者的身份没有限制，但一些社区却有严格的要求。张发亮[②] 将网络社区划分为三类：一类社区是以校友录、企业 TM 群为例的，对于区外网民进入甚至浏览进行严格的限制；第二类类似大多数 BBS、博客等，要求只有注册用户才可以进入；第三类类似于百度贴吧、各种聊天室、还有部分 BBS，网民不需经过任何验证，就可以参与进去。

6. 技术特征视角

与现实社区不同，网络社区需要依靠特定的技术支持，因而表现出不同的技术类型。琼斯（Jones）与拉斐利（Rafaeli）从技术特征出发，将网络社区分为网络论坛、网站、网络会议、邮件列表、三维世界、文本生成空间等。按照这一分类标准，随着技术的进展又出现了博客社区、微博社区、图片社区、视频社区、音频社区，等等。

除了上述分类视角外，文献中还有其他多种分类视角，比如群体的组织化与正规化程度、成员数量、发帖内容的专业化程度、存在时间的长短等，此处不再一一列举。

四、基于交流方式的网络社区分类

上述网络社区的分类为网络社区的研究提供了重要参考。在参考已有研究成果并调查现有网络社区的基础上，按照交流方式将网络社区划分为：问答型社区、讨论型社区、圈组型社区、资讯型社区与展示型社区。

1. 问答型社区是指通过提问和回答的形式进行交流的社区。社区内的

---

① Bressler S E, Grantham C. Communities of Commerce: Building Internet Business Communities to Accelerate Growth, Minimize Risk, and Increase Customer Loyalty[M]. McGraw-Hill Professional, 2000.

② 张发亮 . 不同类型虚拟社区的特点比较分析［J］. 图书馆学研究，2006（07）：11–14+29.

成员可以通过提出问题或者回答别的成员提出的问题，也可以在同一问题下进行讨论，通过这种形式来实现网络社区内信息和知识的交流和共享，如知乎、果壳、栈溢出（Stack Overflow）等。

2. 讨论型社区是指社区内成员针对某一话题发表自己的观点，与其他成员自由讨论，通过意见的交换和思想的碰撞来实现网络社区内信息的交流、共享和创造。一般论坛都属于讨论型社区，如天涯论坛、西祠胡同等。

3. 圈组型社区是指社区内成员按照关系或主题组成不同的圈子和小组，在圈组内进行信息的交流和分享，如百度贴吧、申邻里等。

4. 资讯型社区是通过发布各种资讯，包括特定主题的最新发展、前沿消息以及一些关注度高的热点资讯。这些资讯多为具有实用价值的经验分享，或是贴近生活的新闻趣闻等，如金新华、煎蛋网、砍柴网等。

5. 展示型社区是指成员通过展示自己的照片、图片、视频、文章、音频等来实现社区内信息的交流和共享，成员可以发布展示自己的内容，同时可以浏览、评论他人的内容，如堆糖、品脱（Pinterest）等。

第三节　网络社区社会结构的演化：以微信群为例

一、研究背景

移动互联技术开启了社交媒体的新纪元，使得信息的流动与共享呈现出不同于传统物理社区的新特征，如瞬间传达、裂变式传播、广场式传播与客厅式传播相互补充，等等。其中，腾讯微信是目前世界上增长最为迅速的移动即时通信工具，自 2012 年 2 月上线，到 2014 年底用户数量已达 5 亿人[①]。微信平台既提供一对多的公众号传播与多对多的朋友圈传播，也提供相对私密的一对一交流与微信群讨论。不同于以往 QQ 群只有群主或得到授权的管理员才有权力邀请新成员加入，微信群的每一个群成员都可以自由邀请新成员加入，因而更加开放和互联，弱关系的迅速扩展使得群规模在短时间内快速增长。

目前，微信群的应用已经融入社会生活的各个方面，如远程协同工作、学术讨论、网络营销、兴趣交流、线下活动组织等。据不完全统计，截至

① 英媒：微信用户突破 5 亿，腾讯移动互联网地盘扩大 . 环球网，2015-03-20. http://it.people.com.cn/n/2015/0320/c1009-26722897.html,2015-03-20/2015-07-11］.

2015 年 4 月，仅培训销售类、生活感悟类微信群数量已达到 18738 个，其中 500 人以上的群占全部微信群数量的 65%[①]。微信群以移动性、碎片化、私密性、链式传播方式以及迅速扩展社会资本的优势，成为传统虚拟社区的重要补充。一方面，微信群克服了空间上的隔离与时间上的碎片化，延伸了正式组织的职能，提高了个体获取、表达与传播信息的能力，扩大了人际交往的范围和效率。另一方面，由于手机传播的秘密性，对微信群的监督和管理面临困难。随着微信群数量的增多，利用微信群组织淫秽活动、传播谣言、诈骗、聚众吸毒，甚至策划暴恐事件等不法犯罪行为的案件也在不断增加，相关报道不时见诸媒体。更进一步，微信群的封闭性和链式裂变使其成为各种言论和思潮不受监督的传播平台，也成为不同意识形态交锋的虚拟空间，对于群体性社会认同、线下集群活动动员、圈群社会结构的形成以及社会文化的演变具有重要影响，甚至可能会影响到未来社会结构的形态，从而对网络社会的治理提出新的挑战。为此，需要探索微信群内部社会结构的演变以及微信群之间的衍生和裂变关系，了解微信群的成长规律与传播特点，分析微信群的内部网络结构及其核心成员的影响，揭示未来网络社会的微观结构。对于微信群社会结构演化的分析，既是对移动环境下网络社区理论和信息传播理论的补充与提升，也将为深入分析微信用户的信息行为提供参考。

目前关于微信的研究主要侧重于探索微信的信息传播机制[②③④]，利用微信开展信息服务[⑤⑥⑦]，探索微信的利用行为[⑧⑨]，调查特定类型的微信如政务

---

① 陕西新媒体 . 微信大事每日播报［N/OL］. http://www.weste.net/2015/04-14/102674.html.2015-04-14/2015-07-11.

② 周蕾 . 微信广告传播力研究［J］. 东南传播，2012（01）：21–23.

③ 陈雅静 . 微信，还能红多久？——以经济学 SWOT 理论分析微信［J］. 新闻知识，2012（6）：83–84.

④ 方兴东，石现升，张笑容，等 . 微信传播机制与治理问题研究［J］. 现代传播，2013，35（6）：122–127.

⑤ 黄浩波，何卫华，叶青 . 微信及其在图书馆信息服务中的应用［J］. 图书馆学刊，2013，35（1）：62–64.

⑥ 肖金华，黄丽红 . 基于微信的图书馆信息服务模式研究［J］. 现代情报，2013，33（6）：55–57.

⑦ 江波，覃燕梅 . 基于微信的移动图书馆 App 服务系统设计与实现［J］. 现代情报，2013，33（6）：41–44.

⑧ 杜文龙，徐光辉，冯现永 . 高校微信用户利用行为实证分析与研究——以西安航空学院为例［J］. 图书馆学研究 . 2015（3）：67–70.

⑨ 张青青，刘佳音 . 微信用户日常生活信息获取行为研究［J］. 情报探索 . 2015（1）：75–78.

微信、档案微信的发展与应用状况[①②]，以及利用Agent建模和仿真方法考察微信群内舆情演化的特点[③]等。上述研究探索了微信的信息传播与利用情况，但是却没有关注微信群内部的社会结构以及不同微信群之间的关联，从而无法发现微信群衍生裂变的内在动力。为此，拟重点探索以下问题：①微信群的发展经历了哪些生命周期阶段？②微信群内成员的类型、活跃度及内部社会结构呈现出什么样的特点？③微信群的裂变与衍生具有什么样的规律？

由于微信群的传播相对封闭，后台大数据又因涉及个人隐私或商业机密而难以获取，因此对其进行大规模的计量统计分析困难重重，相关研究进展缓慢。为了回答上述研究问题，拟以在线社区和社会认同理论相关研究作为基础，采集真实的微信群数据，运用文本挖掘、社会网络分析等方法，从群规模变迁、群内社会结构及群间衍生关系三个方面对微信群的演化规律进行研究。

二、研究设计

1. 理论基础

微信群可以看作是一类特殊的社区，既具有传统在线社区的部分特点，又有其独特性。相比于传统虚拟社区中成员主动参与的运作机制，微信群既允许用户通过群二维码扫描主动申请加入，也可以通过群内成员的邀请在短时间内聚集多人。这意味着微信群内部的社会结构及其裂变与演化有可能具有新的特点和规律。

社会认同理论（Social Identification Theory）[④]反映了社会群体意识构建的渐进过程，认为个体通过将个人特征与社群特征进行比较实现自我归

---

① 王芳，张璐阳．我国政务微信的功能定位及公众利用情况调查研究［J］．电子政务，2014（10）：58–69.

② 张妍，张璐阳，方雪，张晓清，王芳．档案馆微信应用现状调查［J］．中国档案，2015（5）：40–41.

③ 刘永丹．基于Net logo的微信群舆情演化模型实现［J］．无线互联科技，2013（11）：197–198.

④ Tajfel H. Interindividual Behaviour and Intergroup Behaviour[M]//Differentiation Between Social Groups: Studies in the Social Psychology of Intergroup Relations. London: Academic Press, 1978: 27–60.

类[①]。在与社群的交互过程中，个人身份会随着个性化解体而不再凸显，而情感认同逐渐将其转化为对社群的依附感和归属感[②]，形成社群身份。个体对群体感知到的相似度越高，他对该群体的归属感也就越强。社群成员的群体身份意识将会影响其群体内的偏私行为，通过类化过程形成该社群的集体意识[③]。在网络空间中，社群身份是个人对所属虚拟社群的感知[④]。巴戈齐（Bagozzi）和多拉基亚（Dholakia）通过研究发现，社会认同和群体规模对于虚拟社区用户的参与行为具有重要影响[⑤]。微信群成员的集聚方式不同于传统的在线社区，其社会认同过程既有一定的事先规定性，又有自然的成长过程，其群体认同感可能会影响其在群内的活跃度。

在上述理论的引导下，提出本书针对微信群的理论分析维度，包括外部属性、内部社会结构、生命周期阶段以及微信群间的衍生关系。其中，每个维度又包括一个或几个子维度，如外部属性包括初始发起人或机构、成立目的、专业领域、开放性（封闭与否）、规模（群成员数）等五个方面的要素；内部社会结构包括信息交换、社会支持、社会互动、个人身份展示、信任、可见性与声誉、黏度参与动机以及相关的网络结构参数等。

2. 研究方法

为实现研究目标，主要采用案例研究方法，选取研究者所加入或组建的九个微信群作为分析对象，并对其中的一个微信群进行深度案例分析。具体的数据收集方法包括群内交流的全文本数据收集、部分群成员访谈、对通过微信群策划的线下活动进行参与观察等。所运用的数据分析方法既包括定量分析方法如文本挖掘、内容分析与统计描述，也包括定性资料的编码分析方法。

---

① Bagozzi R P, Dholakia U M. Open Source Software User Communities: A Study of Participation in Linux User Groups[J]. Management Science, 2006, 52 (7): 1099–1115.

② Hogg M A, Hains S C. Intergroup Relations and Group Solidarity: Effects of Group Identification and Social Beliefs on Depersonalized Attraction[J]. Journal of Personality & Social Psychology, 1996, 70 (2): 295–309.

③ Muniz Jr A M, O Guinn T C. Brand Community[J]. Journal of Consumer Research, 2001, 27 (4): 412–432.

④ Herrmann A, Dholakia U M, Algesheimer R. The social Influence of Brand Community: Evidence from European Car Clubs[J]. Journal of Marketing, 2005, 69 (3): 19–34.

⑤ Bagozzi R P, Dholakia U M. Intentional Social Action in Virtual Communities[J]. Journal of Interactive Marketing, 2002, 16 (2): 2–21.

3. 数据来源

本项研究采集真实的群内交流数据作为分析文本。选择这九个微信群的原因在于：①群建立的主要目的是讨论学术问题或筹办学术活动，因而既有线上讨论，也有线下活动，群里讨论的问题既包括纯粹的学术问题，也包括政民关系、政府改革、西方思潮等涉及社会变革的话题，不但能够充分体现微信群的基本特征，而且与当前大多数的讨论群具有相似性，因而具有较好的代表性。②群的成员主要来自全国多所高校和研究机构的某一研究领域及少量政府机构，成员间既包含相互熟识的朋友又包含陌生人，与一般虚拟社群的用户特征相吻合。③群成立时间在 2014 年 4 月 28 日至 2015 年 4 月 3 日之间，具有较长的时间跨度，能够较为充分地刻画出微信群的生长周期。④与其他类型的群相比，这九个群之间的关系更加紧密，具有较多的相同成员，有助于揭示群间衍生关系。⑤研究者是这九个群的核心成员，熟悉群内讨论的话题，因而更加有利于研究数据的获取与分析。为了遵守研究伦理，保护研究对象的隐私，对群和群内成员进行了匿名化处理。数据分析只涉及群的特征与属性变化，并不涉及具体的交谈内容。按照群成立的时间先后顺序将群编号为QA至QI，各群的基本信息如表3–2所示。

表 3–2 微信群基本信息

群名称	成立时间	成员数（人）	成立目的	总发言量（条）
QA	2014 年 4 月 28 日	200	线上学术交流	8241
QB	2014 年 5 月 4 日	85	筹办学术活动	7268
QC	2014 年 5 月 25 日	78	线上学术交流	1651
QD	2014 年 6 月 30 日	29	信息扩散	106
QE	2014 年 10 月 24 日	45	筹办学术活动	655
QF	2014 年 11 月 3 日	30	筹办学术活动	1131
QG	2014 年 12 月 9 日	72	筹办学术活动	1956
QH	2015 年 3 月 4 日	86	筹办学术活动	5061
QI	2015 年 3 月 31 日	23	讨论特定议题	1185

三、微信群生命周期分析

1. 群规模随时间变化情况

群的成员规模和发言量随时间变化的情况可以反映群的活动规律。由于成员在入群之后可以进一步邀请自己的好友加入，因此首先对成员入群的时间进行统计，构建群成员数增长的时间序列热图，如图 3–1 所示。

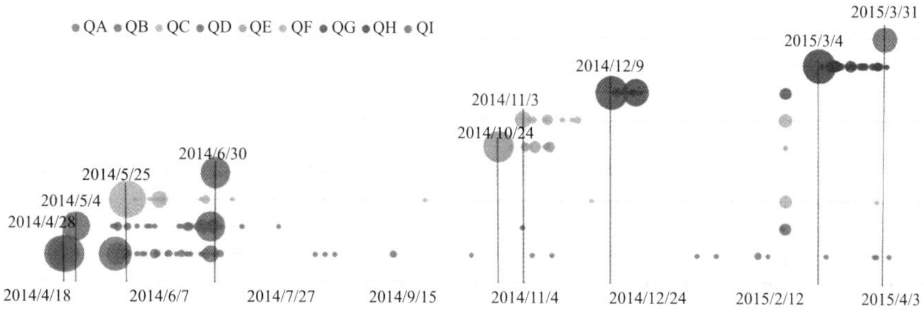

图 3–1　群成员数增长的时间序列热图

图 3–1 表明，群的扩张主要发生在群建立的初始阶段，群成员人数从建立到达到最多用户数的 50%，只需要约三天的时间，此后扩张速度逐渐减缓。如表 8–2 所示，QA 和 QC 是以线上学术交流为目的建立的，QB、QE 及 QH 是为筹办学术活动而成立的，这些群的发起人在一开始就鼓励已加入成员邀请与议题相关的新成员加入，因此这几个群在成立之后规模持续增长。QD 和 QI 则比较特殊，QD 成立的目的是对少数成员发送通知，QI 则具有委员会性质，以讨论特定议题为目的，在建立初期就明确不再添加新的成员，因此都有一定的封闭性。如图 3–1 所示，QD 和 QI 在成立之后没有规模扩张现象。这表明微信群的规模扩张并不是完全不受控制的，而是与群的成立目的和内部达成一致的初始规则密切相关。

2. 发言总量随时间变化情况

以天为单位对 9 个群的发言量进行统计，绘制微信群发言量的时间序列热图，用气泡的大小代表当天群内发言的数量，以展现各个群在整个时间跨度上的活跃程度，如图 3–2 所示。

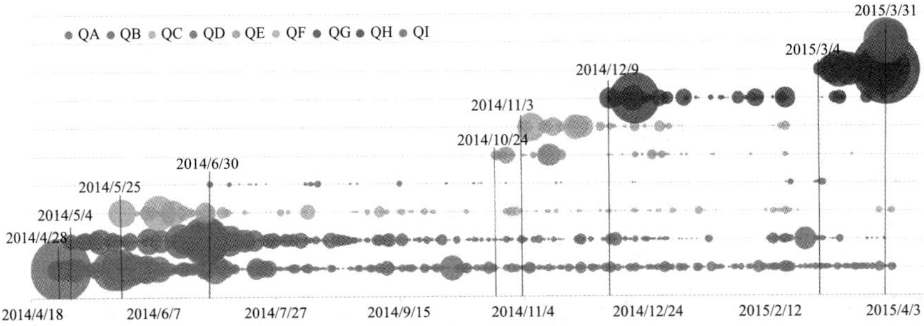

图 3-2　微信群发言量的时间序列热图

图 3-2 表明，在微信群建立初期，用户发言量最多，随着时间的迁移逐渐消减。但是在消减过程中，还有若干次明显的小的集中点。结合内容分析可知，这些热点话题发起的原因有：①群的初创者为保持群的活跃度而发起讨论；②某些成员为了讨论自己感兴趣的话题而发起讨论；③某成员通报热点消息；④节假日互发祝福。由图 3-2 可以看出，以线上学术交流和筹办学术活动为目的的群持续活跃时间最长（如 QA、QC、QE、QH），而以信息通告和讨论特定话题为目的的群活跃时间较短（QD、QI），特别是 QD 的发言量在时间序列中并不存在明显的热点，发言时间也较为零散，表明微信群成立的目的对于群的持续活跃时间具有直接影响。另外，图 3-2 也表明，群的规模越大，讨论的活跃度也越强。由此可以推论，群的活跃度受到以下几方面因素的影响：群成立的目的、群的规模大小、群成员的讨论需求、核心成员对群的维护意愿以及群成员的情感交流需求。

3. 微信群的生命周期阶段

如果把群成员所拥有的专业知识和技能作为资源，成员之间的交流就表现为资源的交换与整合。如图 3-2 所示，由弱关系带来的资源交换基本在扩张期和活跃期得以完成，活跃期与扩张期在时间上有较大的重合。此后，群内资源的趋同性增强，更新频率减慢，群交流内容进入稳定的低速更新阶段。在此期间，当新成员加入或者有人引入新话题或新任务时，群内会产生短暂的活力，形成明显的集中点。但是，当新话题或新任务与大多数群成员的知识结构或兴趣点关联不大时，就有可能分化出新群。新群将少数活跃分子或与话题或任务相关性强的成员集中起来，并引入互补性资源，原群进入漫长的沉寂期。

以微信群 QA 为例，在发起阶段群主邀请 9 名好友加入群聊构建初始群网络，成员之间可能互为好友，也可能是陌生人。在接下来的 24 天内（2014-04-28 至 2014-05-21）9 名成员陆续邀请新成员加入，群规模不断扩大，成员人数迅速增长至 160 人，完成了群的扩张。与此同时，成员发言活跃，互动频繁，并形成明显的中心子网。随着时间的推移，部分成员活跃度逐渐降低，总发言量在较低的水平上保持稳定。在此期间，少数成员选择离开，在观察期内共有 34 名成员退出，成员人数一直稳定保持在 200 人左右。在从扩张到稳定的过程中，在某些时间点上一些成员从 QA 中抽取部分成员建立新的主题群，并通过其他渠道邀请新成员加入，分化出的新群开始新的生命周期过程。

根据上述分析，将微信群的生命周期划分为发起、扩张、活跃、稳定、分化、沉寂六个阶段。值得注意的是，除发起阶段外，其余五个阶段之间并没有明显的分界，而是部分重叠平行发展，分化更是有可能发生在微信群的整个生命周期。根据 QA 的数据构建微信群网络结构演化图，如图 3-3 所示。

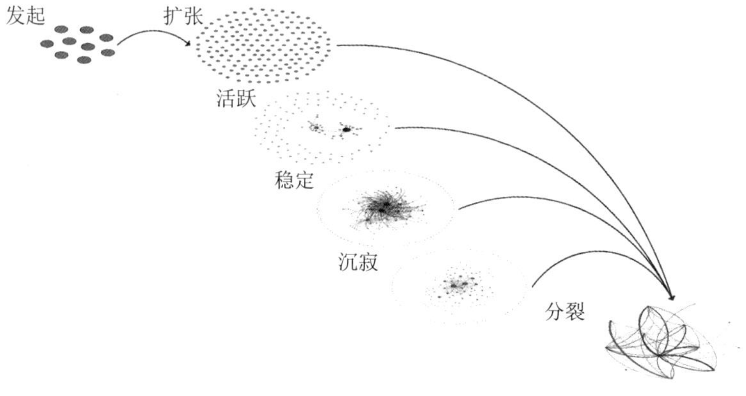

图 3-3 微信群生命周期模型

四、微信群社会结构分析

内部社会结构是微信群的重要属性，决定其功能的实现，并影响其发展方向。为揭示微信群内部的社会结构，选择 QA 作为分析案例，因为 QA 存在的时间跨度最长（约 1 年的时间），用户数和发言数据量最大（用户数为 200 人，发言数为 8241 条），发展最为成熟。对微信群内部社会结构的分析主要从群成员进入期望、群成员发言量贡献分布、群成员的核心度分布和集团化程度四个方面展开。

1. 群成员进入动机分析

微信群成员主要是由已加入成员邀请进入，这实际上经过了一个将个体特征与群特征人为匹配的过程，经过“过滤”的新增成员已经与该群具备了某种相似性，因而更有可能迅速建立身份认同和归属感。这也解释了为何微信群在成立初期能够迅速进入扩张和活跃阶段。对成员加入 QA 前后的 10 条相关记录进行文本分析，人工筛选出能够反映成员进入动机的高频词，结果如表 3–3 所示。

表 3–3　反映成员入群期望的高频词

关键词	词频	关键词	词频
平台	90	调查	30
学习	83	培训	21
项目	76	跨界	16
合作	74	分享	15
领域	58	课题	14
研讨	56	互通	12
共享	31	同仁	7

将表 3–3 列举的 14 个高频词进行归纳，发现成员加入群的动机主要包括两个方面：

一是知识动机，包括①知识获取动机，包括研讨、学习、知识共享以及获得新的灵感；②任务完成动机，包括项目调研或课题研讨；③合作研究动机，包括交流与跨领域合作。由于案例微信群内成员的知识结构具有较强的相似性，随着交流的增加成员之间知识结构的趋同性进一步增强，而互补性下降，因此继续交流的动机将会逐渐减弱，这也解释了为什么微信群内的交流会趋于沉寂。

二是身份认同动机，主要包括身份认同与情感归属动机，成员通过微信群平台结交更多的同行，获得友谊和身份认同。借助于群成员平台，新加入的成员与其他成员互相添加为好友，进入更加私密的一对一深度交流，从而削弱了原群公共交流的动力，促使原群进入沉寂阶段。从这一点上讲，微信群是一个将弱关系转换成强关系、填补成员结构洞的平台，它促进了成员间资源的均匀化。

声誉获取动机是在线社区持续活动的重要影响因素。瓦斯科（Wasko）等通过对维基百科开源社群中协同信息行为的研究发现，用户贡献知识的主要激励因素是声誉，而非帮助他人的愉悦感，社群内部大部分成员都是务实的利他主义者①。因此，瓦格纳（Wagner）等的研究建议虚拟社群应当提供条件吸引务实的利他主义者贡献知识，以保证社群的持续②。从表 3-3 的高频词来看，微信群 QA 的成员对于声誉获取动机并没有明显的宣示。分析原因如下：①由于开放的在线社区可以持续吸引新的读者，因此可以帮助知识贡献者持续获取声誉。与开放社区不同的是，在微信群发布的信息具有一定的封闭性，不能被群外读者所见，因此微信群对活跃成员声誉广泛度的支持不如开放的博客或微博社区，这种欠缺随着群规模的扩大会有所缓解。但是另一方面，由于群内成员的知识结构具有更强的领域相似性或专业互补性，因此微信群对成员声誉专深度的支持更强。这解释了为什么尽管一些微信群趋于沉寂，但是成员退出的情况却并不频繁。②在中国文化里获取声誉的动机往往比较隐蔽，很少会被直接声张。通过对微信群 QA 的线下活动进行分析发现，初始发起人和活跃成员通过在群内展示成果、解答问题等提高了自己的学术声望，并因此获得了更多能够带来实质利益的跨界合作的机会。③由于大部分微信群成员是被动受邀加入，其中既包括“务实的利他主义者”，也包括很多“务实的利己主义者”。这些“务实的利己主义者”获取声誉的动机并不强烈，他们的主要期望是获取信息和知识而非通过贡献知识获取声誉，因此他们在微信群表现出的活跃度也各有不同。

2. 群成员发言量贡献的长尾分布

QA 中有发言记录的人数共 157 人，占总数的 157/200=78.5%，其中前 20%（31 人）的发言量之和占总发言量的 6731/8241≈81.7%，呈现出明显的长尾分布。对 QA 中所有用户的发言量和被 @ 数进行统计，并计算各自

---

① Wasko M M, Faraj S. Why should I Share? Examining Social Capital and Knowledge Contribution in Electronic Networks of Practice[J]. MIS Quarterly, 2005: 35–57.

② Wagner C, Prasarnphanich P. Innovating Collaborative Content Creation: The Role of Altruism and Wiki Technology[J]. System Sciences, HICSS 40th Annual Hawaii International Conference on, 2007: 18.

占总体的比例，按降序排列。

用户发言量所占总体比例的分布与被 @ 次数的分布十分吻合。这意味着发言次数较多的成员正好也是那些被其他用户指定交流次数更多的成员。由此可以推断，这些“核心成员”之间存在着高频互动。线下的观察也表明，这些核心成员正好就是那些发起学术交流或学术活动的核心成员。

3. 群成员的核心度分析

为了揭示群内部的社会结构，对成员在群中的核心度进行定义、考察成员的核心度一方面需要考虑他的活跃度（总体发言数），另一方面需要考虑他对群的黏度（对群的依赖程度，用发言分布时间的长度表示）。例如，成员 A 的发言总量为 200，发言的天数为 30 天，成员 B 的发言量同样为 200，发言的天数为 100 天，则认为二者的活跃度相似，但显然成员 A 对群的黏度不如成员 B 高。群成员的核心度应与其活跃度和黏度成正比关系。借鉴 TF-IDF 算法计算词对单篇文献重要性的思路，将每一天的发言文本视为一个文献单位，那么群成员的核心度就是在所有天数内发言最为活跃的成员。将群存在时间以天为单位进行划分，群成员核心度（Coreness）的计算方法如公式（3–1）所示：

$$\text{Coreness}(I) = \frac{Speech_i \,/\, TotalSpeech}{\log\left[TotalDays \,/\, (InvolveDays_i + 1)\right] + 1} \qquad \text{公式（3–1）}$$

其中 $TotalSpeech$ 表示群内成员的总体发言量，$Speech_i$ 表示用户 I 的总发言数，$TotalDays$ 表示群从成立到当前的天数，$InvolveDays_i$ 表示用户参与群聊的天数。对 QA 中成员的发言数据进行计算，部分结果如表 3–4 所示：

表 3–4　微信群 QA 成员核心度

成员编号（I）	发言数（$Speech_i$）	参与天数（$InvolveDays_i$）	核心度［$Coreness(I)$］	成员类型［$Type(I)$］
1	1721	118	0.144593659	核心分子
2	688	110	0.05661901	活跃分子
3	414	109	0.033979587	活跃分子
4	344	65	0.024550314	活跃分子
……	……	……	……	……

续表

成员编号（I）	发言数（$Speech_i$）	参与天数（$InvolveDays_i$）	核心度［$Coreness(I)$］	成员类型［$Type(I)$］
14	158	37	0.00988247	半活跃分子
15	117	63	0.008284844	半活跃分子
……	……	……	……	……
59	18	9	0.000866806	沉默围观者
60	17	12	0.000857421	沉默围观者
……	……	……	……	……
158	0	0	0	疏离者
……	……	……	……	……

为进一步分析微信群成员的网络结构，根据表 3–4 中的数据将成员划分为以下几类：

$$Type(I)=\begin{cases}\text{核心分子}\ [\,Coreness(I)>0.1\,]\\ \text{活跃分子}\ [\,0.01<Coreness(I)\leqslant 0.1\,]\\ \text{半活跃分子}\ [\,0.001<Coreness(I)\leqslant 0.01\,]\\ \text{沉默围观者}\ [\,0<Coreness(I)\leqslant 0.001\,]\\ \text{疏离者}\ [\,Coreness(I)=0\,]\end{cases}$$

结果发现，QA 总体发言量 (*TotalSpeech*)=8241 条，总体存在时间 (*TotalDays*)=331 天，共包含人数 200 人。其中核心分子 1 人（0.5%），活跃分子 11 人（5.5%），半活跃分子 46 人（23%），沉默围观者 99 人（49.5%），疏离者 43 人（21.5%）。由于以〈@用户名〉的方式进行交流的两者具有强关联关系，为了构建微信群内部成员的社会关系网络，选择以用户为节点，以用户活跃度表示节点权重，用户间的 @ 关系作为有向边，@ 的次数作为边的权重进行赋值，利用 Gephi 绘制群 QA 的成员网络结构图，选择 ForceAtlas 2 的布局算法并设置增强权重和防重叠处理以清晰显示，结果如图 3–4 所示。

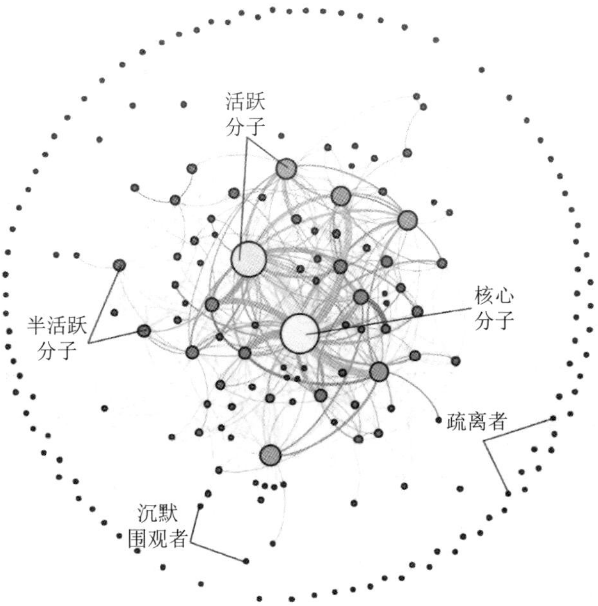

图 3–4 微信群 QA 成员类型划分

图 3–4 表明，虽然理论上群内部成员是平等互通的，但实际上用户在群中的地位和活跃程度都有所差异，全联通有向网络结构并不能有效描述微信用户在群中所处的位置和行为。群 QA 成员的核心度分布形成几圈涟漪状网络结构。活跃分子、半活跃分子相比较于核心分子其节点度较小，但仍处于网络相对中心的位置，活动范围较为集中，部分活跃分子和半活跃分子不存在与他人的直接交流关系，而是选择对群体成员广播，这取决于个人的信息行为习惯。沉默围观者虽然很少发言，但是会关注群的信息，必要时会参加讨论。受到中心话题和活跃用户的引力作用，他们会聚集在核心分子和活跃分子的周围。这几圈“涟漪”常常相互交叉叠加，构成一个相对稳定的社会关系网络。而疏离者则在中心网络的四周围观，基本上游离在讨论之外，很少关心群里讨论的内容。

从沉默围观者和疏离者的入群时间来看，主要集中在群发展的中后期，对群建立的背景和前述对话都不了解，因此常常选择观望。另外，他们一般是由群内的半活跃成员和其他围观者邀请入群，除邀请者外，群内其他成员对他们而言都很陌生，因此难以进入群的核心交流网络中。当沉默围观者在互动中没有得到足够的响应时，他们可能会变成疏离者，甚至选择退群。对于群的发起者和核心分子而言，为了实现群活跃交流的目标，应当尽可能地帮助群内的沉默围观者和疏离者参与互动，为他们的身份展示提供支持。

4. 群成员的自我网络密度

对核心成员在网络中的地位进行研究，我们将疏离者剔除，剩余 157 人。按照用户发言量排序对用户进行编号，构建联通的有向群中心网络，其中节点度为用户发言量，边表示用户间相互 @ 的次数关系。利用 Ucinet 计算各节点的自我网络密度参数（EGO, NetworksDensity Measures），部分成员的计算结果如表 3–5 所示。

表 3–5　微信群成员自我网络密度参数

成员编号	Size	Ties	Pairs	Densit	nWeakC	pWeakC	2StepR	ReachE
14	17	52	272	19.12	4	23.53	79.63	32.7
4	11	40	110	36.36	2	18.18	84.26	33.83
1	51	234.00	2550.00	9.18	7	13.73	97.22	18.921
2	29	148	812	18.23	2	6.9	91.67	22.6
7	13	58	156	37.18	1	7.69	93.52	31.27
8	13	33	156	21.15	3	23.08	74.07	37.38
12	23	116	506	22.92	2	8.7	85.19	23.77

结果显示，用户 1 在网络中形成了规模最大的个体网，与其直接沟通的成员 51 人，其个体网中成员关系数是所有其他成员个体网中最多的，也就是说，用户 1 在群内的交流中，主要是以扩散信息为主。二步网络值（2StepR）说明用户经过两步即可达到的用户范围，用户 1 的计算结果为 97.22%，表明用户 1 在网络中扩散信息的能力最强。但用户 1 的个体网密度相对较小，只有 9.18%，这意味着其个体网中的成员相互之间交流较少，主要以接受信息为主。而成员较少的个体网，如用户 4、7 的个体网络，成员在 10 人左右，密度却比较高，意味着其内部的互动更加频繁，交流更加深入。相关研究显示，微信群活跃度最佳人数是 11 到 40 人，这一规模最适合沟通，其使用度也最高①。

① 艺术与传媒学院，北师大传播效果实验室 . 北师大发布首份微信社会资本对集体行为的影响报告［N/OL］. http://www.bnu.edu.cn/xzdt/76597.html,2014–10–20/2015–06–11.

5. 群内网络的集团化程度

集聚系数（clustering coefficient）是用来刻画网络节点的邻居节点间相互连接的稠密程度，反映了复杂网络内部集团化的程度。网络平均集聚系数是所有节点集聚系数的平均值，具体计算如公式（3–2）：

$$C = \sum P(k) \times C(k) \qquad \text{公式（3–2）}$$

式中，$C(k)$ 为局部集聚系数，$C(k)= |E_k| /(k(k-1)/2)$，其中 $|E_k|$ 为节点度为 k 的邻居节点中平均连接数。统计研究表明，大规模网络普遍具有明显的集聚特性，多数网络的平均集聚系数远大于 $O(N-1)$，部分网络高达 0.8 至 0.9。根据理论推测，对于很多网络来说，当网络规模 $n \to \infty$ 时，$C \to O(1)$。[①] 计算微信群 QA 的网络平均聚集系数为 0.314，结果表明，网络的集团化程度较低，即用户的聚集较为稀疏。结合表 3–4 的分析结果，核心用户可能会形成一个较小的子群，但在总体网络中的影响力较弱，很难把持话语权。

五、群间衍生关系

微信群的群间衍生关系是指一个微信群内的成员为讨论新的议题或组织新的活动，在原有群的基础上发起建立新群，从而使得新成立的群与原群之间具有一定的衍生关系。因此，群间衍生关系具有以下特点：首先，发起者从自己所在的一个或多个原群拉走一部分成员组成新群，并在此基础上进行扩充；其次，新群与原群具有时间上的先后关系；最后，衍生群的话题是在原群讨论话题基础上的深入和拓展。

1. 群间相似度分析

鉴于话题的递进效应，新群建立时往往会从原群中吸收一部分成员加入，从而明确和巩固原有的议题背景，同时，新群可能吸收新成员以完善和补充原有的整体知识结构。对 9 个案例微信群成员的重叠程度进行分析，并按照成立时间予以关联，可以反映群间的相似度从而展示群间衍生关系。对于任意两个微信群 A 和 B，用公式 3 计算其 Jacard 系数。其中 $C(A \cap B)$ 表示群 A 和 B 共有的成员数，$C(A \cup B)$ 表示群 A 和 B 全部的不重复成员集合。根据微信群相似度矩阵建立群间关联网络，为更清楚显示各群之间的衍

① Newman M E. Modularity and Community Structure in Networks[J]. Proceedings of the National Academy of Sciences, 2006, 103 (23): 8577–8582.

生关系，经过实验观察选择显示边权重大于 0.139 的路径，结果如图 3–5 所示。

$$\mathrm{JC}(A,B)=\frac{C(A\cap B)}{C(A\cup B)}$$ 公式（3–3）

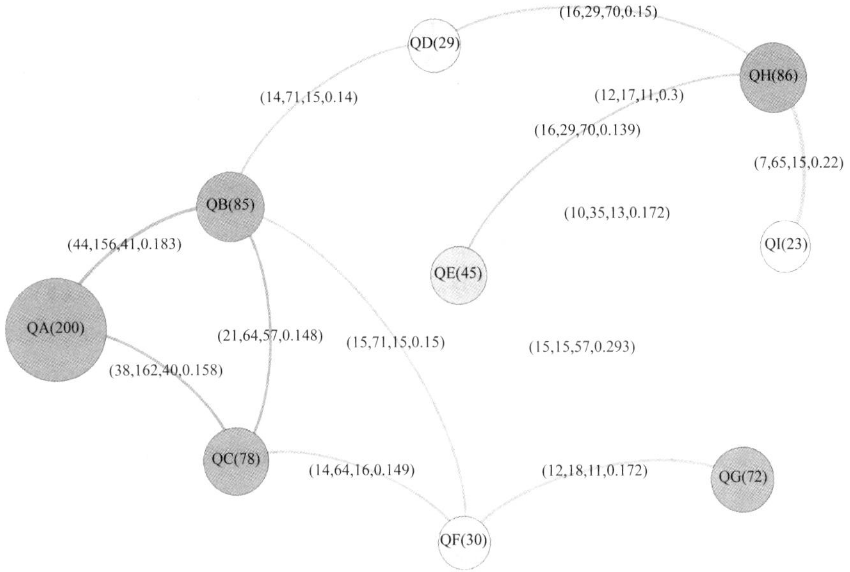

图 3–5　群间关联网络

图 3–5 中，各节点表示不同的社群，节点大小为群的成员人数，标签为群编号及成员人数，网络节点间的边表示的是两个群所包含成员的相关关系，边的粗细表明节点间相似度的强弱。由于只显示权重大于 0.139 的路径，因此规模只有 45 人的 QE 和其他群的关系没有显示出来。为更清晰显示群间关系，将边标签定义为 [$C(A\cap B)$, $A-C(A\cap B)$, $B-C(A\cap B)$, JC(A, B)]。其中 $C(A\cap B)$ 表示 QA 和 QB 共有的成员数，$A-C(A\cap B)$ 表示 QA 未加入到新群 QB 的人数，$B-C(A\cap B)$ 表示在 QA 的基础上 QB 新增加的人数，JC(A, B) 为 QA 和 QB 的杰卡德（Jacard）系数。

在图 3–5 中，从 QA 到 QI 存在多条路径，经过的节点包括 QB、QC、QD、QE、QF、QH，但 QA 和 QI 之间没有直接的关系，表明两者之间成员的重叠程度很小，可见从旧群到新群，成员组成经历了巨大的变动。根据路径的结果统计，新群建立会淘汰原群 80% 左右的成员，而吸收新成员数约占新群总人数的50%左右。对淘汰成员的类型进行统计，发现90%以上是原群中的沉默围观者和疏离者，而加入到新群中的原有成员则主要为原群的核心成员和活跃分子。现实观察发现，这些核心成员基本上都来自于“985”或“211”高校的相近专业，彼此之间具有很高的社会认同感。事实上，虽然微信群在不断地衍生演化，但核心分子和活跃分子一直占据中心地位。可以认为微信群间的演化呈现出一种特定的收缩机制，在新群生成时会“挤出”原群内的不活跃成员，保留原有的活跃成员，同时吸收新成员加入，完成群资源的更新优化。

2. 群话题创新性分析

个体间的交流经常是最重要的信息资源①，但是由于用户间的聊天记录包含了大量类同的主题，使得记录中有价值的观点和意见难以判别。对类同的主题词进行过滤，留下的词可以代表新产生的观点或话题。为了计算群话题的创新性，以路径QA-QC-QF-QG为例，对群成员的发言内容进行文本分析，抽取QC、QF、QG三个群内产生的新词。例如，对QA和QC的聊天记录进行分词、词性标注、去停用词、统计处理等，获取两个群记录的词表。如果词w在QC中出现，而没有包含在QA的词表中，则将w保存下来，称为QC产生的新词。分析结果如表3–6所示，新群在旧群的基础上增加了大约20%到30%左右的新词。可见，新群的建立具有重要的资源更新和成员意识唤醒的价值。

表3–6　微信群新词统计表

微信群编号	QC	QF	QG
包含词数	3486	1946	3926
新词数量	773	521	1233
更新比率	22.17%	26.77%	31.4%

六、研究发现

根据上述分析，提出微信群演化社会动因模型，如图3–6所示，微信

① Katona G, Mmueller E. A study of purchase decisions[C]. Consumer Behaviour: The Dynamics of Consumer Reaction, L. H. Clark (Ed.), New York: New York University Press, 1955, 30–87.

群的外部社会属性对其内部社会结构具有影响，进一步的，两者共同影响微信群的生命周期和群间关系。具体的，微信群的外部社会属性包括发起人或机构、成立目的、专业领域、开放性以及群规模，群的内部社会结构包括群成员的进入动机、身份认同、成员核心度、内部网络密度以及内部网络集团化程度。

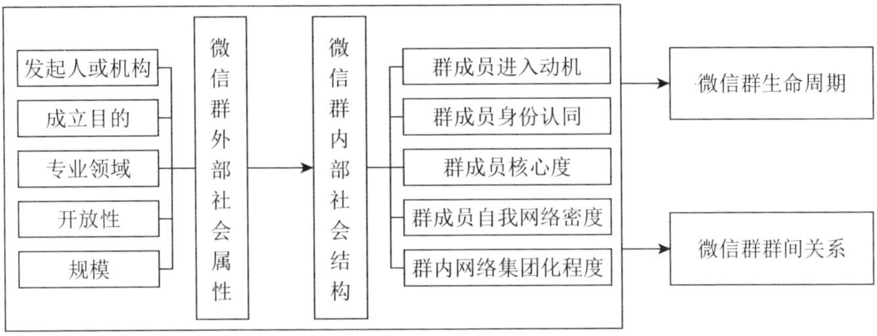

图 3–6　微信群演化社会动因模型

基于以上研究，对于微信群的演化规律具有如下几点发现：

1. 微信群成立的目的对于群的持续活跃时间具有直接影响，基于活动与特定话题讨论的社群更易于引发群内互动，加深成员交流和建立强关联人际网络。

2. 微信群是一个将弱关系转换成强关系、填补成员结构洞的平台，它促进了成员间资源的均匀化。群发起人身份或发起机构对于群成员的社会认同感具有影响。

3. 微信群成员的发言量呈现出明显的“二八定律”与长尾分布形态。根据微信群的发言量变化情况，可以将微信群的演化过程划分为六个阶段，包括发起、扩张、活跃、稳定、沉寂和分裂，六个阶段部分地重叠平行进行。

4. 微信群对成员声誉专深度的支持较强，而对其声誉广泛度的支持较弱。除了“务实的利他主义者”之外，微信群成员中有大量“务实的利己主义者”，他们更期望获取信息和知识而非通过贡献知识获取声誉，因此不同的群成员具有不同的活跃度。

5. 借鉴 TF–IDF 算法，对微信群成员的核心度进行了定义。根据核心度将群成员划分为核心成员、活跃成员、半活跃成员、沉默围观者以及疏离者。核心成员可能在群内形成一个较小的子群，但群内网络的集团化程度较低，核心子群在总体网络中影响力较弱。

6. 微信群间的衍生和演化具有一种特定的收缩机制，在新群生成时会主动过滤掉原群内的非活跃成员，保留活跃成员，吸收新成员，完成资源的优化与重组。新群的开辟具有资源更新和成员意识唤醒价值。

第四节　网络社区治理评价与对策

随着 5G 时代的来临，我国网络在线社区的数量和规模都在快速增长，除了微博、博客、微信朋友圈、大型论坛及电子商务网站之外，视频类社区的发展也十分迅猛。网络社区成员的情绪、利益诉求通过社交媒体平台表达、传播和放大，并向现实社区延伸。为了对在线社区进行有效治理，有必要构建在线社区治理评价指标体系，通过评价促进在线社区治理水平的进一步提高。

一、相关的公共治理评价研究

随着治理理论与实践的兴起，相关的治理评价研究也受到普遍关注。影响较大的有世界银行学院 1996 年开发的“世界治理指标体系”（Worldwide Governance Indicators，WGI），包括发言权与问责、政治稳定与无暴力、政府有效性、规制质量、法制、遏制腐败共六个维度①。联合国开发计划署制定了一套关注六个原则和六个领域的世界治理评价框架（WGA），并于 2000–2001 年对 22 个国家进行了评价。六个原则分别是参与、公平、正派、问责、透明和效率，六个领域分别是公民社会、政治社会、政府、官僚机构、经济社会、司法部②。二者的不同之处在于世界银行更关注对政府的约束，而联合国则更关注多元社会主体的公平参与与过程公正。胡瑟（Huther）和沙尔（Shah）构建的治理测量指数更关注经济与社会的发展，包括公民参与指数、政府取向指数、社会发展指数和经济管理指数③。

---

① Kaufmann, D., Kraay, A., Mastruzzi, M. Governance Matters V: Aggregate and Individual Governance Indicators for 1996–2005, The World Bank, September 2006.

② Hyden, G., Coutr, J., Mease, K. Making Sense of Governance: The Need for Involving Local Stakeholders. [2019–12–2]https://www. odi. org/sites/odi. org. uk/files/odi-assets/publications-opinion-files/4092. pdf

③ Huther, Jeffrey, Shah, Anwar. Applying a Simple Measure of Good Governance to the Debate on Fiscal Decentralization. Social Science Electronic Publishing, 1998/03/31.

根据我国的国情，研究机构和学者制定了一系列评价指标体系。2012年，中央编译局“中国社会管理评价体系”课题组开发了一套中国社会治理评价指标体系，包括6个二级指标：人类发展、社会公平、公共服务、社会保障、公共安全和社会参与，以及35个三级指标①。俞可平根据中国国情构建了中国治理评估框架，包括公民参与、人权与公民权、党内民主、法治、合法性、社会公正、社会稳定、政务公开、行政效益、政府责任、公共服务和廉政12个方面②。包国宪和周云飞围绕善治目标提出了中国公共治理绩效评价指标体系，从法治、参与、透明度、责任、效能、公平、可持续性等七个维度展开评价③。何增科构建了中国善治指数评价体系框架，包括治理体系完善程度、治理过程民主程度、治理结果优良程度三个维度④。天则研究所研制的公共治理评价指标体系，包括公民权利、公共服务和治理方式三个一级指标⑤。胡税根和陈彪从输入、过程、输出、结果四个环节入手，提出了治理评价的13个维度，即：竞争、成本、能力、透明、公平公正、时限、效率、质量、责任、创新、环保、效果、满意度⑥。

上述针对国际、国内或地方层面的公共治理评价体系，涵盖了公共治理、民主治理、善治或政府治理的相关方面，为网络社会治理评价提供了可供借鉴的指标。但是，相比于网络社会治理评价，网络社区治理处于更加微观的层面，因此还需要结合案例研究结果，提出更具针对性的评价指标。

二、在线社区治理的案例分析

案例一　从“铜须门事件”看猫扑社区的治理

在“铜须门事件”中，“锋刃透骨寒”（昵称）是魔兽世界麦服联盟

① “中国社会管理评价体系”课题组.中国社会治理评价指标体系.中国治理评论，2012,（2）：2–18.

② 俞可平.中国治理评估框架［J］.经济社会体制比较.2008,（2）.

③ 包国宪，周云飞.中国公共治理评价的几个问题［J］.中国行政管理，2009（2）

④ 何增科.中国治理评价体系框架初探［J］.北京行政学院学报.2008（5）：1–8.

⑤ 贾西津.省市公共治理指数探讨——基于天则项目的思考［J］.载中央编译局比较政治与经济研究中心：治理评估的理论与实践学术研讨会论文集［C］.2008.

⑥ 胡税根，陈彪.治理评估的主要维度和通用性指标框架研究［J］.载中央编译局比较政治与经济研究中心：治理评估的理论与实践学术研讨会论文集［C］.2008.

“妖妖战士”，2006年4月12日在猫扑论坛发帖称，魔兽世界麦服联盟“守望者”的公会会长“铜须”与其妻子（幽月儿，“守望者”公会会员）有染。帖子引起了网友对“锋刃透骨寒”的同情和对“铜须”的愤慨，一天内达到十几万次的点击量。“锋刃透骨寒”随后又在猫扑论坛发帖公布其妻与“铜须”的聊天记录以及“铜须”的个人信息（QQ号、就读学校等）。愤怒的网友对“铜须”进行人肉搜索。后来“铜须”发布澄清视频，否认此事。而最后“锋刃透骨寒”发帖声明“丑闻”一文及聊天内容多为杜撰，从此消失。

猫扑曾经是我国影响力较大的大型综合网络社区，针对社区成员和管理员，猫扑网发布了服务条款、社区制度以及违规处罚说明、管理员行为规范处分处罚条例等相关管理规定。《猫扑网服务条款》中的用户规则明确规定“用户不得使用猫扑网服务发送或传播敏感信息和违反国家法律制度的信息，包括侮辱或者诽谤他人，侵害他人合法权益的”。在“铜须门事件”中的“锋刃透骨寒”承认自己杜撰了丑闻内容，导致“铜须”的名誉和人格受到损害，违反了猫扑社区的发帖规则，在法律上属于诽谤。在猫扑上发帖要通过审核才能正式出现在公众视野中，但是帖子的真实与否管理员并不知情。《猫扑贴贴社区制度以及违规处罚说明》第二条“违规发帖”部分明确“发违反法律、危害社会和谐稳定、不良事实、造假等帖子，屡教不改者，关黑、扣负、封号不等”。按规则“锋刃透骨寒”应当受到处罚，然而他本人已和ID一起消失了。导致这一事件扩大升级的网友，从最开始的愤慨谩骂到实行人肉搜索，不了解事件真相，仅凭个人情感和喜恶转帖，形成网络舆论暴力。这件事情发生之后，猫扑社区设立了若干规则，对普通用户与管理人员进行约束。

这一事件表明，网络用户除了要遵守互联网共同的法律约束外，还应遵守网络社区的规则。网络社区是舆论的制发点，在实施网络实名制之前，由于网络的虚拟性和隐蔽性，网民不用暴露自己的真实身份即可进行信息传播，致使网络舆论传播速度更快，势头更猛，帖子的点击量、转发量、评论数都是有力的证明。从网络社区治理绩效来看，社区成员数量、活跃度，信息发布的数量与质量以及更新速度，违规行为以及对违规行为的处理都是重要的指标。

案例二　知乎“4·19”事件

知乎是国内一个知识分享讨论的网络社区，聚集了科技、商业、文化等领域最具创造力的人群，旨在通过认真、专业、友善的交流机制和大规模的人际网络实现高质量内容的生产和分享。知乎有明确的社区管理规定和提问规范，对于违反规定的内容和账号也有相应的处理办法。

2014 年 4 月 19 日，在知乎上具有一定影响力的作家张家玮因为很多知名用户的离开和审核程序过于麻烦而对知乎的运营发起批评，随后另一位知名知乎用户“张亮 –Leo”加入了批评，至此事件开始发酵，很多用户就此问题展开争论，逐渐发展成为两方支持者的相互批判和对峙。之后知乎官方进行道歉，决定改善运营，事件才告一段落。在此事件中，争论的焦点是在知乎发布问题需要审核，这是维护网络社区环境的一个必要手段；但从用户的角度来看，过于烦琐的审核程序影响用户参与社区讨论的体验。如何在有效的审核管理和简化程序之间找到平衡，是网络社区管理者们需要思考的问题。

案例三　百度“血友病”贴吧事件

百度贴吧是百度旗下的中文社区，旨在结合搜索引擎建立一个在线的交流平台，让那些对同一个话题感兴趣的人们聚集在一起，方便地展开交流和互相帮助。贴吧依靠搜索引擎关键词，准确把握用户需求，搭建“兴趣主题”互动平台，聚集旨趣相同的人进行交流。百度贴吧有一个“吧主”管理制度。吧主由官方根据一定的标准来审批，主要负责自己感兴趣吧的内容建设和吧内用户的管理。对于成为吧主的途径、申请条件和审批程序等，百度贴吧都有明确规定，并说明合格吧主应该履行的职责和所拥有的权力。

2016 年 1 月 10 日，原吧主蚂蚁菜在知乎爆料：“百度贴吧的血友病吧被卖了，原吧主小吧主突然间被全部拿下。”并留言称新吧主专家团队中，“陕西医大血友病研究院院长刘陕西教授”实为骗子，并截图为证。由此，关于百度血友病吧被“卖”的消息在互联网散播开来，引起广大网友的强烈不满。百度官方在 1 月 12 日发布声明称，“病种类贴吧全面停止商业合作，只对权威公益组织开放”，并在 2015 年针对一些垂直和专业领域，开始尝试引入专业机构。1 月 16 日，针对百度贴吧存在违法违规信息及商业化运作管理混乱、部分搜索结果有失客观公正、百度新闻炒作渲染暴力恐怖等有害信息的突出问题，国家网信办约谈了百度公司负责人。百度负责人表示将认真反省公司管理失责问题，并就“血友病吧”一事再次向网民作出说明，全面整改，对公司相关负责人进行了不同程度的处罚。

通过百度贴吧血友病事件，可以看到网络社区在管理权限设置和管理规定上的不足，同时网络社区的商业属性为社区运转带来困扰。如何更加有效地进行商业社区的管理，是涉及多个利益相关者的问题。

三、网络社区治理评价指标体系构建

关于网络社区的治理对策，艾明江通过对新浪微博的研究提出了“共同民主治理”的方法①。曾凡斌从互联网“实名制”出发提出了网络社区治理的四个切入口：参与、分权、制度和标准②。韩兆柱与许占鲁认为虚拟社区主要存在撒谎、冲动、暴戾、沉迷和唯利等问题，应采用技术、法律和道德等治理手段③。方志红认为网络社区文化中的低俗性是其与生俱来的本性，包括“偷拍”“搞笑”“恶搞”等名目的内容④。朱瑾、王兴元认为网络社区的治理方式有技术治理方式、法规与行政治理方式、关系治理方式、文化治理方式等⑤。这些研究分析了网络社区治理所面临的问题，并提供了一些对策建议，为网络社区治理评价指标体系的构建提供了借鉴。

结合上述研究结果，提炼出网络社区治理评价指标，分析指标间的关系并构建评价指标体系，包括治理规则、治理结构、治理机制和治理效果四个维度，13 个二级指标和 27 个三级指标，详见表 3–7。

---

① 艾明江 . 共同民主治理 . 互联网社区治理分析：以新浪微博社区为例［J］. 电子政务，2014（8）：76–87.

② 曾凡斌 . 互联网的“实名制”与虚拟社区的“治理”［J］. 云南社会科学，2006（6）：80–83.

③ 韩兆柱，许占鲁 . 社区发展新趋势——虚拟社区初探［J］. 社会学研究，2007（2）：15–17.

④ 方志红 . 网络社区文化环境净化及策略探析［J］. 南阳师范学院学报，2009（7）：119–121.

⑤ 朱瑾，王兴元 . 网络社区治理机制与治理方式探讨［J］. 山东社会科学，2012（8）：150–153.

表 3-7　网络社区治理评价指标体系

一级指标	二级指标	三级指标	测量单位
治理规则	管理员	管理员任命规则	条款数
		管理员行为规则	条款数
	社区成员	社区成员行为规则	条款数
	内容	内容标准与规则	条款数
	社会责任	社区社会责任	条款数
	规则修订完善	规则修订完善周期	月
治理结构	管理员构成的多样性	来源种类	个
	监督机制	投诉渠道	个
	成员参与	反馈渠道	个
治理机制	奖励机制	积分	有无
		游戏	有无
		特权	有无
	惩罚机制	删帖	个 / 年
		禁言	人 / 年
		移送司法	人 / 年
治理效果	用户活跃度	新增注册人数（月）	人 / 月
		新增流失人数（月）	人 / 月
		发帖数 / 月	条 / 月
		评论数 / 月	次 / 月
		转发数 / 月	条 / 月
		点击数 / 月	次 / 月
	内容质量	虚假内容	条 / 月
		违法内容	条 / 月
		低俗内容	条 / 月
		违规内容	条 / 月
	事件发生与处理	网络暴力事件数	件 / 年
		谣言事件数	件 / 年
		财物欺诈事件数	件 / 年
		事件平均处理速度	件 / 年

四、网络社区治理对策

在线社区在发展过程中常常会出现秩序失衡或矛盾冲突的现象，不但影响社区的健康运营，也破坏网络社会的良好秩序。为了提高网络社区的治理水平，仅有外部治理是远远不够的，还需要进行有效的内部治理。陈天宜提出了虚拟社区的经营策略，包括：①避免征收初始会员费，设置会员升级制度。②无序广告过滤。③引入 3D 新技术，创新社区服务。④网民细分，抓住目标群体。⑤引入活动积分制度①。目前，一些规模和影响力较大的网络社区已形成了相对完善的管理机制，如网络实名认证和自律机制、双重联动监管机制，以及在线监控、报告及访问控制等制度。根据本章的研究结果，提出如下网络社区治理对策：

1. 健全法律法规，依法治网

关注网民对管制虚假信息、侵权信息、不健康信息的强烈需求，建立健全网络社区治理法规体系，把非正式、非制度化的管控手段变为正式、制度化的管理规范。同时，重视法规建设的体系化，防止不同部门的法规条款相互重复但又出现监管空隙。针对虚拟社区可能出现的突发事件与舆情危机，构建以监测预警、引导控制、应急处置、管理运行和善后机制构成的“五位一体”治理体系。

2. 加强行政监管

完善的法律法规是依法治网的保证，网络不是法外之地。对于各类网络社区，需要加强政府规制。2016 年初，“百度疾病类贴吧被卖”事件引起了很多网民关注，暴露了一些在线健康社区存在违规运营、发布虚假广告等问题。在此事件发生后，国家网信办约谈了企业负责人，取得了较好的效果。这表明对于商业性网络社区而言，尤其是涉及公民生命财产安全的社区，单纯依靠企业伦理规范和内部管理是远远不够的，需要进行严格的行政监管，一旦发现问题及时处理，以免造成严重后果。

3. 多方合作，协同治理

互联网是国际性的虚拟空间。根据法律管理的属地原则，我国政府只能管理涉及中华人民共和国领土所在的范围，这就给具有跨国性质的犯罪活动以可乘之机，同时也带来法律与管理的困境。因此，需要通过国际国内多部门协同治理，充分调动和发挥网民、跨国界的非政府组织以及企业

---

① 陈天宜 . 虚拟社区经营策略［J］. 现代经济，2010（9）：124–125.

等的监督作用，减少监管的漏洞与真空。例如通过“全球反网络色情同盟”等，加强对不法网络社区的治理。

4. 建立分权管理机制，细化问责体系

对社区成员授予不同级别的权力，可以减轻管理者的负担。例如，西祠网络社区设立了站务会，站务会中设技术站长、执行站长、助理站长、观察员；而站务会以下，对自发组织者设版主、副版主等职，版块负责人各有授权。通过权级划分，赋予网友不同的责任与权力，使其担负起社区治理的责任，并进而强化社区成员的归属感与责任心。

互联网治理不能完全照搬现实社会按属地管理的思维，而应该在属地管理的同时，提高社区自身的管理水平。为了提升网络社区治理的能力和效果，需要建立问责机制，实施社区管理绩效评价制度。网络社区种类较多，评价的目标也不完全一样，应当分类制定有针对性的评价指标体系，实施分类评价。

5. 增强内容把关力度，提高网络社区的智能化管理水平

在互联网空间，基于社交媒体的传播是一种典型的“去中心化”的信息流动，传统媒体的“把关人”角色受到极大削弱，社区用户在发布内容时，自由度较大，从而造成内容质量不一。因此，为了营造良好的社区氛围，保证信息发布质量，社区管理者就需要担负起内容把关的角色。近年来一些网络社区已经加强了对广告的治理，例如百度贴吧出台了管理规范，规定“不允许在本贴吧内发布任何形式的广告，……非官方认证的发布任何带有联系方式的医院、美容、药品、祛斑、医生专家和整容等信息。”“管理者有权对认为违反规定的帖子或信息予以删除，对违反规定的用户给予警告或禁言。”

由于网络社区成员的流动性、分散性和隐蔽性，依靠人工进行网络社区监管存在着成本高、效率低、实时性不足等特点，容易造成恶意注册和不良信息的发布与传播。可以采用智能化监测技术，对社区进行智能化管理。比如通过 IP 地址监控、强制注册、违规警告、敏感词监管以及记录保存等，对社区用户进行管理；利用人工智能把关人对发布信息进行适时监测，保证信息的真实性与可靠性。

6. 加强社区成员的道德自律，提高社区成员参与治理的积极性

除了依靠正式的管理团队之外，还应充分发挥社区成员的责任意识、监督作用，提升其个人道德自律水平和信息鉴别能力。一方面，综合运用

包括大众媒介在内的各种方式加强对网民的教育，提高其对网络诈骗、谣言等不良信息的是非判断力和警惕性；另一方面要有针对性地加强网络伦理教育，促使其自觉树立网络自律意识，遵守网络社区的伦理规范。英国政府对互联网采取行业自律策略，采取内容分级认定和分类标注的方法，让用户自主选择内容，并自行承担相应责任。这种做法提高了用户鉴别优质信息的能力，具有借鉴意义。

与此同时，网络社区也应重视企业伦理建设，在管理规则中明确不作恶、不损害公民生命与财产安全等伦理规范。制定可操作的监管与惩处机制，对于违规的工作人员严肃处理，给予相应的处罚。同时，加强监督机制，及时发现问题、处理问题。在激励方面，可以建立游戏化的奖励机制，通过积分奖励、颁发“奖章”或其他标识，吸引高质量的用户来发布或回复信息，提高社区成员参与内容建设和社区治理的积极性。此外，还可以通过用户画像技术实现信息的有效推荐，增加社区的黏性。

第四章 网络社会风险治理

风险的存在是网络社会治理的动力之一。社会风险可能演化为突发事件，在特定条件下可能引发公共危机，危害社会稳定和国家安全。在网络社会，社会风险和公共危机都呈现出新的形态，其演化和传播也呈现出新的规律。为了有效应对社会风险和公共危机，需要充分了解其演化规律，建立相应的风险治理机制，借助于大数据与社会网络分析等技术方法进行科学有效的风险预警与危机管理。

第一节 风险与风险管理

一、风险的概念内涵

在英语、意大利语和法语中与风险概念对应的单词词源均与航海或危险有关[①]，可能是因为商船在运输货物的过程中会遭遇触礁或海难等事故而造成损失。较早研究风险社会的德国学者乌尔里希·贝克也持相似观点，认为风险概念在欧洲各国横跨大洋的航海实践中经常使用，风险概念与冒险、保险等概念密切关联[②]。随着人类社会的发展，风险更多地指向人为因素或社会因素。刘岩与孙长智认为风险的概念内涵具有六大范畴：可能性、与人的关系性、历史性、价值性、社会性和现代性[③]。六个范畴解释了风险的损失是取决于人类社会的价值观，风险的基本特征是不确定性，风险概念在现代社会的普遍使用反映了人类社会对风险的认识能力和管理能力在不断提高。

---

① 宋明哲．现代风险管理［M］．中国纺织出版社，2003：3–4.

② 乌尔里希·贝克．自由与资本主义［M］．路国林译，浙江人民出版社，2001：119.

③ 刘岩，孙长智．风险概念的历史考察与内涵解析［J］．长春理工大学学报（社会科学版），2007，20（3）：28–31.

各个社会科学几乎都有关于风险的研究。尹建军将风险研究划分为七个领域：保险精算、自然环境、工程管理、经济管理、心理学、社会学和文化学[①]。不同学科对于风险概念的定义有所不同。格伯（Gerber）和索尔姆斯（Solms）认为社会科学和自然科学对风险的定义和评估方法存在较大差异：自然科学，尤其是工程领域，使用客观的或计量化的工具进行风险识别；而社会科学倾向于使用公众的主观感知来评估风险，并且这种感知是基于价值观、信仰和个人观点的[②]。社会科学中风险的评价会受到政治、宗教和文化心理的影响。较为有代表性的风险定义有以下几类。

1. 风险是未来结果发生的不确定性。威廉姆斯（Williams）等将风险定义为在给定条件和某一特定时期，未来结果的不确定性[③]。未来结果的不确定性可以由概率和方差计算，这种定义在人寿保险和投资领域有广泛的应用。

2. 风险是损失发生的不确定性[④]。这种观点又分为主观学说和客观学说两类[⑤]。主观学说认为不确定性是个人对客观事物的主观估计，是个人对未来不确定性的认识，不同的人会有不同的判断。客观学说认为风险是以对风险事故的观察为基础，以数学和统计学方法进行测度，其损失的大小可以用金钱等量化的指标来度量。

3. 风险是指损失的大小和发生的可能性，以损失的大小与损失发生的概率两个指标进行衡量。例如朱淑珍使用“主体损失的大小”和“该损失发生可能性的大小”定义金融活动中的风险[⑥]。

尽管风险没有一个统一的定义，但多数定义都认为风险具有不确定性[⑦]。国际标准化组织（ISO）发布的《ISO Guide 73:2009 风险管理》将风险定义为“不确定性对目标的影响”[⑧]。在对定义的注释中，目标被解释为

---

① 尹建军 . 社会风险及其治理研究［D］. 中共中央党校，2008.

② Gerber M, Solms RV. Management of Risk in the Information Age[J]. Computers & Security, 2005, 24 (1): 16–30.

③ Williams C. A., Smith M. L., Young P. C. Risk Management and Insurance[M]. New York, USA: McGraw-Hill Publishing Corporation, 1995: 10–80.

④ Rosenbloom J. A Case Study in Risk Management[M]. Des Moines, Meredith Corp, 1972: 1–100.

⑤ 刘新立 . 风险管理［M］. 北京大学出版社，2014：12–15.

⑥ 朱淑珍 . 金融创新与金融风险［M］. 复旦大学出版社，2002：100–200.

⑦ 马畅 . 风险信息类型、时间和情绪对环境风险认知的影响［D］. 吉林大学，2014.

⑧ ISO GUIDE 73:2009. Risk management: Vocabulary. Nov. 2009, [2020-06-21]. https://www.iso.org/obp/ui/#iso:std:iso:guide:73:ed-1:v1:en, p:1.

不同方面（财务、健康与安全、环境等）和层面（战略、组织、产品等）；而影响是指对预期的偏离，可以是正面的也可以是负面的；不确定性是指对事件及其后果或可能性的信息缺失。

卡普兰和卡里克认为风险分析三个问题：会发生什么问题（当时使用了情景（scenario）这个词，后续研究中使用事件（event）？发生问题的可能性有多大（likelihood）？后果是什么（consequence）？[①] 风险可以用以上三个问题的答案进行定义，即表述为威胁、危险事件和后果的三元组，拉桑德使用领结模型形象地描述风险的概念和分析过程[②]，如图 4–1 所示。

图 4–1　拉桑德模型

危险事件是"可能带来负面影响的事件"，另一个相关的概念是初始事件，初始事件是已经发生的且会干扰系统正常运行的事件[③]。危险事件和初始事件两个概念揭示了风险管理中，对不同事件应区别管理，事件未必一定带来负面影响，但只要有可能带来负面影响的事件都是风险管理中应该引起注意的。而初始事件则是需要及时监测并采取控制措施的。

此外，风险还被区分为个体风险（individual risk）和社会风险（societal risk）[④]，个体风险是对特定个人的风险，社会性风险是公众、集体、社区等可能受的损失或伤害[⑤]。

风险的形式化描述，传统的方法使用频次和随机统计理论、贝叶斯统计理论和形式概率（Formal Probability）进行描述，较新的方法是使用模

① Kaplan S, Garrick BJ. On the Quantitative Definition of Risk[J]. Risk Analysis, 1981, 1 (1): 11.

② 马文·拉桑德（Rausand Marvin）. 风险评估：理论、方法与应用［M］. 清华大学出版社，2013：4–5.

③ Kaplan S, Garrick BJ. On the Quantitative Definition of Risk[J]. Risk Analysis, 1981, 1 (1): 11.

④ Jonkman SN, Jongejan R, Maaskant B. The Use of Individual and Societal Risk Criteria Within the Dutch Flood Safety Policy-nationwide Estimates of Societal Risk and Policy Applications[J]. Risk Analysis, 2011, 31 (2): 282–300.

⑤ HSE. predicting [EB/OL]. http: //www. hse. gov. uk/societalrisk/technical-policy-issues. pdf. 2010–2–1/2016–3–4.

糊理论（Fuzzy Theory）、可能性理论（Possibility Theory）和DS证据理论（Demster Shafer）。[①]

风险信息是一个在各领域广泛使用的概念，但缺少明确的定义。文献调研发现，风险信息的内涵与外延有如下三类观点：

一是从风险相关的角度去使用风险信息这一概念，不定义内涵，只罗列外延。例如，巴拉泰罗（Barateiro）和博尔比尼亚（Borbinha）设计了一个风险信息的管理框架，利益（asset）、事件（event）等风险概念相关的信息都认为是风险信息[②]。张翔认为一切有关风险的文本都是风险信息[③]。

二是从信息的价值角度定义风险信息。例如贾增科和邱菀华将熵理论引入风险和信息的分析中，认为风险是主观风险与客观风险的综合体，信息可以减小主观风险，足够的信息甚至可以消除主观风险[④]。那么基于熵理论，风险信息是一切能够消解风险不确定性的信息。李文琼在研究产品风险预警的过程中，从信息的价值维度将风险定义为“与质检系统职责相关，会对人民群众的生命健康安全、财产安全造成极大伤害，对相关产业的发展造成重大隐患、对进出口贸易形成极大威胁，对社会稳定发展产生极坏影响等，最终可能形成潜在的系统性危害”[⑤]，并约定具有特定功效的消息就是风险信息。

三是用参考信息的本质去定义风险信息。周敏参考香农对信息的定义，认为风险信息是社会生活中可以影响人们决策概率的，具有高度不确定性的物质—能量形式[⑥]。在这一定义中，风险信息的本质是人们对风险概率的描述，而这种描述因个人和组织对风险的认知而不同。

二、风险管理的流程

广义的风险管理通常包含有风险分析、风险评价和风险控制等环节。

---

① Kaplan S. The Words of Risk Analysis[J]. Risk Analysis, 1997, 17 (4): 407–417.

② Barateiro J, Borbinha J. Integrated Management of Risk Information[C]//Federated Conference on Computer Science and Information Systems-Fedcsis 2011, Szczecin, Poland, 18–21 September 2011, Proceedings, Szczecin, Poland: Piscataway, Nj IEEE 2011, 791–798.

③ 张翔 . 文本挖掘技术研究及其在综合风险信息网络中的应用［D］. 西北大学，2011.

④ 贾增科，邱菀华 . 风险、信息与熵［J］. 科学学研究，2009，27（8）：1132–1136.

⑤ 李文琼 . 基于互联网的产品质量安全风险预警研究［D］. 中国矿业大学（北京），2014.

⑥ 周敏 . 阐释·流动·想象：风险社会下的信息流动与传播管理［M］. 北京大学出版社，2014：43–55.

狭义的风险管理仅仅是指风险管理策略的执行步骤，大致等同于风险控制措施。风险管理在研究论著和各种指南中的定义也略有不同。

在美国宇航局（NASA）2008 年的报告中，风险管理是由风险响应决策管理（RIDM，Risk informed Decision Making）和连续风险管理（CRM，Continuous Risk Management）组成[①]。RIDM 用以支持重大问题的决策，力图在决策前调查清楚所有的利害关系、利害主体和不确定性。RIDM 主要由识别可替代性要素、风险分析和可替代性要素决策三个步骤组成。连续风险管理是一个连续的环形管理过程，包含识别、分析、计划、跟踪、控制等要素。

《国际标准化组织指南 73：2009 风险管理词汇》(《ISO Guide 73:2009 risk management vocabulary》）将风险管理定义为“与指导和控制一个组织的风险相关的协调性活动”，主要包含风险管理框架、风险管理政策和管理计划等内容[②]。美国反虚假财务报告委员会下属的发起人委员会（COSO）于 2013 年发布了《内部控制整合框架》，就企业风险管理提出了控制环境、风险评估、控制活动、信息与沟通、监管活动五个方面共 17 个原则[③]。

综合以上指导框架，风险管理从确定风险管理的目标开始。可以从损失的类型出发去订立目标，例如避免财产损失目标、维系信誉和形象的目标，等等；还可以按照风险管理的时间序列，从损失前和损失后两个时间节点确立风险管理的目标[④]。

风险识别也称风险辨识或危险辨识，主要任务是依据风险管理的目标，找出可能危及目标的风险点，分析可能发生的损失和发生损失的条件。危害识别是风险识别的第一步，国际食品法典委员会（CAC）将其定义为确定食品中可能存在的对人体健康造成不良影响的生物性、化学性或物理性因素的过程[⑤]。

风险分析是指对风险进行估计和评价，尽可能细致地描述风险的频率、

---

① Dezfuli Homayoon. NASA Risk Management Handbook[EB/OL]. http: //www. hq. nasa. gov/office/codeq/doctree/NHBK_2011_3422. pdf, 2011–11–1/2016–5–6.

② ISO/Guide: 73: 2009. Risk management-Vocabulary[S]. https://www. iso. org/obp/ui/

③ COSO. Internal Control-Integrated Framework Executive Summary[EB/OL]. https://www. coso. org/Documents/990025P-Executive-Summary-final-may20. pdf, 2013–05/2017–09–02.

④ 范道津，陈伟珂 . 风险管理理论与工具［M］. 天津大学出版社，2010：19.

⑤ 谭彦君，陈子慧，蒋琦 . 食品安全风险评估：危害识别［J］. 华南预防医学，2013，39（2）：91–92，94.

后果。情景分析和后果分析是风险分析的两种工具。情景分析考察风险因素在不同环境因素影响下可能导致的后果，而后果分析是分析特定后果的后续影响。分析风险发生频率的定量方法有盈亏平衡分析法、敏感性分析方法、贝叶斯概率估计等①。在金融学和保险学中，风险从概率建模的角度进行定义和度量，风险表示为子集为非负实数的随机变量或过程②。对风险进行评价的具体方法有层次分析法、模糊综合评价法、蒙特罗卡法、人工神经网络法、因子分析法、SWOT 分析法等③。然后，分析可评估风险是否可以被风险管理目标接受，对是否采取风险控制策略给出初步结论。

风险决策是指依据风险分析的结果，结合风险管理的目标，制定风险应对方法，如风险监控、风险控制策略。风险监测是跟踪风险，监视已被识别的风险因素，识别新的风险因素，监测损失是否发生。风险控制是在风险监测的基础上，实施风险管理规划和应对计划。风险监控持续不断进行，发现问题后立即采取风险控制措施。如果是新的风险，还需要进行新一轮风险识别、风险评价和风险决策的过程。如果没有出现异常，则持续进行风险监控。

风险控制通过风险管理措施实行。风险管理措施包括控制型风险管理措施、融资型风险管理措施以及内部风险抑制④。控制型风险管理措施首先需要找到风险发生的原因，然后减少风险因素，进而实现减轻损失的目标。例如，为避免发生食品中有害细菌导致的生物性危害发生，食品生产企业可以采用高温灭菌、真空包装等措施进行控制。融资型风险管理措施是指通过购买保险产品以在风险发生后减少资产损失。内部风险抑制的典型做法是把公司的经营活动分散，类似于不把所有鸡蛋放在一个篮子里的投资理论。

控制型风险管理是防患于未然的管理措施，即使采取了其他两种风险管理措施，控制型风险管理措施也是必须的管理措施。控制型风险管理的前提就是识别风险。只有准确、完整识别了风险，才能有针对性地制定风险管理的措施。

---

① 海姆斯（Haimes, Y.Y.）著，胡平等译. 风险建模、评估和管理：第 2 版［M］. 西安大学出版社，2007：332–338.

② 吴岚. 风险理论［M］. 北京大学出版社，2012：1–3.

③ 范道津，陈伟珂. 风险管理理论与工具［M］. 天津大学出版社，2010：57–80.

④ 刘新立. 风险管理［M］. 北京大学出版社，2014：175–199.

风险识别是风险管理的前提。如果不能识别组织所面临的风险，也就无法设计风险管理的制度并减少风险带来的损失。《国际标准化组织指南 73：2009 风险管理词汇》(《ISO Guide 73:2009 risk management vocabulary》）将风险识别定义为“发现、确认和描述风险的过程”[①]。风险识别的方法，可以分为基于经验的图表方法、机器学习方法和风险因素计算方法三类。

基于经验的图表方法依靠专家和管理者的经验，借助一些图表工具识别具体工作情境下的风险。有专家调查法、安全表检查法、工作风险分解法、情景分析法、故障树法、事件树分析法等[②]。周萍萍等采用专家调查法构建进口食品中化学性危害物质风险分级指标体系，最终确定三级共 7 个指标构建风险分级指标体系，其中一级指标分别为危害性和可能性，二级指标为毒理学急性毒性、毒理学长期毒性和进口食品中化学性危害物质不合格批次检出率[③]。该方法的不足之处在于，易受专家主观意识和思维局限影响，而且操作中调查征询表的设计对预测结果的影响较大。故障树分析法（FTA）是利用图解的形式将大的故障分解成各种小故障，然后对产生故障的原因进行分解。李贞将食品安全风险分为四个大的风险点，然后详细分析儿童食品安全中存在的具体风险点，进行风险识别，采用鱼骨图形式进行描述[④]。这种方法简单易操作，能够迅速发现大部分风险，适用领域广泛。

在企业的管理实践中，风险清单方法是最基本的方法，流程图法、故障树分析法等是辅助方法。风险清单是一些专业人员设计好的标准表格和问卷，全面罗列企业可能面临的风险。风险清单方法简单、经济，易于执行，缺点是针对性差，不同行业的企业风险可能是不同的。这些方法的核心在于，首先识别所有潜在的风险，然后确认当前风险是否存在。第一步往往依赖于领域内的专家，将专家经验显性化、固化；第二步使用调查表逐一核对，如安全表检查法。

全吉等认为传统的风险识别方法在实践中存在诸多问题，如得到的风

---

① ISO GUIDE 73:2009. Risk management: Vocabulary. Nov. 2009, [2020–06–21]. https://www.iso.org/obp/ui/#iso:std:iso:guide:73:ed–1:v1:en, p:1.

② 范道津，陈伟珂 . 风险管理理论与工具［M］. 天津大学出版社，2010：81–130.

③ 周萍萍，张磊，焦阳，刘爱东 . 应用德尔菲法建立进口食品中化学性危害物质风险分级指标体系［J］. 食品安全质量检测学报，2016，7（5）：2114–2119.

④ 李贞 . 基于风险管理理论的儿童食品安全分析［J］. 中国食品工业，2015，（6）：59–63.

险因素较多，重复，颗粒度不一致，等等，并设计了风险链和风险地图的方法解决以上不足[①]。该方法在工程管理中的可操作性更强，首先明确了风险源、风险因素、风险事件、风险后果、风险损失等五个概念和概念间的关系，然后整理风险分类清单，以此为基础对风险进行逐步识别和分析。

随着信息化进程的发展，各行业积累了大量业务数据，使用机器学习的方法识别风险成为一类新的方法。例如冯利军和李书全将支持向量机技术引入建设项目的风险识别，利用某建设集团 1984 年至 2003 年共 20 年的建设项目风险状况的数据进行机器学习与识别[②]。萨尔（Salah）和莫斯利（Moselhi）在广泛采集工程数据的基础上，首先使用细微风险事故结构（micro risk breakdown structure，MRBS) 方法对数据分解，然后用模糊集合理论（fuzzy set theory）对风险影响因素进行定性和定量分析[③]。卡德纳斯（Cárdenas）等使用贝叶斯网络对建设工程管理的历史数据进行风险识别，该方法可以纠正部分专家的偏见，得到更准确的风险识别结果[④]。机器学习方法需要大量管理实践的数据，然后由机器依据历史数据判断该风险影响因素是否属于风险因素。历史数据是否完备，特征是否凸显是这类方法的关键影响因素。

风险因素计算是风险识别研究的另一类思路。杨青等在解决非常规突发事件风险识别的问题中，借用免疫学理论构建突发事件风险识别的抗体浓度和亲合度的双危险信号模型，将事件风险识别问题转化为多峰函数计算问题，通过计算实验模拟突发事件的危险分布状态，使用自适应免疫遗传算法搜索风险极值点，识别非常规突发事件[⑤]。这一方法建立在完备的风险因素识别的基础上，而且要求风险因素或风险事件是可以量化的，适合对单一种类风险的监测和预警。

风险识别与信息的关系也引发了学界的关注。梅托雷纳（Maytorena）

---

① 全吉，黄剑眉，张水波，等 . 基于风险链和风险地图的风险识别和分析方法——以某海外 EPC 电力工程为例［J］. 南方能源建设，2014，1（1）：92–96.

② 冯利军，李书全 . 基于 SVM 的建设项目风险识别方法研究［J］. 管理工程学报，2005，19（增刊）：11–14.

③ Salah A, Moselhi O. Risk Identification and Assessment for Epcm Projects Using Fuzzy Set Theory[J]. Canadian Journal of Civil Engineering, 2016, 43 (3): 429–443.

④ Cárdenas I C, Aljibouri S S, Halman J I, et al. Capturing and Integrating Knowledge For Managing Risks In Tunnel Works. [J]. Risk Analysis, 2013, 33 (1): 92.

⑤ 杨青，刘星星，杨帆，等 . 基于免疫危险理论的非常规突发事件风险识别双信号方法［J］. 系统工程理论与实践，2015，35（10）：2667–2674.

等对管理者的调查研究表明，风险识别中个人经验的作用被高估，而信息搜寻行为对风险识别的影响更大①。杨隽萍等研究了创业过程中的风险信息识别，使用信息加工理论来分析风险信息识别的影响机制，归纳出风险信息接受主体的特质和风险信息的传播在识别过程中的价值②。黄泽萱分析了公众在环境污染领域的风险信息供给中的作用和影响③。上述研究初步证明了信息在风险识别中具有重要价值，并且信息分析的一般理论可以用于风险信息的加工处理。

第二节　社会风险与公共危机治理

一、社会风险的含义与类型

德国学者乌尔里希·贝克提出，风险社会是继工业社会之后并传承工业社会所有危险的一个新的社会阶段④。20 世纪 80 年代，随着全球化与信息化的发展，人类进入了一个高度复杂且充满不确定性的风险社会，风险成为一种社会常态和占主导地位的话语体系⑤。关于社会风险的研究散布于财政风险、城市风险、社会安全风险等多个主题领域。导致社会风险的直接原因是非自致性损失和无补偿损失，其根本原因是竞争的不公平和社会分配的不公平⑥。此外，社会目标单一、社会结构失衡、社会关系失调、社会冲突增生等也是重要的社会风险源，可能导致群体性暴力事件、集体利益冲突、集体性敌视、普遍的社会不满等四种社会矛盾⑦。

在已经明确识别的“自然风险”“经济风险”与“政治风险”之外，彭

---

① Maytorena E, Winch G M, Freeman J, et al. The Influence of Experience and Information Search Styles on Project Risk Identification Performance[J]. IEEE Transactions on Engineering Management, 2007, 54 (2): 315–326.

② 杨隽萍，陆哲静，李雪灵 . 风险信息识别在创业领域的作用机理研究［J］. 图书情报工作，2013，57（7）：18–22.

③ 黄泽萱 . 风险信息供应中的公众参与——以我国 PM2.5 自测活动为例［J］. 暨南学报（哲学社会科学版），2013，35（5）：15–24，161.

④ 乌尔里希·贝克 . 风险社会［M］. 何博闻译 . 译林出版社，2004.

⑤ 白维军 . 精准扶贫的风险识别与治理［J］. 社会科学辑刊，2018（03）：72–78.

⑥ 冯必扬 . 社会风险：视角、内涵与成因［J］. 天津社会科学，2004，（2）：73–77.

⑦ 童星 . 社会管理创新八议——基于社会风险视角［J］. 公共管理学报，2012，（4）：81–89.

勃与杨志军提出了行政风险的概念，认为地方官员政治锦标赛模式中不断创新性发展或内卷化发展的变迁过程，导致公共权力部门配置社会资源的利益外溢不均衡，出现社会风险倒逼地方治理的现实结果，被称之为行政风险。这四种风险构成了地方治理中的社会风险①。张立超等将城市风险分为生态、资源、经济、社会四个层面，并从生态体系、物质资源、经济运行、社会组织四个层面开展风险识别工作②。曹策俊等在分析大数据时代城市公共安全风险特征、类型的基础上，识别出人为因素风险、机器因素风险、环境因素风险、管理因素风险和治理因素风险五类风险，构建了以“点—链—网—超网”为主线的城市公共安全风险演化模型③。白维军认为精准扶贫的风险包括制度风险、道德风险、行政风险和政治失信风险④。

作为社会治理的重要主体，政府也面临着种种风险。英国国家审计署（NAO）将政府部门面临的风险由内而外依次列举为：资金缺位或分配不当、不符合健康或安全规范、提供灵活服务的能力不足、政策制定或实施时没有与其他部门联系、IT 运维不力导致服务失败、错失创新工作方法或思路的良机、合约或外包失败、关于损害政府声誉或公众信任的风险的本质与规模沟通不力、危及公共安全（诸如恐怖威胁或疾病蔓延）的风险等⑤。为了应对或减少政府部门风险，英国 NAO 提出风险管理项目应支持部门在核心决策和规划管理过程中嵌入风险管理。NAO 认为政府风险管理可以帮助更好地传递公共服务、提高效率、做出可信决策并支持创新，包括识别、评估、处理与报告四个环节。

二、网络社会的社会风险

网络社会是一个高度依赖互联网技术的社会形态，其风险也体现在技术应用、跨越国界的信息互联、数据开放与相应的制度体系上。相关研究

---

① 彭勃，杨志军．参与和协商：地方治理现代化问题［J］．上海行政学院学报．2014（03）．

② 张立超，刘怡君，李娟娟．智慧城市视野下的城市风险识别研究——以智慧北京建设为例［J］．中国科技论坛，2014（11）：46–51.

③ 曹策俊，李从东，王玉，屈挺，张伟．大数据时代城市公共安全风险演化与治理机制［J］．中国安全科学学报，2017，27（07）：151–156.

④ 白维军．精准扶贫的风险识别与治理［J］．社会科学辑刊，2018（03）：72–78.

⑤ National Audit Office. Managing Risks to Improve Public Services[DB/OL]. Report by the comptroller and auditor general. HC 1078–1 Session 2003–2004: 22 October 2004. [2017–09–02]. http: //www. nao. org. uk

表明，网络社会对于社会风险具有放大作用。卡斯珀森（Kasperson）等提出了风险的社会放大（Social Amplification of Risk）理论，认为危害与心理、社会、制度和文化过程相互作用，可能会放大或减弱公众对风险或风险事件的反应，风险的放大发生在两个阶段：风险信息的传递以及社会的反应机制上[①]。王飞跃等提出，以社会化媒体为代表的网络信息裂变式传播行为，不仅会激发和助推虚拟社会风险事件，而且会使虚拟社会的风险事件变得更加难以预测和控制[②]。蒋晓丽与邹霞提出，新媒体与风险扩散之间形成了高度的技术耦合，在风险扩散速度、扩散范围、感知渠道、体验效果、不确定性等方面大幅提升了风险放大的概率，同时驱动了风险放大中的信息传播机制与社会反应机制，导致风险的非理性放大以及相关社会运动的激化，使得风险又衍生出其他更多的社会风险[③]。

用社会风险放大理论可以解释互联网上的政治极化现象。桑斯坦（Sunstein）发现当志同道合的人成群结队地聚集起来时，他们的观点往往比以前更加极端，而建立一个极端主义团体的方法，或者任何类型的邪教，都是将成员与社会的其他成员分开，无论是在身体上还是心理上[④]。欧盟儿童在线（EU Kids Online）调查了 9–16 岁的孩子在互联网上遇到的风险，包括在网站上看到或收到色情信息、与未见过面的人联系、遇到多种用户生产的有害信息、遇到个人数据的滥用，等等[⑤]。埃斯科拉（Eskola）对网络犯罪的技术风险、人类风险的相关研究进行了回顾，并且举例说明技术开发网络以及非技术导向的社会网络可以使网络空间更加安全[⑥]。

在网络社会，可能带来危害的风险包括各种网络犯罪、伦理失范、政治极化、商业操控、数字鸿沟，等等。一些风险在网络传播过程中驱动了

---

① Kasperson, R. E. The Social Amplification of Risk A Conceptual Framework[J]. Risk Analysis, 1988, 8 (2): 177–187.

② 王飞跃，曾大军，毛文吉 . 社会计算的意义、发展与研究状况［J］. 科研信息化技术与应用，2010（2）.

③ 蒋晓丽，邹霞 . 新媒体：社会风险放大的新型场域——基于技术与文化的视角［J］. 上海行政学院学报，2015，（3）：88–95.

④ Sunstein C R. Going to extremes: How like minds unite and divide[M]. Oxford University Press, 2009.

⑤ Livingstone S, Haddon L, Görzig A, et al. Risks and safety on the internet: the perspective of European children. Full findings[J]. Eu Kids Online, 2010, 51 (2): 581–604.

⑥ Eskola, Marko. From Risk Society to Network Society: Preventing Cybercrimes in the 21st Century[J]. Journal of Applied Security Research, 2012 7 (1): 122–150.

社会反应机制，从而得到放大或极化。有些风险可能危及整个社会的安全，有些则可能危害到个人的信息安全或正当权益，因而是网络社会治理必须关注的问题。

三、从社会风险到公共危机的转化

社会风险不但可能造成种种社会损失，而且可能引发公共危机。在社会风险向公共危机转化的过程中，突发事件被认为是关键的环节。童星认为，中国处于“风险共生”下的高风险社会，并创建了“风险—灾害—危机演化连续”模型和“风险管理—灾害（应急）管理—危机管理全过程应对”模型，提出了“三位一体”的战略治理措施[①]。刘晋提出，突发事件是引发社会风险向公共危机演变的关键，与之相对应的，应建立起动态、系统的社会风险管理、突发事件应对及公共危机治理“三位一体”的应急管理体系。沈一兵提出，从社会风险到公共危机的转化路径为，社会风险—风险积聚—突发事件—公共突发事件—事件规模、范围和程度的不断扩大—公共危机。就突发事件而言，是否会形成公共突发事件和公共危机，与其自身的规模和破坏程度有关，同时也与风险积聚的程度正相关[②]。

上述研究揭示了社会风险的后果以及公共危机产生的机制，将社会风险管理、突发事件应对以及公共危机治理联系成一个整体，不但打通了三大研究领域的界限，为整体性治理提供了理论支持，而且为政府应急管理部门的建立和相关政策的制定提供了参考。

四、社会风险治理

对于社会风险的识别、预警和及时化解是社会风险治理的主要目标。其中，风险识别是风险防控的起点。在我国，城市与乡村社会风险的类型与表现有所不同。廖业扬概括了当代中国乡村社会转型风险的基本类型及其表现，建构了“乡村威权型治理”“公司化威权型基层政府”“民生服务型基层政府”的概念框架，认为变革威权型治理，走乡村民主治理之道是

① 童星．社会管理创新八议——基于社会风险视角［J］．公共管理学报，2012，（4）：81–89.

② 沈一兵．从社会风险到公共危机的转化机理［J］．中国管理信息化，2015，（4）：218–219.

降解和化解乡村社会转型风险的根本途径[①]。游祥斌与李祥探讨了如何以社会协商为基础重构我国社会治安综合治理体制[②]。李琼以上海市Z“城中村”动迁事件为调研对象，从依法决策、民众态度、补偿安置、舆情反馈、社会影响五个维度出发，分析得出Z“城中村”动迁事件的整体风险系数，并提出特大城市社会稳定风险的识别与防范策略[③]。唐钧认为转型期社会风险治理在战略层面应遵循源头预防和主动防治的原则；在战术层面应实施规范精细、协同整合、动态治理的原则，而且这两大层面还不足以应对社会风险，因此在社会层面还需践行综合评估、共同治理、稳固秩序的原则[④]。

社会风险管理强调对风险管理工具和技术的应用，注重对风险管理过程的系统性控制。波霍克斯（Bohorquez）和恩里克（Enrique）将社会风险管理定义为集合政策、角色、策略和行动的体制和社会过程，旨在消除和减少导致破坏性事件的脆弱性条件和因素[⑤]。林义认为应综合运用各种风险控制手段，合理分配政府、市场、民间机构及个人的风险管理责任，运用系统、动态调节的制度框架和政策思路有效处置社会风险[⑥]。黄英君认为，社会风险管理提倡对各种风险管理工具的运用，强调多主体的共同参与和责任共担，尤其是政府的政策干预，注重在风险因素识别的基础上对社会风险进行预防而非事后处理[⑦]。

与社会风险的管理有所不同，社会风险治理更加关注治理的整体性、开放性和预防性，强调社会风险的治理不能仅仅依靠政府，应当充分发挥多元主体的协同参与。张成福、谢一帆认为风险治理是一项复杂的、系统的社会公共工程，所需要的不仅仅是财力、物力和强制性机制，更需要最大限度地吸纳各种社会力量参与，应采取政治、市场、社会、文化、组织

---

① 廖业扬.当代中国乡村治道变革论［D］.南京大学，2013.

② 游祥斌，李祥.反思与重构：基于协商视角的社会治安综合治理体制改革研究［J］.中国行政管理，2014，（12）：58–62.

③ 李琼.特大城市社会稳定风险识别与治理——基于上海市Z“城中村”动迁事件的调查分析［J］.同济大学学报（社会科学版），2018，29（06）：89–96.

④ 唐钧.转型期社会风险的治理原则［J］.中国机构改革与管理，2014（10）：32–34.

⑤ Thomas Bohorquez, Javier Enrique, “Development and Social Risk Management: an Historical Contradiction?”, Revista de Geografia Norte Grande, 2001, (48), pp. 133-157.

⑥ 林义.强化我国社会风险管理的政策思路［J］.经济社会体制比较，2002（6）.

⑦ 黄英君.社会风险管理：框架、风险评估与工具运用［J］.管理世界，2013，（9）：176–177.

化、机制、法律、信息、科技、国际合作等十大策略[①]。唐钧提出风险评估是风险管理的前提和基础，政府风险治理需要社会协同与全员参与[②]。张学浪分析了跨区域农业转移人口市民化过程中的社会风险，提出多元主体治理、系统治理、同步治理三种模式[③]。

一些学者对当前我国社会风险治理面临的难题进行了分析。何珊君认为当前我国社会风险治理的难题有：信仰与伦理价值观培植，体制与制度的设置与执行，文化与思维惯性的良性转变，人才选拔标准与用人制度的建立，治理模式创新与治理技术的提高[④]。贾涛认为当前政府方面风险治理意识薄弱，风险治理机制不健全；社会力量方面非政府组织作用模糊，企业未分担风险责任；公民自身风险判定能力和应对能力较差[⑤]。

面对我国种种社会风险的挑战以及风险治理过程面临的困难，一些研究提出了对策建议。贾海薇认为，我国在现代化进程中面临严峻的社会风险挑战，基层城乡社会成为了“风险聚变反应堆”，在地方治理中形成了以应急为先的“彗星式”应对体系，将亡羊补牢作为了首选策略，为此，他以群体性事件为例建构了一个社会风险发生概率的精炼测算模型与理论分析框架，提出应该选择“（强政策 × 强执行）∩（强政府 × 强社会）∪强社会资本”为“优策略”，即通过政社协同治理网络来组合“强政府”与“强社会”的分别优势，建立一个“事前—事中—事后”全流程防控体系，以防为主、为先、为重，通过消除社会风险因素的积累来减少公共危机的发生，进而防控并举以促进国家与社会的平稳、健康、持久的发展[⑥]。李建国与周文翠提出，在社会风险治理理念上，政府应当从“反应性”管理转变为“预防性”治理，从分割的部分管理转变为系统的整体治理，从

① 张成福，谢一帆．风险社会及其有效治理的战略［J］．中国人民大学学报，2009，23（05）：25–32.

② 唐钧．论政府风险管理：基于国内外政府风险管理实践的评述［J］．中国行政管理，2015（4）：6–11.

③ 张学浪．跨区域农业转移人口市民化社会风险的识别机制与治理模式［J］．经济体制改革，2017（02）：77–82.

④ 何珊君．中国社会风险治理的难题及其对策研究［J］．社会建设，2019，6（03）：48–57.

⑤ 贾涛．新时期我国政府风险治理对策研究［D］．西安建筑科技大学，2014.

⑥ 贾海薇．建构地方治理中防控社会风险的“优策略”体系：基于一个精炼测算模型的分析［J］．中国行政管理，2016，（11）：120–125.

控制性管理转变为开放性治理[①]。白维军建议从政策顶层设计、制度细节优化、加强监管评估、树立政治意识等方面对社会风险进行有效防范和治理[②]。

网络社会既包括线上社会，也包括线下社会。除了上述存在于现实社会的风险之外，网络社会的风险还包括网络舆情传播与极化、网络群体性事件等主要发生在互联网空间的风险类型，将在第十章与第十一章进行专门分析。

五、大数据驱动的社会风险治理

如前所述，风险信息是分析、评估和控制风险的基础。在大数据时代，风险治理的数据来源更加广泛，风险数据的收集、处理更加高效。传统工业社会的风险治理是典型的“由果寻因”的逆向思维模式[③]，这种治理方式具有滞后性，而在大量真实数据的支持下，更容易实现目标明确、方案清晰的预警式精准治理，以及基于广泛参与的互动式协同治理和基于全面考量的整体性治理。曹策俊等提出了数据驱动的风险治理框架，构建了包括客体接入层、演化机理层、治理业务层和治理政策层四层大数据平台的智慧型风险治理模式[④]。张立超等结合北京智慧城市建设的实践经验，构建了智慧城市视野下的城市风险识别系统[⑤]。连芷萱等提出一套基于大数据信息环境的风险防控策略，包括数据感知层、互联空间层和智能应对层的智慧城市社会安全风险防控与治理机制[⑥]。

除了理论研究之外，基于大数据的社会风险治理在智慧城市建设实践中也取得了可喜的进展。巴西里约热内卢以常规天气预报为原始数据，分析城市降雨量的分布范围，进而计算出可预期的洪水分布以及对城市的影响，改善了以往因雨季来临便出现山体滑坡、泥石流并造成洪水淹城的状

---

① 李建国，周文翠．社会风险治理创新机制研究［J］．中国特色社会主义研究，2017，（1）：76–80.

② 白维军．精准扶贫的风险识别与治理［J］．社会科学辑刊，2018（03）：72–78.

③ 刘秦民．大数据时代的社会风险治理研究［J］．学术研究，2017（08）：23–28.

④ 曹策俊，李从东，王玉，李文博，张帆顺．大数据时代城市公共安全风险治理模式研究［J］．城市发展研究，2017，24（11）：76–82.

⑤ 张立超，刘怡君，李娟娟．智慧城市视野下的城市风险识别研究：以智慧北京建设为例［J］．中国科技论坛，2014（11）：46–51.

⑥ 连芷萱，杨谨铖，王娟，张双狮，张鹏．智慧城市社会安全风险防控与治理研究［J］．中国公共安全（学术版），2019（02）：43–47.

况。在交通治理方面，美国纽约市建立了由闭路电视、交通信号灯、环形探测器、大型电子屏组成的智能交通系统（ITS），一旦曼哈顿岛某一路段发生交通事故或出现拥堵，系统会及时发出指令，对附近区域的信号灯进行重新编程，闭路电视也会立即对准现场，为工作人员处理事故和拥堵提供实时图像反馈。在灾害预警方面，韩国的东滩、板桥、恩平等城市目前已基本实现利用红外线摄像机和无线传感器网络对火灾进行实时监控，一旦办公楼、住宅出现险情，可通过广播、短信、电子广告牌等发布预警[①]。目前，我国的城市公共交通利用大数据分析，可以实现智能化的红绿灯调控；车载摄像系统在公交车线路优化和指挥调度方面也发挥了重要作用。

第三节　突发事件与应急管理

突发事件是从社会风险向公共危机转化的中介载体。随着我国经济、社会的快速发展，城市化进程不断加快，自然、社会、技术、经济等风险交织交错，各类突发事件时有发生。2018 年 3 月，国务院成立应急管理部，旨在预防和减少突发事件的发生，规范突发事件应对活动，健全公共安全体系。新时代国家治理体系建设对应急管理的能力、体制和技术提出了新要求，应急管理向智能化、精准化、敏捷化转变。

一、突发事件的概念

突发事件又称紧急情况，是对健康、生命、财产或环境造成即时风险的一种情况。公共突发事件则指一种特别的、迫在眉睫的危险局势或危机，可能对整个社会的正常生活构成威胁。我国 2006 年颁布的《国家突发公共事件总体应急预案》规定，突发事件是指“突然发生、造成或者可能造成重大人员伤亡、严重社会危害、财产损失、生态环境破坏、危及公共安全的紧急事件”。美国将公共突发事件定义为：由美国总统宣布的、在任何情景以及任何场合下，在美国的任何地方发生的，需要联邦政府介入以协助州和地方政府挽救生命，提供补充性援助，确保公共安全、卫生、财产或者减轻、转移灾难所带来威胁的重大事件[②]。李泽州认为突发事件就是在

---

① 张立超，刘怡君，李娟娟 . 智慧城市视野下的城市风险识别研究：以智慧北京建设为例［J］. 中国科技论坛，2014（11）：46–51.

② 吴江主编 . 公共危机管理能力［C］. 北京：国家行政学院出版社，2005，9–20.

某种状况下，由于缺乏有效预防或者准确预测而发生的、危害公共安全及公共利益的意外事件[①]；计雷等将突发事件定义为在一定范围内发生的、规模较大并且对社会产生广泛负面影响、对生命安全和财产构成严重威胁的灾难事件[②]；孟笋认为突发事件应具备五要素：突然爆发、必然原因、难以预料、严重后果、必须紧急处理[③]。

这些定义揭示了突发事件的几大共同特征：①突发性，②危害性，③严重性，④影响广泛，⑤要求紧急处理。根据突发事件的性质、严重程度、影响范围和可控性等因素，可以将突发事件划分为四级：Ⅰ级（特别重大）、Ⅱ级（重大）、Ⅲ级（较大）和Ⅳ级（一般）[④]。大多数突发事件需要紧急干预，以防止情况恶化。但是也有一些突发事件一旦发生，便不可能缓解，比如美国的“9·11”事件，只能进行事后应对性处置。

二、突发事件的生命周期

突发事件是一个动态的发展过程，经历由潜伏、发生、发展、演化、减缓，到死亡的生命周期[⑤]。为了更好地了解突发事件的演化机制，一些学者对突发事件的生命周期进行了划分，有三阶段、四阶段、五阶段、七阶段等，具体如下：

1. 三阶段划分法

1995 年，伯克霍尔德（Burkholder）等将人道主义突发事件的演化周期划分为三个阶段：急性的突发事件阶段、晚期突发事件阶段与后突发事件阶段[⑥]。赵云锋根据突发事件的扩散路径，将突发事件划分为潜伏期、爆发期、衰退期三个阶段[⑦]。

---

① 李泽洲 . 建构危机时期的政府治理机制——谈政府如何应对突发性公共事件及其危机［J］. 中国行政管理，2003（06）：6–10.

② 计雷，池宏，陈安等 . 突发事件应急管理［M］. 北京：高等教育出版社，2006：31.

③ 孟笋 . 突发公共事件的政府应急管理研究［D］. 南京航空航天大学，2008.

④ 国家突发公共事件总体应急预案［EB/OL］.［2018–06–10］. http://www.chinasafety.gov.cn/gk/yjjy/201804/t20180419_200424.shtml.

⑤ 李藐，陈建国，陈涛，袁宏永 . 突发事件的事件链概率模型［J］. 清华大学学报（自然科学版），2010，50（08）：1173–1177.

⑥ Eiland J E, Pritchard D A, Stevens D A. Emergency preparedness—Is your OR ready?[J]. AORN Journal, 2004, 79 (6): 1275–1283.

⑦ 赵云锋 . 非常规突发事件的应急管理研究［D］. 复旦大学，2009.

2. 四阶段划分法

芬克（Fink）将突发事件的发展阶段划分为：激发阶段、急性阶段、延缓阶段和解决阶段[①]。曹荣强将突发事件生命周期划分为潜伏期、诱发期、发展期和消亡期四个阶段[②]；马建华与陈安认为突发事件的演化过程可以划分为发生、发展、演变和终结四个阶段，有些突发事件可能没有演变过程，只有发生、发展、终结过程[③]；郭倩倩将突发事件的演化周期分为四个阶段：危机潜伏期、事件爆发期、危机蔓延期以及事件恢复期[④]。

3. 五阶段划分法

祝江斌等将突发事件的生命周期划分为五个阶段：潜伏生成期、显现与爆发期、持续演进期、消解减缓期以及解除消失期[⑤]。

4. 七阶段划分法

巴里·A. 特纳（Barry A.Turner）以人类对突发事件反映措施的差异为标准，将突发事件的演化过程划分为：理论上事件的开始点、孵化期、急促期、爆发期、救援和援助期、社会调整期七个阶段[⑥]。孟笋也将突发事件演化的过程划分为七个阶段，分别是征兆期、发作期、爆发期、延续期、病愈期、消亡期和影响期[⑦]。易卜拉欣–拉齐（Ibrahim-Razi）通过对马来西亚 1968–2002 年间的七个突发事件进行调查，将突发事件发生之前的孕育期划分为七个阶段，分别是错误产生阶段、错误聚集阶段、警告阶段、纠正或改正阶段、不安全状态阶段、诱发事件产生阶段、保护防卫阶段，最后导致事件的爆发，希望通过揭示组织系统内部各因素在突发事件孕育期的相互作用机理避免突发事件的发生[⑧]。

---

① Fink S. Crisis management: Planning for the inevitable[M]. American Management Association, 1986.

② 曹荣强 . 群体性突发事件演化机理研究［D］. 上海交通大学，2011.

③ 马建华，陈安 . 突发事件的演化模式分析［J］. 安全，2009（12）：1–5.

④ 郭倩倩 . 突发事件的演化周期及舆论变化［J］. 新闻与写作，2012（07）：9–12.

⑤ 祝江斌，王超，冯斌 . 城市重大突发事件的扩散机理刍议［J］. 华中农业大学学报（社会科学版），2006（05）：65–68.

⑥ Turner, Barry A. The Development of Disasters: A sequence model for the analysis of the origins of disasters. University of Exeter, 1976.

⑦ 孟笋 . 突发公共事件的政府应急管理研究［D］. 南京航空航天大学，2008.

⑧ Denis H. Scientists and disaster management[J]. Disaster Prevention and Management: An International Journal, 1995, 4 (2): 14–19.

三、应急管理的阶段

突发事件和应急管理是两个相互联系的概念。应急管理是发现、确认、分析、评估、处理突发事件的过程。由于突发事件具有突然爆发、难以预料的特性，会给社会带来重大损失，因此需要快速应对。唐承沛认为应急管理是指在应对各种突发事件的过程中，为了达到优化决策的目的，最大限度地降低突发事件的危害，基于对突发事件原因、过程以及后果进行的分析，快速集成社会各方面资源，对突发事件进行有效预警、控制和处理的过程[①]。

与突发事件演化的生命周期模型相对应，希斯[②]提出了危机管理4R模式：①预备（Readiness）：在突发事件发生前做好应对和处理事件的准备。②减轻（Reduction）：危机减轻是危机管理的核心内容，要内置于结构、环境、系统和人员的整体之中，以降低威胁、风险和危机冲击所致的成本。③反应（Response）：即强调在危机来临的时候，应该做出的反应如决策的制定、与利益相关者进行沟通、媒体管理等，都属于危机反应管理的范畴。④恢复（Recovery）：指在危机发生并得到控制后着手后续形象的恢复以及提升；在危机管理结束后总结教训，为以后的危机管理提供经验和支持，避免重蹈历史覆辙。

针对企业的危机管理，米特洛夫（Mitroff）与皮尔逊（Pearson）提出了五阶段应急管理模型[③]，包括：①信号侦测期（Signal Detection）：即通过已有的理论知识、经验知识对突发事件征兆进行系统识别，确定企业是否存在突发事件爆发的各种信号。②准备和预防期（Preparation and Prevention）：为可能发生的突发事件做好准备，采取各种措施，预防突发事件的发生。③损害控制期（Damage Containment）：当突发事件爆发后，通过各种努力，避免或减少给组织或者组织外部利益主体带来的灾难和损失。④恢复期（Recovery）：企业通过应急恢复管理，使组织快速地从突发事件中复原，恢复正常的生产经营活动。⑤学习期（Learning）：组织从突发事件中总结经验教训，以不断改善和提高组织的应急管理能力，避免突

---

① 唐承沛．中小城市突发公共事件应急管理体系与方法［D］．同济大学，2007.

② Heath, R. L. Crisis Management for Managers and Executives[J]. Financial Times Management, 1998, 12.

③ Mitroff I I, Pearson C M, Harrington L K. The essential guide to managing corporate crises: A step-by-step handbook for surviving major catastrophes[M]. Oxford University Press, 1996.

发事件再次发生。

四、政府应急管理

由于突发事件后果严重、影响广泛，需要采取非常态的措施和程序，紧急调动大量资源，因此在应急管理中需要由政府发挥主导作用。中国行政管理学会课题组将政府应急管理定义为：政府为了有效应对突发事件，进行的一系列有计划、有组织的管理活动，其主要任务是如何有效预防和处置各种类型的突发事件，最大限度地减少突发事件所带来的负面影响[①]。刘霞与严晓认为，应急管理是指国家和政府在突发事件的减缓、准备、响应及恢复四个时序阶段中，统合多种资源，实施全主体、全过程的动态管理活动[②]。为全面加强我国应急管理工作，《国务院关于全面加强应急管理工作的意见》[③]将我国应急管理体系建设的核心归结为“一案三制”，“一案”指国家突发公共事件应急预案，“三制”分别为应急管理体制、运行机制和法制[④]。

（一）应急预案

应急预案是应急管理体系建设的起点，将应急管理中涉及的体制建设、机制运行以及法制保障融为一体，是指导、预防、处置突发事件的规范性文件。目前，《国家突发公共事件总体应急预案》（以下简称《总体预案》）[⑤]是全国应急管理体系的总纲，规定了国务院及各级政府应对突发事件的工作机制、组织体系等内容，包括总则、组织体系、运行机制、应急保障、监督管理、附则六大部分，明确了各类突发事件的主管部门、参与单位、协作部门及其各自职责，贯穿突发事件的预测、预警、报警、接警、处置、结束、善后和灾后重建等全部环节，体现了应急联动的要求。《消

---

① 中国行政管理学会课题组．建设完整规范的政府应急管理框架［J］．中国行政管理，2004（04）：8–11.

② 刘霞，严晓．我国应急管理“一案三制”建设：挑战与重构［J］．政治学研究，2011（01）：94–100.

③ 国务院关于全面加强应急管理工作的意见［EB/OL］．http://www.gov.cn/gongbao/content/2006/content_352222.htm,2006–6–15/2018–9–18.

④ 高小平．“一案三制”对政府应急管理决策和组织理论的重大创新［J］．湖南社会科学，2010（05）：64–68.

⑤ 国家突发公共事件总体应急预案［EB/OL］．［2018–06–10］．http://www.chinasafety.gov.cn/gk/yjjy/201804/t20180419_200424.shtml.

防应急预案》[①]主要包括组织机构、接警程序、应急疏散、采取措施四个部分，规定了灭火行动组、疏散引导组、通信联络组、安全防护救护组的职责。在《总体预案》和《消防应急预案》的指导下，全国各级政府部门制定了各级、各类火灾应急预案。

（二）应急管理体制

应急管理体制也称为行政应急管理体制，通常是指应急管理机构、领导责任制度、社会动员体系、专家咨询队伍以及专业救援队伍等组成部分[②]。我国应急管理体制目前已形成了以国务院为应急管理最高行政领导机构、各地方政府和相关部门各负其责、社会组织以及人民群众广泛参与的应急管理体制[③]。2018年3月，国务院设立应急管理部作为突发事件应急管理工作的最高行政领导机构，在国务院总理的领导下负责突发事件的应急指挥，县级以上各地方政府均设立由本级地方政府负责人和相关部门负责人等组成的应急管理指挥机构，同时有规划地组织各类地方组织和人民群众参与到应急管理工作中去。尽管应急管理体制由政府主导，但是也需要社会的参与。《中华人民共和国突发事件应对法》指出："国家建立有效的社会动员机制，增强全民的公共安全和防范风险的意识，提高全社会的避险救助能力。"[④]

（三）应急管理机制

应急管理机制指贯穿突发事件的预防、预警、监测、应急准备、应急处置、救援、善后重建等全过程中各种程序化、制度化的应急管理措施与方法，体现为一组以法律、法规、部门规章等为基础的政府应急管理工作流程[⑤]。2006年7月，《关于全面加强应急管理工作的意见》指出，"加快突发公共事件预测预警、信息报告、应急响应、恢复重建及调查评估等机制

---

① 消防应急预案［EB/OL］.［2018–06–10］. https://baike.baidu.com/item/ 消防应急预案/5501425?fr=aladdin.

② 高小平."一案三制"：我国应急管理体系建设的核心框架［A］. 中国灾害防御协会、第三届（2009）中国突发事件防范与快速处置大会组委会. 中国突发事件防范与快速处置优秀成果选编［C］. 中国灾害防御协会、第三届（2009）中国突发事件防范与快速处置大会组委会：中国灾害防御协会，2009：2.

③ 同上。

④《中华人民共和国突发事件应对法》［EB/OL］. http://www.ah-l-tax.gov.cn/portal/dsfc/bqzt/dej/wlaq/1494864000946784.htm,2018–06–10.

⑤ 钟开斌."一案三制"：中国应急管理体系建设的基本框架［J］. 南京社会科学，2009（11）：77–83.

建设。研究建立保险、社会捐赠等支持应急管理工作的机制，充分发挥其在突发公共事件预防与处置等方面的作用”①。经过多年的努力，我国初步建立了预防与应急准备机制、监测与预警机制、信息报告与通报机制、应急指挥协调机制、信息发布与舆论引导机制、社会动员机制、善后恢复与重建机制、调查评估与学习机制、应急保障机制等一系列应急管理机制②。

第四节　生产安全事故中的信息传递机制研究

“安全生产是关系人民群众生命财产安全的大事，是经济社会协调健康发展的标志，是党和政府对人民利益高度负责的要求”③。生产安全事故具有突发性强、危害大、影响面广等特点，而伴随事故发生过程中的各类事故信息具有时间属性强、信息量大、信息无序性强、信息准确度低的特性。有效的信息传递机制有助于风险信息的识别与及时传递，从而为安全事故的预警、处理与善后提供支持。对政府、企业在安全管理过程中信息传递所面临的风险、障碍及其成因进行分析，对于设计有效的生产安全监管信息传递机制具有重要意义。

一、研究背景

我国社会和经济水平正处于快速发展的转型期，安全生产形势呈现出稳步发展、走势良好但依然严峻的局面。安全生产问题历来受到党和国家的高度重视，“我国安全生产工作的基本方针为‘安全第一，预防为主，综合治理’”。相关政府部门运用法律、经济、行政等方法，人防、法防、技防等多管齐下，建立起预教、预测、预报、预警等预防体系，以隐患排查治理为手段，以建设本质安全为目标，实现事故的预先防范体系。但与西方发达国家相比较，我国的工业水平依然比较落后，安全生产能力相对孱弱，生产安全事故依然是我国社会经济发展的巨大阻碍。

---

① 《国务院关于全面加强应急管理工作的意见》[EB/OL]. https://max.book118.com/html/2015/0530/18050354.shtm,2018–06–10.

② 高小平.“一案三制”对政府应急管理决策和组织理论的重大创新[J]. 湖南社会科学，2010(05)：64–68.

③ 《中共中央国务院关于推进安全生产领域改革发展的意见》(2016年12月9日). http://www.gov.cn/zhengce/2016–12/18/content_5149663.htm?from=timeline&isappinstalled=0

如表 4–1 所示，进入 21 世纪以来，我国发生的各类生产安全事故中死亡人数都在 10 万人 / 年以上，虽然近年来生产安全事故有所下降，重特大生产安全事故数量稳中有降，但 2017 年全国各类生产安全事故依旧达到 5.3 万起、死亡 3.8 万人，2015 年 8 月 12 日，天津市滨海新区天津港的瑞海公司危险品仓库发生火灾爆炸事故，造成 165 人遇难（其中参与救援处置的公安现役消防人员 24 人、天津港消防人员 75 人、公安民警 11 人，事故企业、周边企业员工和居民 55 人）、8 人失踪（其中天津消防人员 5 人，周边企业员工、天津港消防人员家属 3 人），798 人受伤（伤情重及较重的伤员 58 人、轻伤员 740 人），304 幢建筑物、12428 辆商品汽车、7533 个集装箱受损。与此同时，美、德、日等发达工业国家的生产安全事故总体平稳，事故死亡人员数量寥寥。以事故多发的煤矿行业为例，中美差距十分显著。2014 年，我国原煤产量为 38.7 亿吨，死亡和失踪 931 人，百万吨死亡率 0.257，虽然再一次创造了历史新低，但还是美国的 10 倍左右。

表 4–1　2004–2017 年全国生产安全事故起数及死亡人数统计表

年份	生产安全事故起数（万起）	生产安全事故死亡人数（万人）
2004	85.46	13.68
2005	72.79	12.68
2006	62.72	11.28
2007	50.63	10.15
2008	41.38	9.12
2009	37.92	8.32
2010	36.34	7.96
2011	34.77	7.56
2012	33	7.19
2013	30.9	6.9
2014	29	6.6
2015	26.71	6.42
2016	6	4.1
2017	5.3	3.8

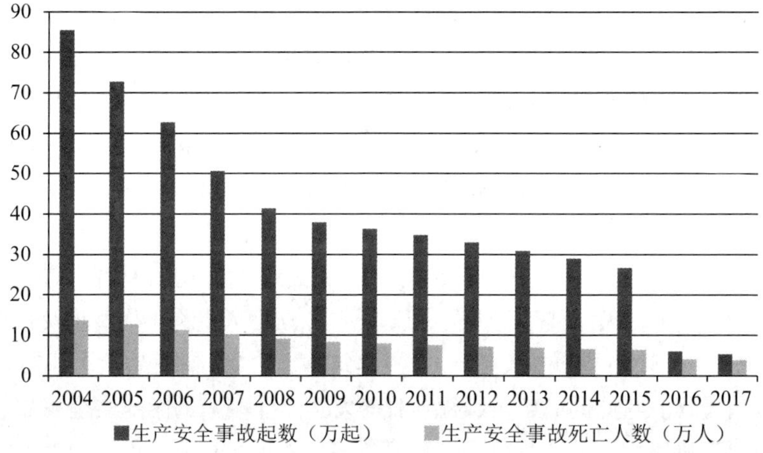

图 4–2　2004–2017 年全国生产安全事故起数及死亡人数统计图

（资料来源：根据国家安监总局网站统计数据整理得到，2016 年起，“事故起数”指标统计口径有所调整）

如图 4–2 所示，随着安全监管力度的加大，我国安全生产状况大幅提高。但是，也要看到，“当前我国正处在工业化、城镇化持续推进过程中，生产经营规模不断扩大，传统和新型生产经营方式并存，各类事故隐患和安全风险交织叠加，安全生产基础薄弱、监管体制机制和法律制度不完善、企业主体责任落实不力等问题依然突出，生产安全事故易发多发，尤其是重特大安全事故频发势头尚未得到有效遏制，一些事故发生呈现由高危行业领域向其他行业领域蔓延趋势，直接危及生产安全和公共安全”。《中共中央国务院关于推进安全生产领域改革发展的意见》提出要健全落实安全生产责任制、改革安全监管监察体系、大力推进依法治理、建立安全预防控制体系、加强安全基础保障能力建设。其中包括：“推进安全科技创新，提升信息化管理水平；提升现代信息技术与安全生产融合度，统一标准规范，加快安全生产信息化建设，构建安全生产与职业健康信息化全国‘一张网’；负有安全生产监督管理职责的部门要建立与企业隐患排查治理系统联网的信息平台，完善线上线下配套监管制度”。2018 年，在原国家安全监管总局的基础上，成立了中华人民共和国应急管理部，对安全监管、应急、消防、抗震救灾、防汛抗旱等多个灾种应急管理职能的专业化应急部门进行了整合，优化了各类应急力量和资源，推动形成统一指挥、专常兼备、反应灵敏、上下联动、平战结合的中国特色应急管理体制。

在现代信息技术背景下，政府部门与企业不断探索利用信息技术提升安全生产监管的水平，从安全隐患排查入手预防安全事故的发生。从政府监管角度，《国家安全生产信息化“十一五”专项规划》《国家安全生产信息化“十二五”规划》《全国安全生产信息化总体建设方案》等陆续发布。同时，应急管理部门户网站对安全生产政务信息进行公开。

从企业角度，安全生产管理过程中的信息化能够给企业安全管理带来质变，极大提高安全生产技术及管理水平①。企业设备 PLC、DCS 自动化控制、重大危险源实时监控、事故应急救援处置、事故信息上报等信息化管理手段也能够提升企业安全生产水平②。

下面将通过个案研究法，以山东省青岛市“11·22”中石化东黄输油管道泄漏爆炸特别重大事故为例，进行事故案例分析，通过对该起事故的事故调查报告、各类文献资料以及新闻报道的详细分析，从信息传递视角分析事故发生的原因，事故发生过程中政府、企业内部及相互之间信息传递存在的各种障碍，以及事故发生后政府及企业在信息公开方面的做法。通过案例分析，研究在政府、企业安全管理过程中信息传递机制的影响因素和普遍障碍，探寻这些问题对企业安全生产的影响。进一步从事故发生前、事故发生过程中、事故发生后三个时间维度从信息传递角度论述生产安全事故预防和应对方法。

二、相关研究回顾

（一）生产安全事故及其危害

安全生产，是指“采取一系列措施使生产过程在符合规定的物质条件和工作秩序下进行，有效消除或控制危险和有害因素，无人身伤亡和财产损失等生产事故发生，从而保障人员安全与健康、设备和设施免受损坏、环境免遭破坏，使生产经营活动得以顺利进行的一种状态”③。

生产安全事故，是指“生产经营单位在生产经营活动中发生的造成人

---

① 浅析安全生产信息化建设［EB/OL］. 中国电力安全管理网 . http://www.powersafety.com.cn/, 2012-08-22/2013-06-15

② 杨乃莲 . 企业安全生产信息化建设存在的问题及对策［J］. 中国安全生产科学技术，2013,（07）：87-90.

③ 王健 . 推行安全质量标准化管理，建立企业安全生产长效机制［J］. 中小企业管理与科技（下旬刊），2012,（08）：34-35.

身伤亡或者直接经济损失的事故”[①]。它具有突发性、伤害性、破坏性和损失性，会导致财产直接经济损失和从业人员伤亡以及机械设备损坏，以及导致原生产经营活动暂时中止或永久终止。我国对生产安全事故的划分标准从两方面进行了界定：直接经济损失、人员伤亡数。根据《生产安全事故报告和调查处理条例》，生产安全事故详细界定标准如表 4–2 所示：

表 4–2 生产安全事故划分标准

事故标准	受伤人数	死亡人数	直接经济损失
一般事故	10 人以下重伤	3 人以下死亡	1000 万元以下
较大事故	10 人至 50 人重伤	3 至 10 人死亡	1000 万元至 5000 万元
重大事故	50 人至 100 人重伤	10 人至 30 人死亡	5000 万元至 1 亿元
特大事故	100 人以上重伤	30 人以上死亡	1 亿元以上

生产安全事故的危害包括伤亡人数多、经济损失大、社会舆论影响面宽、心理影响严重、环境破坏力持久等。

1. 伤亡人数多

在生产事故中，一个微小的行为差错就有可能导致人员伤亡。例如 2013 年发生于吉林省德惠市宝源丰禽业有限公司“6・3”特大火灾爆炸事故，事故造成了 121 人死亡、76 人受伤，直接经济损失高达 1.82 亿元，而导致该重特大事故发生的原因仅仅是由于一根电线老化引起的自燃。

2. 经济损失大

生产安全事故一方面会造成国家和企业的直接经济损失，如：救治伤员过程中所产生的医疗费用、善后处理费用、抢救费用、固定资产和流动资产的损失费用等；另一方面会造成企业因停产或减产造成的间接经济损失。例如 2014 年发生于江苏省昆山市的“8・2”粉尘爆炸事故，共造成 97 人死亡、163 人受伤，直接经济损失 3.51 亿元。虽然此次事故的直接经济损失尚可估算，但间接经济损失以及后续影响则难以计算。

3. 社会舆论影响面宽

当今社会互联网高速发达，随着微博、微信等新型媒体的出现，公众对知情权要求的提升以及国家信息公开机制的完善，事故的发生，往往不再作为一个独立事件而单独存在，而是演变成复杂的社会问题。例如 2011 年发生于甘肃正宁县的一起校车事故，最终导致 20 名幼儿死亡、44 人受伤。

① 戴诚. 生产安全事故立法研究［D］. 复旦大学，2010.

从事故的表面来看，这起道路交通事故本属于全年度中的一个重大交通事故，但由于敏感词“幼儿”和“校车”的出现，使得该事件迅速成为被全社会高度关注的社会事件。由于我国当下新兴媒体发展机制不完善，公众对事故的发生缺少全面系统的了解，而官方媒体的信息报道滞后而片面，导致了大量谣言产生。公众在互联网上开始对相关政府机构进行问责，甚至出现讨伐的声音，严重影响政府公信力。

4. 心理影响严重

事故的发生对受伤人员及其亲属、亲历人员会带来严重的心理创伤。相关研究表明，由于在事故中承受巨大心理压力，个体会呈现出失控或失能现象，对心理系统和身体免疫系统带来严重损伤，产生心理疾病和身体障碍。重大事故发生后的一段时间内，受灾个体可能出现创伤后应激障碍。2010 年发生于山西运城市的“3・28”王家岭透水事故，造成 153 名人员被困，经过 8 天 8 夜的抢险救援，38 人遇难，115 人被救。事故发生在井下 300 米，被困矿工长时间在低温昏暗、条件极其恶劣的环境中生存，不仅生命健康受到严重威胁，被救后的心理阴影也很难在短时间内消除。

5. 环境破坏力持久

安全事故中往往伴随化学反应的产生，例如火药和瓦斯的爆炸以及有毒气体的泄漏，都会对生态环境带来持久的不可预估的破坏。有毒气体泄露，特别是带有放射元素的有毒气体，严重污染当地的空气质量，造成肺部疾病高发和新生儿畸形等疾病。例如迄今为止最严重的有毒气体泄露事件——1984 年印度博帕尔的毒气泄露事件，超过 40 吨的 MIC（异氰酸甲酯，剧毒气体）在两小时内完全泄漏，不断向四周扩散。事故发生后的几天就造成 3000 余人死亡，5 万多人双目失明，15 万人受到伤害。由有害气体泄露导致的各种疾病，例如肺部感染、孕妇流产和新生儿畸形等事故造成的影响至今仍未消除。

（二）生产安全事故中的信息传递

关于生产安全事故管理中信息传递问题的研究主要涉及几个方面：

一是公共危机事件管理中的政府信息公开或舆情控制。例如梅琼林等[①]、曾明明等[②]从管理体系构建、危机事件预警、媒介的信息传播、信息

---

① 梅琼林，连水兴. 公共危机中的信息传播“失衡”现象及其应对策略——从“非典”危机到汶川大地震的考察［J］. 社会科学研究，2008,（05）：11–16.

② 曾明明. 面向政府危机决策的公共危机信息管理模式研究［D］. 吉林大学，2011.

公开等角度对公共危机事件的信息管理进行了研究。

二是对安全生产信息系统和信息平台，例如王起全[①]、牛聚粉等[②]针对安全生产信息化建设的理论和技术进行了探讨。

三是应急救援信息管理，例如何湛[③]、郑万波等[④]针对应急救援中的信息传播模型进行了研究。

三、研究方法

本节采用案例分析法，针对山东省青岛市“11・22”中石化东黄输油管道泄漏爆炸特别重大事故，搜集了关于该事故的大量文献、新闻报道以及政府的事故调查报告，分析生产安全事故中信息传递的路径和存在的问题。最后，通过分析构建生产安全事故中的信息传递机制模型，提出改善建议和方法。

选取山东省青岛市“11・22”中石化东黄输油管道泄漏爆炸特别重大事故作为案例，此案例不仅在我国生产安全事故领域具有较强代表性，同时在信息传递过程方面具有研究价值。在“11・22”事故发生后，共收集该起事故的相关文献34篇、报道性新闻50余篇。在此个案研究基础上，结合“8・2”昆山粉尘爆炸事故、吉林“6・3”特别重大火灾爆炸事故等多起典型案例，建立生产安全事故管理过程中的信息传递机制模型。

四、生产安全事故中的信息传递机理分析

（一）信息分类

1. 按照信息内容分类

（1）事故状况信息

生产安全事故发生后，在事故现场的企业一线员工，需要将事故信息立即上报企业负责人，企业负责人在做出事故处理判断和决策的同时，需要将事故情况上报给政府的安全生产管理部门及行业监管部门。需要上报

---

① 王起全.企业安全生产信息管理系统构建研究［J］.中国安全科学学报，2010，（05）：109–113.

② 牛聚粉，程五一.煤矿安全生产地理信息系统技术现状及展望［J］.中国安全生产科学技术，2005，（04）：50–53.

③ 何湛.突发公共事件应急系统信息传递模型研究［D］.西安建筑科技大学，2010.

④ 郑万波，吴燕清，李先明，康厚清，周围，李燕，赵春雨.基于应急管理机制的矿山应急救援指挥信息传递模型探讨［J］.中国安全生产科学技术，2014，S1：293–299.

的内容包括：事故性质，发生时间、地点，目前影响范围，事故发生原因，当前事故形势等信息。政府部门根据收到的事故状况信息对事故等级、危险性进行判断，并进一步确定事故相关部门和救援力量。

（2）基础信息

基础信息是由企业基础信息、事故发生地周边信息、政府的应急资源信息三个部分组成。生产经营单位基础信息包括该事故单位地理位置、事故周边情况、主要产品、主要危险源点等内容；事故应急资源信息包括政府相关部门所拥有的人力、财力、应急装备、相应专业专家组成员以及企业的内部应急资源。事故基础信息可为事故发生后的救援提供信息支持。

（3）决策信息

如图 4–3 所示，安全生产监督管理部门在接到事故信息后，第一时间与政府相关部门（平级）进行信息沟通，共同分析、预测人员及经济损失等情况，确定事故风险，判断事故等级，并将事故状况信息和事故基础信息报告政府及上级主管部门。政府中枢部门依据事故类型及等级，快速建立同等级的生产安全事故应急指挥小组，集合相关专家全面分析事故情况，研究事故应急救援对策，其中包括应急方案、协作方案、保障措施等事故应急决策信息。同时，在最短的时间内将决策信息递送给公安、医疗、消防等部门，由相关人员进行进一步的作业处理。

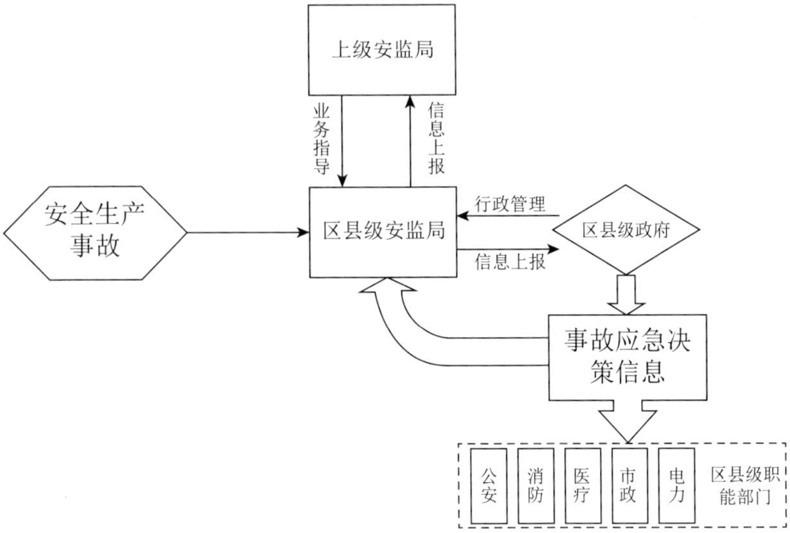

图 4–3　决策信息流程图

（4）反馈信息

如图 4–4 所示，初始的决策信息会因为事故的变化以及前期报送信息有偏差等原因，出现决策信息与事故现场情况不对称，或不符合现场事故应急救援的情况。因此，需要在现场人员进行核实之后形成反馈信息，向事故应急领导小组反馈现场实际情况和决策信息的现场执行情况，经过信息反馈，决策部门将新的决策信息向现场执行者传递。通过信息的反馈，决策者逐步修正伪信息和不准确信息，重新调整决策方案。

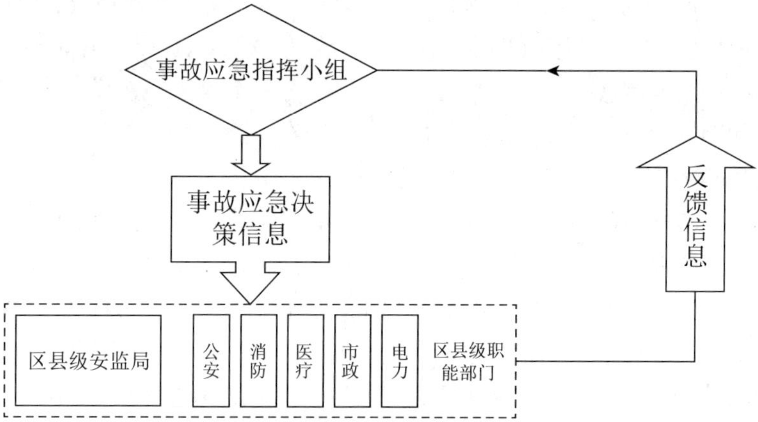

图 4–4 反馈信息流程图

（5）发布信息

生产安全事故发生后，在应对和处理事故的过程中还需要及时将生产安全事故的相关信息公布于众，正确引导社会舆论，避免因事故引起社会恐慌。

2. 按照事故发展顺序分类

按照事故发展顺序，生产安全事故信息发布可分为事故预警信息发布、事故过程信息发布以及事故处理结果信息发布。

事故预警信息包括事故的类别、发生时间、警示内容、预估影响范围、应对措施等。在事故发生发展的初始阶段，相关部门应及时发布预警信息，旨在安抚民众的恐慌情绪，提醒和引导事故周边群众保护自身安全、躲避灾害。

事故过程信息一般在事故的救援及处置阶段发布，内容包括当前事故现场情况、预计造成的各类影响，政府及企业当前的应急措施等内容。发布过程信息的目的是更好地引导社会公众舆论，避免谣言的滋生和传播。

事故结果信息一般在事故调查处理完毕后发布，由政府各个部门组成的事故调查组向社会公布事故调查报告，对事故的经过、时间、地点以及事故现场情况、伤亡人数、经济损失、事故原因分析、责任单位及责任人的处理建议、整改措施等进行总结①，对事故应急救援的及时性、科学性进行评估并对主要责任人进行处理。

（二）信息特征

1. 时间属性强

生产安全事故信息的时间属性是指事故发生后，各类事故信息从信源发出到信宿接收这段时间内所需的时间。②生产安全事故通常在短时间内突然发生，每一个信息点都具有非常强烈的时间属性。如果一些信息在传递过程中超出了有效时间，就会变为无用信息。在事故发生前，如果第一时间接收到事故预警信息并进行有效处理，很有可能会阻止一起事故的发生；在事故发生过程中，如果及时研判做出正确处理，可以将事故损失降到最低；在事故发生后，信息传递的及时性直接决定了事故救援的成败以及社会舆论的导向。

2. 信息量大，无序性强

重特大生产安全事故，除了事故的自身信息，往往还关系到环境保护、消防灭火、医疗救援等多个领域，每个领域都会与事故发生企业进行不同方向的信息传递。事故一旦发生，各类信息形成井喷式的爆发，加上事故发生后事故现场变化非常迅速，事故信息也不断根据事故现场的变化而变化，当信息传递和记录混乱，就会造成信息的无序和碎片化。

3. 信息准确度低

生产安全事故发生突然，特别是重特大生产安全事故会造成极大的破坏性，引发社会的高度关注。事故发生后，不同渠道发布出各种信息，真实信息里填充着大量的伪信息和不准确信息，在同一时间传递出来，对信息传递的准确度造成极大的负面影响。信息传递的准确度不仅会直接影响到政府、企业及公众对生产安全事故的判断和定性，更关系到救援机构及人员的行为判断、决策和实施。

---

① 《生产安全事故报告和调查处理条例》解读［J］. 劳动保护，2007,（06）：45–47.

② 张静，王欢 . 政府信息发布的时效性研究——以手机媒体为载体［J］. 重庆邮电大学学报（社会科学版），2010,（01）：65–69.

4. 重要信息缺失

在生产安全事故发生后，由于部分监测、控制、传输设备遭到破坏，造成人员伤亡，原有信息传递流程和传递节点失效。再加上事故发生后，人们对事故普遍存在恐惧和担心，单凭现场人员进行事故信息发送，不可避免存在信息的局限性，加之信息传递时的各种阻碍，必将引起重要信息缺失，从而进一步影响事故应急响应和事故的科学决策。

（三）信息传递过程中存在的问题

1. 传递路径复杂

王芳在《阳光下的政府：政府信息行为的路径与激励》一书中，分析了政府信息层层传递的复杂路径及其所隐含的信息失真风险[①]。生产安全事故信息传递的基础是企业及政府管理系统的组织架构形式。事故发生之前，企业与政府之间的信息传递，以安全生产管理信息的上传下达为主要内容。在企业内部，信息传递以企业内部生产安全为目的，各类生产情况信息在企业各生产部门之间传输，如图 4–5 所示。

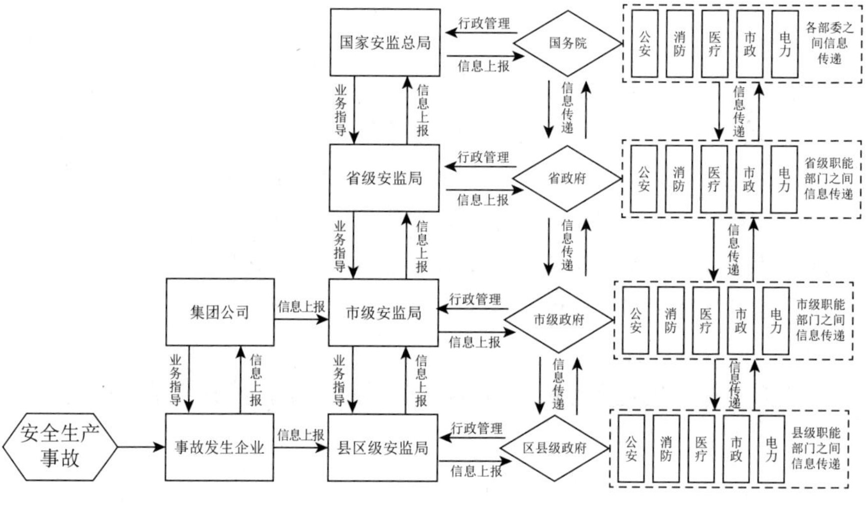

图 4–5　信息传递流程图

当发生事故后，在企业端，事故信息在企业内部由下到上传递，并且横向传递到企业的安全管理职能部门；在政府端，我国的安全生产应急救援力量分散于 10 多个部门，信息不但需要在各职能部门间横向传递，而且

① 王芳．阳光下的政府：政府信息行为的路径与激励［M］．南开大学出版社，2006.

还要在同职能的垂直单位间纵向传递。在政府与企业之间也存在信息的交叉传递。

存在问题：每一次决策的执行，都需要执行者或现场人员将信息层层传递到最顶端的决策者，决策者经过判别后再将命令信息层层下传。信息传递的路径和环节越多，传递信息过程中受到的干扰因素就会越大。每一级承担信息传递的个体既是信息传递的发起者，也是信息传递的接收者。若事故信息的每一次传递都存在主观再加工，将使得信息层层失真，导致决策错误。

2. 传递方式单一

分析各类重特大生产安全事故，可以发现事故发生后大多是通过民用通信网络传递信息，例如固定电话或移动电话网络，存在单一信息传递渠道的弊端。目前，专线、卫星电话、远程监控等智能化信息传递方式在我国特大生产安全事故的应急救援中已经得到应用，但还需进一步推广。

存在问题：当生产安全事故发生后，一旦事故发生地的民用通信不能有效使用，事故现场外围的事故救援指挥人员想要获取信息就会非常困难。

3. 传递自发性强

在生产安全事故发生之后，社会公众会主动关注与事故相关的各类信息，在信息传递路径中形成一系列新的节点，加快了事故上报、应急救援、结果反馈的进程。但在另一方面，由于社会公众的知识层级和认知能力存在差异，强烈的传递自发性会引发各类错误信息和无用信息的发布和传播。经过微博、微信等新媒体的放大，信息传播速率将会呈几何式增长。

存在问题：一旦谣言产生，会引起群众的恐慌以及对社会不满的情绪。

（四）信息传递流程分析

1. 日常安全管理中的信息传递流程

可以将事故发生前的时期细分为正常运行阶段、事故征兆阶段、事故可控阶段。在事故发生前企业是各类信息采集与传递的主体。企业在日常安全管理过程中，主动收集安全生产信息对于事故的预防尤为重要。若信息收集主动性不强、信息量小，将会存在发生事故的潜在风险。

（1）安全管理信息的传递流程

如图 4–6 所示，从安全管理角度来看，企业通过各类信息系统进行各类文件的上传下达，例如：定期通过 OA 系统向政府安全管理部门以及上级单位上报各类安全生产报表；通过电视电话会议听取各类安全会议精神；根据工作要求向车间、部门下传各类安全信息，保障安全生产工作的顺利开展。

在此阶段，企业与政府间的信息传递以政府为主导，大多数情况都是企业按照政府要求上报各类信息。一般来讲，企业对信息上报缺乏主动性。而企业决策层在给企业下属部门车间下传各类信息时，传递效果和效率同样取决于企业的主动性。

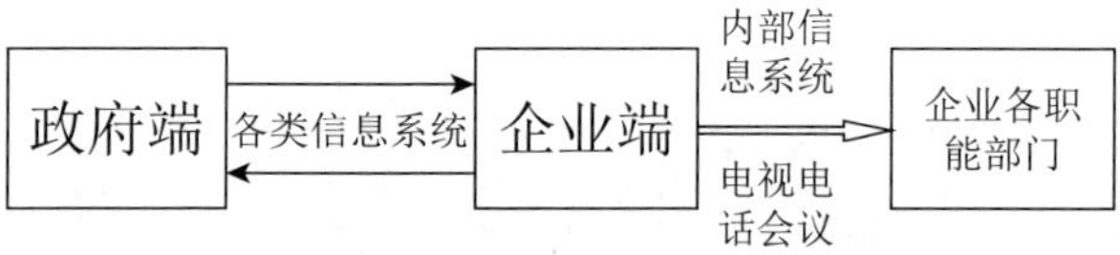

图 4–6 安全管理信息传递流程图

（2）设备运行信息的传递流程

从设备运行角度来看，在设备正常运行时，需要采集实时数据，下达各类生产指令，通过各类传感控制设备对生产设备温度、压力、运行状况的数据进行采集，以判断生产设备是否在正常运行的范围。信息采集的手段，从最简单的人员佩戴对讲机的实时巡检，到目前在电力、冶金、石化等各行各业都获得了广泛应用的 DCS 控制系统。采集各类信息的目的，就是第一时间掌握设备的生产状况，指导和保障下一阶段的安全生产。

（3）事故征兆阶段的信息传递

研究表明，各类重特大生产安全事故的背后都有大量的“事故征兆”被忽视。安全生产领域著名的海恩法则（Heinrich's Law）总结出：“当一个企业存在 300 个隐患，必然要发生 29 起事故，另外还有一起重大事故。”这说明任何一起事故都是有原因的，并且是有征兆的[①]。将事故征兆阶段的信息传递流程表示如图 4–7。

信息采集工作：包括主动的人工信息采集——依靠人工的隐患排查和巡检获取隐患信息；被动的设备信息采集——通过传感控制设备实时采集信息。根据采集到的事故隐患信息进行隐患整改与隐患处理，保障生产安全。但由于部分企业对安全生产的重视程度不够，安全意识淡薄，信息采集设备落后，信息采集方法不先进，无法第一时间获取事故隐患和征兆信息，为事故埋下了祸根。如果企业能够在运行过程中发现各类事故隐患和事故征兆，及时进行排除和治理，就能够在事故发生前阻止事故的发生。

① 高峰．“海恩法则”在燃气企业中的应用［J］．城市燃气，2008，（03）：36–38.

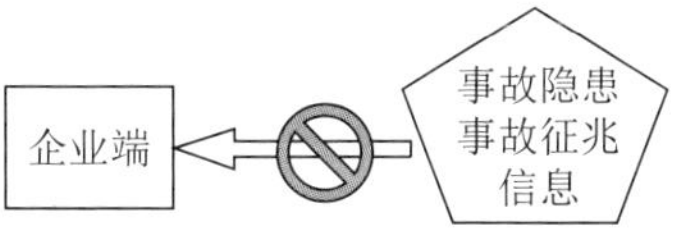

图 4–7　事故征兆信息传递流程图

（4）事故可控阶段的信息传递

任何一个事故都不是一瞬间发生的，在事故大规模爆发之前，都会有一个事故可控的时间段。在此阶段，企业可以用最小的损失保障全企业的安全。将此阶段的信息传递流程表示如图 4–8 所示。例如煤气系统的紧急放散装置，就是为了防止员工煤气中毒或是整条煤气系统爆炸，在检测到煤气泄露的相关信息后执行的一种自我保护装置。若企业能够在事故发生前的可控阶段，接收到事故预兆信息并采取相应的处理措施，就能够将事故控制在安全范围之内，从而避免大规模的伤亡事故。

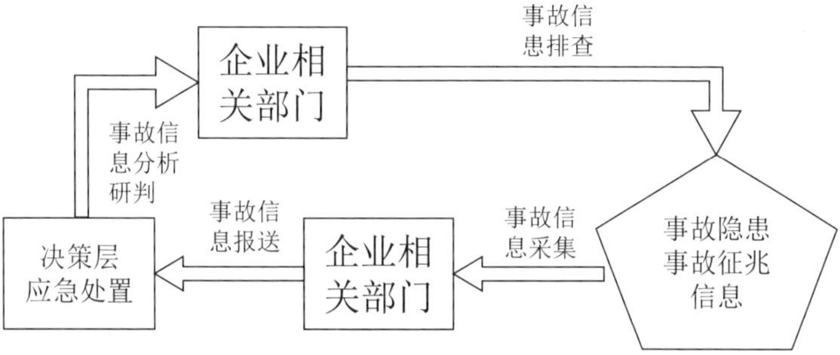

图 4–8　事故可控阶段信息传递流程图

2. 生产安全事故发生过程中的信息传递流程

国家安监总局在 2009 年 7 月 1 日出台了《生产安全事故信息报告和处置办法》，在该办法中，规定了事故发生后信息上报的相关要求。

（1）事故信息报送主体及报送流程

根据《生产安全事故信息报告和处置办法》的要求，在生产安全事故发生后，事故现场人员必须第一时间将事故信息报告给企业第一负责人，企业负责人需立即按照生产安全事故划分标准对事故进行研判。发生一般事故的，需在 1 小时内报告事故发生地县级安监部门，发生较大以上生产安全事故的，在报告安监部门的同时，还要直接将事故信息报告给省级安监部门。发生重大、特别重大生产安全事故的，可以立即报告国家安全生产监督管理总局。

如图 4–9 所示，安监部门在接到事故发生单位的事故信息报告后，应当向上级安监部门和本级人民政府进行报告，同时书面通知同级的相关部门：一般事故和较大涉险事故应逐级上报至设区的市级安监部门；较大事故应逐级上报至省级安监部门；重大事故、特别重大事故应逐级上报至国家安监总局，此外，每一级上报时间不得超过 2 小时。

根据对事故信息报送主体及报送流程的分析，可以看出，当事故发生后，事故信息的每一次传递，都有严格的政府层级制度进行控制。所报送的政府级别，依赖于对事故级别做出的研判。这就出现了一个问题：在对事故现场情况和伤亡人员情况不明的情况下，对企业和基层政府部门的事故信息报送存在阻碍。另一方面，目前每一级政府的考核中，“安全生产事故死亡数”是一票否决项，政府部门对于安全生产事故的信息报送会存在极大的谨慎态度，这也会影响事故信息报送的及时性。

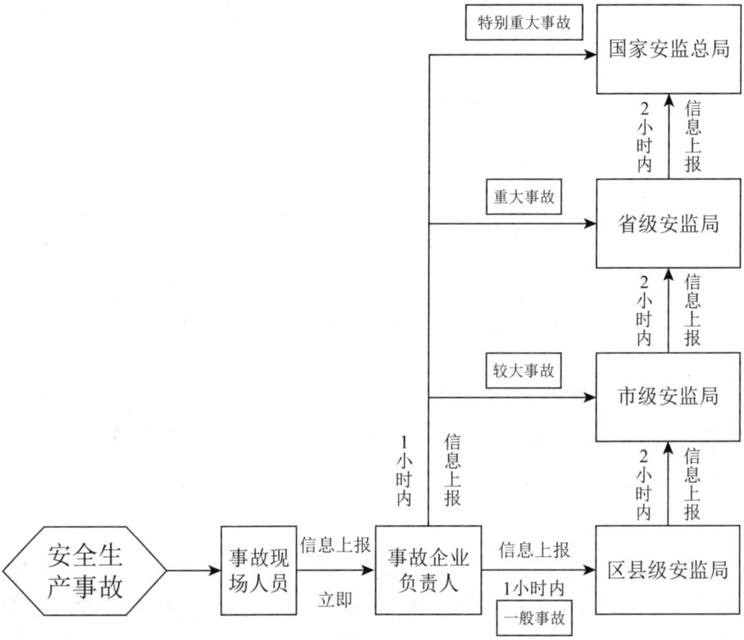

图 4–9　事故信息上报流程图

从以上分析可以发现：企业及政府对于事故信息上报没有良好的内在动力机制，事故信息多为谨慎或被动上报，从而引起事故信息传递的不及时和不准确。

（2）事故信息报送内容

根据《生产安全事故信息报告和处置办法》，事故信息的报送内容主要包括以下几点：①事故发生企业或单位的全称、所在地、行业分类、主要原料及产品等基本情况；②事故发生的时间、地点以及现场情况；③事故发生的简要经过及已开展的应急救援情况；④事故已经造成或者可能造成的伤亡、失踪、涉险人数和初步预估的直接经济损失。若使用电话快报，应第一时间报告事故发生单位的名称、所在地、行业分类、事故发生的时间、地点、事故已经造成或者可能造成的伤亡人数等内容。

此外，《生产安全事故报告和调查处理条例》中对事故的迟报、漏报、谎报和瞒报做了详细界定，严格追究事故发生单位及其有关责任人员的法律责任。

根据以上分析可以发现：法律法规中对于事故上报的流程规定较为粗略，仅仅将上报层级进行明确划分，指导事故信息报送的可操作性不强。

3. 生产安全事故发生后的信息接收与分析

如图 4–10 所示，事故发生后，安监部门应根据接收到的事故信息，立即派员赶往事故现场进行事故信息核实，根据事故现场情况随时进行信息反馈。安监部门根据报告的事故信息对事故级别和事故风险进行研判分析，第一时间启动应急预案，下达事故救援指令。如有必要，协助地方政府组织应急救援队伍开展事故应急救援工作。

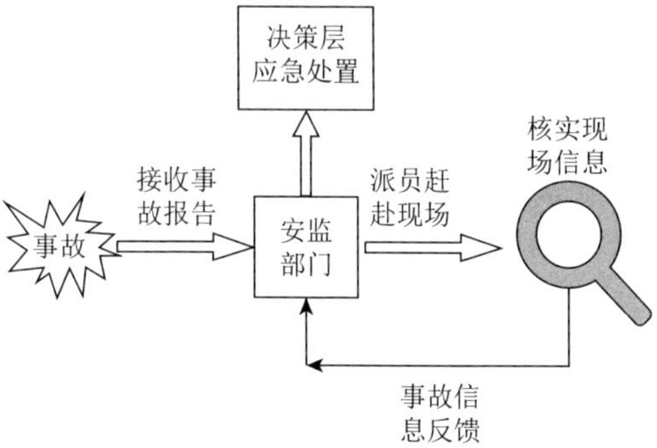

图 4–10　事故信息反馈流程图

由上图分析可以看出，安监部门派员赶赴现场，现场人员的业务素质对事故信息反馈的质量有着决定性因素，若现场人员知识水平较低，无法对事故现场情况进行有效理解，就无法将准确的事故现场信息反馈至决策层。

4. 生产安全事故的信息公开流程

在事故处理过程中，相关部门应及时将生产安全事故的发生情况、应急处置和救援情况向社会公布。如图 4–11 所示。

在事故调查处理完毕后，应向社会公布《生产安全事故调查处理报告》。政府部门掌握事故详细信息，若不能及时向社会公布，社会公众在无法正常获得事故信息的情况下，就会转而去寻找其他的途径。在自媒体时代，人人都可以充当信息源，碎片化、不真实的信息大量传播，形成负面社会舆论。

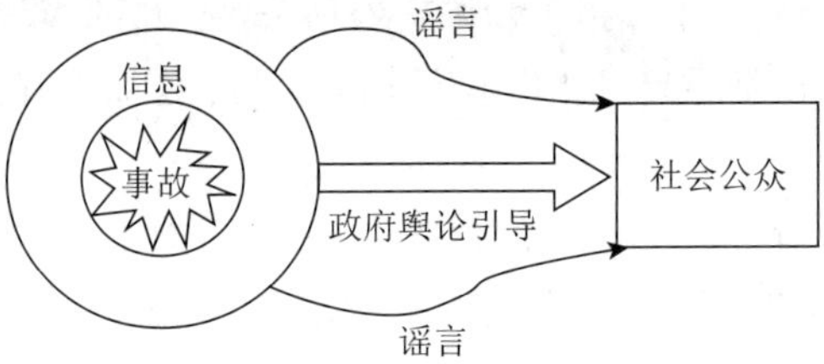

图 4–11　事故信息公开流程图

根据以上分析发现一个问题：在事故发生后若信息公开不及时，舆论引导不得当，极易出现各类谣言，对政府的公信力和权威形象造成负面影响。

五、生产安全事故管理中信息传递案例研究

（一）青岛“11 · 22”爆炸事故简介

2013 年 11 月 22 日 2 时 40 分，山东省青岛经济技术开发区中石化东黄输油管道发生原油泄漏事故。事故发生后，中石化及政府在事故信息传递时存在明显错误，从而导致事故研判失误，应急处置不当。泄漏的原油进入密闭的市政排水暗渠，经过挥发成为气体与排水暗渠内的各类气体形成易燃易爆的混合气体，在有限空间内积聚，混合气体浓度逐渐升高至爆炸极限。中石化及青岛黄岛区政府从发现原油泄漏到开展救援，8 个小时低效处置并且存在明显错误。10 时 25 分，在抢修过程中，现场处置人员违规采用液压破碎锤在暗渠盖板上打孔形成的火花与混合气体相遇发生爆炸。

此次爆炸全长波及 5000 余米，造成事故地周边多条街道的排水暗渠的水泥盖板炸开，现场抢修人员、周边的行人及居民被爆炸冲击波及水泥飞溅物伤害。据统计，此次事故共造成 62 人遇难、136 人受伤，直接经济损

失 75172 万元，爆炸点周边多处建筑物及车辆损坏，水、电、暖、气等多条市政管网受损。同时，原油管线泄漏出的 2000 吨原油经过暗渠，造成了胶州湾海域的局部污染①。

事故发生后，国务院对中石化公司、青岛市政府的相关责任部门和有关责任人进行了责任追究和处理，对 48 名责任人给予党纪、政纪处分，对涉嫌刑事犯罪的 15 名责任人移送至司法机关进行处理②。

（二）事故应急处理信息传递过程分析

1. 企业对该原油泄漏事故的处置情况

11 月 22 日 2 时 12 分，中石化管道分公司潍坊输油处调度中心数据采集与监视控制系统信息显示东黄输油管道黄岛油库的出站压力从 4.56 兆帕降至 4.52 兆帕。调度中心发现原油出站压力变化后，向有关部门两次电话询问，排除其他因素后，根据管线压力变化判定东黄输油管道发生原油泄漏，立即做出紧急停泵停输处理，并在 2 时 35 分向泄漏点上游最近的洋河阀室做出关闭截断阀的指令，但洋河阀室经过 45 分钟才将截断阀完全关闭。整个过程如图 4–12 所示。

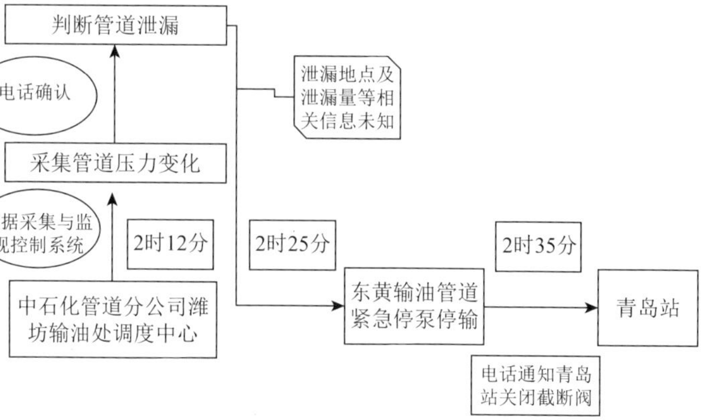

图 4–12　相关事故信息采集流动图

按照此条输油管线 1000 万吨 / 年的实际输油能力，每小时将有 1142 吨原油从泄漏点流过，潍坊输油处没有按照应急预案的规定对原油泄漏量

① 国务院山东省青岛市“11・22”中石化东黄输油管道泄漏爆炸特别事故事件调查组 . 中石化东黄输油管道泄漏爆炸特别事故事件调查报告［R］. 国家安监总局，2013.

② 林鸿潮，黎静 . 突发事件应对中的政府间权责分配与法律责任承担——“11・22”青岛中石化大爆炸事故引发的讨论［J］. 行政法学研究，2014，(03)：66–73.

进行分析研判[①]，对原油泄漏事故的风险评估也出现错误，针对该原油泄漏的处置工作只是按照一般野外输油管线泄漏事故进行安排部署，没有在第一时间启动输油管线泄漏应急预案。如图 4–13 所示。

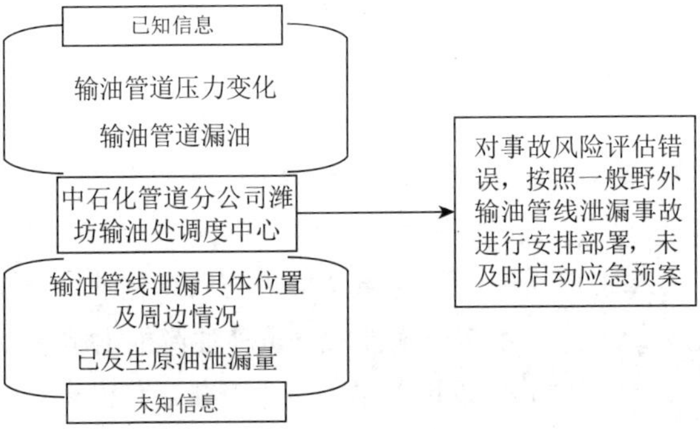

图 4–13　相关企业信息获取情况图

3 时 40 分左右，潍坊输油处青岛输油站抢维修中心的抢修人员到达原油泄漏点，现场核实了原油管道泄漏的现场位置。抢维修中心开始针对已经泄漏到路面的原油进行人工清理，并电话报告潍坊输油处需要向泄漏地调运抢险救灾物资。4 时左右，青岛输油站抢修人员对原泄漏部位进行挖掘作业，开始抢修泄漏管道，同时派员拉运清污物资前往附近海域清理溢油。在此过程中，现场人员未将事故现场具体情况上报企业，企业也未将事故情况上报政府，抢修现场就在无交通管制、未疏散人群的情况下进行。如图 4–14 所示。

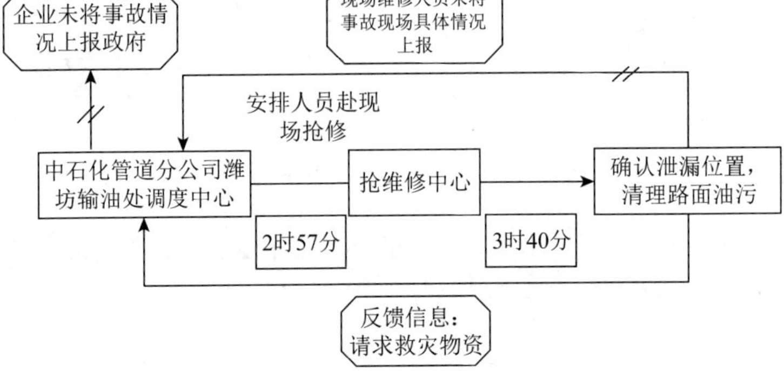

图 4–14　现场维修人员信息反馈情况图

① 徐纪进 . 黄岛爆燃事故：还原空白 8 小时［J］. 湖南安全与防灾，2014，(02)：40–41.

经过层层上报，潍坊输油处副处长赶赴原油泄漏现场，指挥此次事故的应急处置工作，直至7时左右，潍坊输油处才调配好物资，组织施工人员对泄漏现场开展抢修工作；7时40分，挖掘作业在原油泄漏处路面挖出2立方米的维修作业坑后，泄漏管道逐步显露；8时20分左右，现场维修人员确认了管道泄漏点。随着泄漏事故调查的进一步开展，原油泄漏事故现场所暴露出的问题逐渐增加。经过现场研判分析，9时30分左右，潍坊输油处副处长向中石化管道分公司进行了事故情况汇报，提出潍坊输油处目前已不能完成现场管道抢修工作，请求中石化管道分公司支援。如图4–15所示。

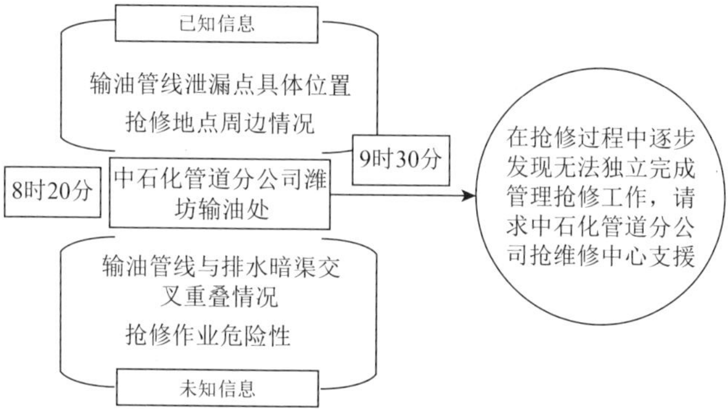

图4–15　相关企业信息获取情况图

10时25分，在现场抢修过程中，现场维修人员违章使用液压破碎锤对已经积聚了可燃油气的暗渠盖板进行打孔破碎，破碎过程中产生的碰撞火花，引发暗渠内的油气爆炸。如图4–16所示。

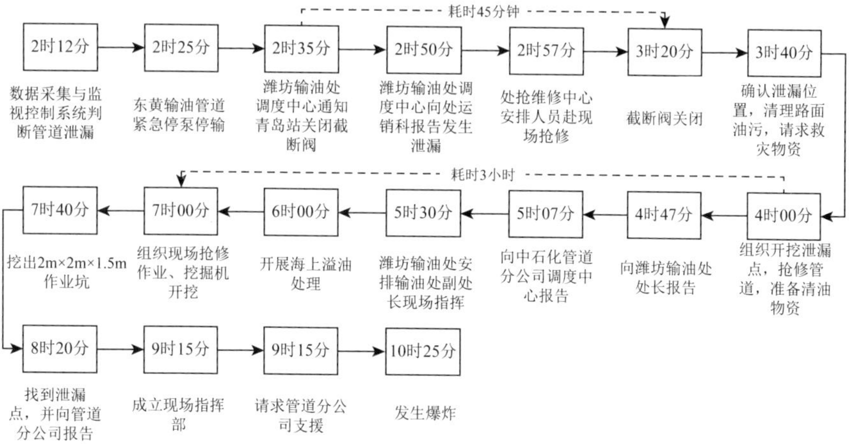

图4–16　企业对原油泄漏的处置情况流程图

2. 政府部门对该原油泄漏事故的处置情况

2015 年 11 月 22 日 2 时 31 分，青岛经济技术开发区公安分局 110 指挥中心接到市民报警电话，称青岛丽东化工有限公司南门地面发现有原油泄漏。经指挥中心协调，派出所民警立即赶往报警位置进行确认，经过民警现场信息反馈，110 指挥中心在 3 时 10 分向开发区政府总值班室报告了黄岛街周边原油泄漏的现场情况。到 4 时 17 分左右，开发区应急办公室、开发区安全监管局、开发区市政局、开发区环保分局、黄岛街道办事处等单位分别接到事故报告信息，各相关部门于 5 时左右先后到达原油泄漏事故现场，开展海上溢油清理工作。如图 4–17 所示。

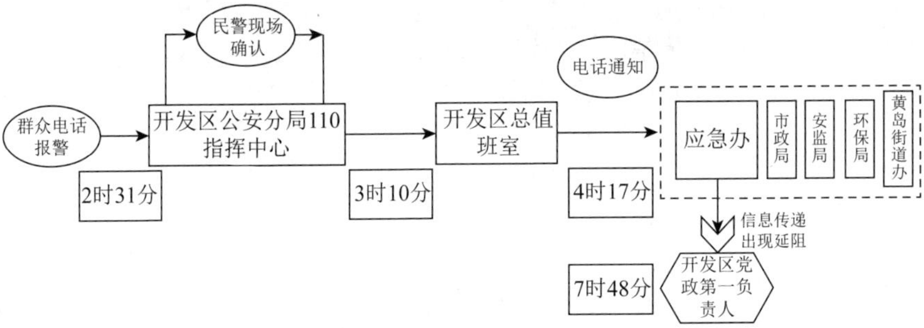

图 4–17　开发区政府事故信息流动图

由于到达原油泄漏现场的开发区应急办未能严格执行《生产安全事故信息报告和处置办法》中要求的生产安全事故报告规定，对事故信息人为地进行压制、拖延，直至 7 时 48 分，青岛经济技术开发区党政第一负责人才收到事故报告；同时，现场各相关部门对事故趋势风险研判失误，未能第一时间提高原油泄漏事故的应急响应级别，未能及时做出警戒、封路、疏散群众等应急措施，在泄漏现场也未能及时识别和阻止企业应急处置人员的违规违章操作。如图 4–18 所示。

随着泄漏维修现场信息的进一步明确，身处事故现场的开发区应急办副主任在 7 时 49 分将原油泄漏现场情况及抢修情况向青岛市政府总值班室进行了汇报。青岛市政府总值班室经过近 1 小时的核实信息，于 8 时 40 分，通过手机短信报告市政府秘书长、副秘书长、应急办副主任，9 时 6 分通过短信形式向市长、分管相关工作的副市长汇报事故现场情况。

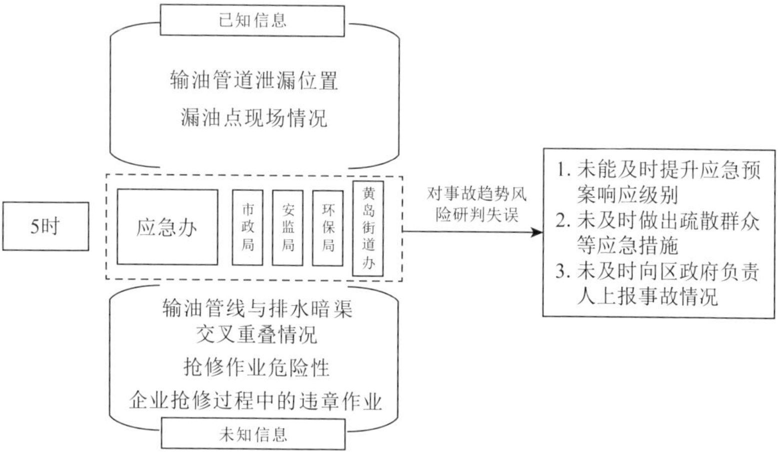

图 4–18　相关政府部门信息获取情况图

9 时 55 分，经青岛市政府副秘书长通知，青岛市经信委副主任等相关政府官员到达泄漏事故现场；10 时 21 分，当青岛市经信委副主任向政府报告情况仅 4 分钟后，事故现场发生爆炸燃烧。如图 4–19 所示。

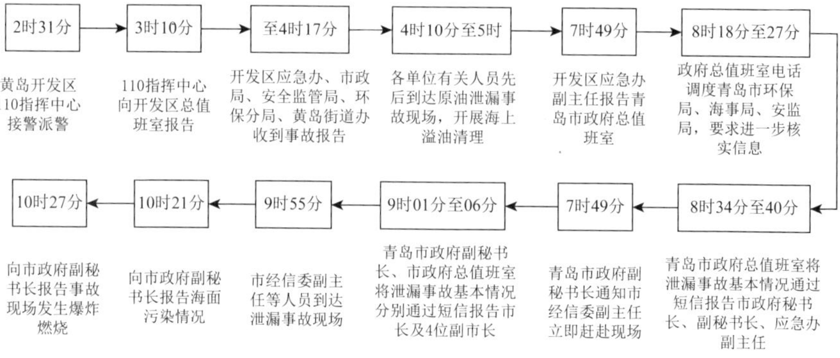

图 4–19　政府对原油泄漏的处置情况流程图

3. 爆炸事故发生后各方应急处置情况

（1）事故应急处置

爆燃发生之后，青岛市和中石化立即成立“中石化输油管道爆燃事故应急指挥部”并启动一级响应，全面展开事故应急处置及人员搜救。

在伤员救治方面，指挥部迅速集结医护专家及消防专业救护队，对伤员进行全力抢救，同时也对事故现场人员进行全面搜救。受伤群众 136 人被安置在黄岛区中医院、开发区第一医院、西海岸医院，山东省和青岛市各大医院的 114 名专家对受伤群众进行救治。青岛中心血站采取应急响应，广泛宣传市民积极献血，保障伤员的医疗用血[①]。事故发生后，黄岛区转移疏散群众 12 个社区约 1.8 万人。为保障受灾群众基本生活，黄岛区及时向居民配送了方便食品，安排专门人员将开水、生活用水送至缺水小区，并调集 17 吨平价菜投放市场，保障生活基础物资供应。

清理泄漏油污方面，原油泄漏造成斋堂岛街一千平方米的路面被污染，部分原油沿着市政雨水管网流入胶州湾，造成约三千平方米海面被污染[②]。10 时 40 分距爆炸点 1 公里外的雨水管道入海口发生原油燃烧起火。经消防、海事等部门应急处理，至下午 14 点左右两处明火点全部扑灭，危害未进一步扩大。截至 23 日 20 点左右，青岛海事局派遣除污船、渔船、专业应急船、海事巡逻船共计 41 艘，以及一架直升机，共布设围阻油泊栏 3000 余米，调用消油剂 10 吨进行 3000 平方米的油污清理工作。

（2）舆情引导

在事故舆情引导方面，10 点 32 分，网友第一时间在微博爆料“黄岛管道爆炸、多条道路炸裂”等相关情况，与此同时“丽东化工厂爆炸”“爆炸现场有毒气体严重”“恐怖破坏”“爆炸管线投资 13 亿、今年 8 月才投入使用”等虚假、负面谣言伴随事故的发生在网上传播。如图 4–20 所示。

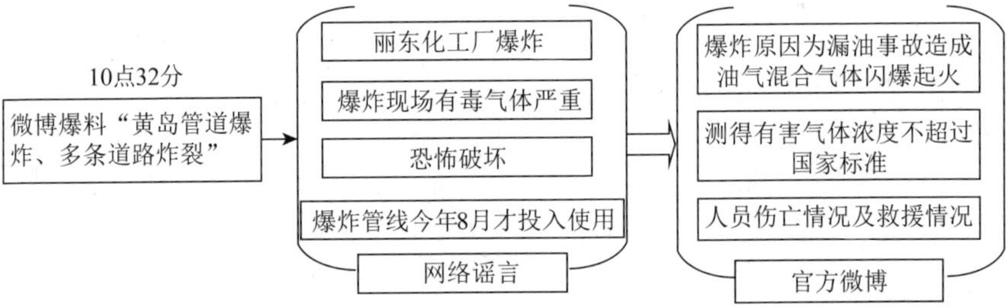

图 4–20 官方媒体舆情控制图

11 时 25 分，青岛市环保局官方微博“青岛环保”发布微博称：“丽东

① 王明民，丛培芳，安润 . 应急供血保障体系建设策略在“11・22”事故中的成效［J］. 中国输血杂志，2014，（11）：1144–1146.

② 赵巍博 . 浅议城市突发事件的应急管理——以“11・22”青岛输油管道爆炸事件为例［J］. 时代金融，2015，（05）：61–62.

化工厂未发生爆炸”，是原油泄漏事故造成了可燃油气闪爆起火[①]。

青岛宣传部官方微博“青岛发布”于12点08分发布微博，官方简要报道了“中石化黄潍输油管线一输油管道发生破裂事故”及政府各部门事故救援情况。

13点21分，“青岛发布”在事故后续报道中，对事故现场大气中非甲烷总烃浓度进行了辟谣，测得有害气体浓度不超过国家标准，将此次事故对市区环境空气质量的影响进行澄清。

14时12分，开发区宣传部官方微博“黄岛发布”发布消息，在事故发生后首次官方透露人员伤亡情况。

16时13分，“黄岛发布”发布消息“中石化输油管道泄漏事故原因初步查明”，排除了恐怖破坏原因。

事故发生后，官方微博的一系列及时发声，阻止了谣言的进一步扩散和发酵。与此同时，为保障事故应急救援的顺利实施，市政、交警对黄岛开发区多条道路进行封闭，确保消防、医疗等执行任务特种车辆及时出入事故区域开展救援。交警利用微博、交通电台等多种途径，对黄岛开发区的道路管制实况信息进行及时发布，通知市民车辆改道绕行，及时避让救护车、消防车、警车等救援车辆。

六、信息传递视角下“11·22”事故原因分析

从信息传递的角度入手，分析“11·22”事故发生的原因，可以归结为信息传递存在障碍、决策层的信息获取及智力支持存在障碍、相关人员存在知识盲区三个方面。

（一）信息传递存在障碍

1. 事故信息采集方面

①企业端事故信息采集不准确

由于管线检测的复杂性和管道所处环境的多样性，没有自动检测设备对输油管线进行实时监控。此次事故中，对于输油管线原油泄漏的信息判断依旧根据通过管线压力变化粗略估计和电话核实，对于管线泄漏点的定位也未能在第一时间确认，依旧需要人工寻线定位。根据上节分析，从2时12分发现原油泄漏到3时40分，经过1小时20分才完成泄漏点确认。

---

① 杨阳．突发公共事件中政府信息公开实例研究［D］．黑龙江大学，2014.

另一方面，企业对于原油的泄漏量也不能精确判断，从而导致对事故的严重性估计不足，重要信息的缺失带来的是事故决策的失误。

②政府端事故信息采集方式单一

政府应急办、安监局、环保局等职能部门对事故进行研判的信息仅仅来源于企业汇报，没有主动获取信息的能力和渠道，从而草率地得出“事故属于四级的一般性漏油事故，只需启动黄岛区应急预案，由中石化予以协助即可控制事态[①]”的结论。在政府职能部门相关人员到达原油现场后，未能及时向应急领导小组反馈事故现场各类情况，事故应急指挥小组未形成新的决策，依旧按照“一般性漏油事故”进行处理。

③政府和企业之间信息交互效率低

在《事故调查报告》中可以看到，引发事故的一个重要原因是：“事故发生区域危险化学品企业、油气管道与居民区、学校等近距离或交叉布置，造成严重安全隐患，以及管道与排水暗渠交叉工程设计不合理。”

随着城市的高速发展，十年前的城市远郊现在已经变成城市新城或工业群集的工业园或开发区。城市管网非常容易出现交叉、重叠等现象，在设计上存在问题的同时，管理上也难辞其咎。给排水、电力、燃气、热力以及长输油气管等不同类别的管线，包括管线地上的住宅、工厂等，其投资主体不一，由不同部门进行审批监管，这些行政主管部门之间基本处于“互不干涉”的局面。在相邻建筑物和排水暗渠的规划、施工、审批过程中，相关信息资料不能在政府部门和企业之间有效传递，也没有统一的信息共享协商机制。政府地上建筑物的规划建设对企业地下管线的铺设情况知之甚少，而地下管线管理方对地上建筑的规划建设也不能形成主导作用，导致对地下管线的管理十分被动。政府及企业对原油管线、排水暗渠的运行状态以及相邻建筑物的情况未能及时掌握。正因为如此，当原油泄漏发生时，企业按照一般性野外漏油事故进行处理，这就为此次事故埋下隐患。

此次事故如果能够第一时间采集原油泄漏信息并及时监测和预警，早发现、早报告原油泄漏的严重性，全面掌握原油泄露点的综合情况，提早采取预防措施，那么则能有效减少人员伤亡和财产损失。

① 林鸿潮；黎静．突发事件应对中的政府间权责分配与法律责任承担——“11·22”青岛中石化大爆炸事故引发的讨论［J］．行政法学研究，2015，（08）：61–62.

2. 事故信息的传递方面

①信息传递的准确性低

在企业端，企业出于自身利益考虑，往往都会将事故严重程度的信息进行弱化，企图凭借自身能力化解事故，以避免事后企业上级部门和政府的追责和处罚。中石化下属管道公司从发现原油泄漏到发生爆炸事故，8个小时内都没有将原油的泄漏量、事故的危险性分析、现场的应急救援情况等正确信息及时地向政府相关部门汇报，在与政府信息沟通时只是简单地表述为原油发生泄漏，直到爆炸发生前还一度汇报“事故已经得到恰当处置”“影响已得到控制”[27]等错误信息。

在政府端，政府各相关部门在上报事故信息时也存在主观倾向，根据自己的部门利益对事故内容进行取舍和修改，以免上级部门追责。这就导致了事故信息每传递一次，就经过一次歪曲，信息到达最终决策者时，已不具备支持正确决策的准确度。

②信息传递的时效性差

在企业端，中石化下属管道公司在发现原油泄漏后未及时向政府和有关部门报告事故情况，按照《中华人民共和国突发事件应对法》的相关规定:“当危险化学品泄漏后，都要看成是重大突发事件，都必须在1小时内向上级人民政府报告。”企业从2时12分发现泄露到7时左右调配好人员物资开始组织泄漏现场的抢修工作，共耗时4小时48分，在事故处理过程中层层拖延上报，掩盖事故严重性，试图在企业能力下处理事故，完成堵漏工作。当工作进一步开展，发现事故实际情况无法处理时，才不得不向上级企业上报事故。此外，漏油事故发生后，企业没有按照《石油天然气管道保护法》的规定，依据应急预案要求报事发地人民政府。根据《事故调查报告》显示，政府首次接到事故报告是通过110接到的群众报警，并非中石化公司。正是由于事故信息上报的准确性低、报告速度慢，导致上级企业和政府不能够掌握事态情况，导致事故的研判失误。

在政府端，从2时31分黄岛开发区110指挥中心接警，到9时06分青岛市政府副秘书长通过短信向市长报告事故情况，期间7小时内，黄岛区政府及各职能部门存在严重的本位主义和部门主义，都想在本级范围内处理事故，以避免上级政府问责，对事故情况进行“捂”和“盖”。《事故调查报告》指出:“开发区应急办未严格执行生产安全事故报告制度，压制、拖延事故信息报告，谎报开发区分管领导参与事故现场救援指挥等信息。”

③重要时间节点的信息传递无效

最重要的一点，企业和政府在处理泄漏事故时，均未按照规定向可能受到事故危害的单位和居民通报事故情况和可能带来的危害，未在进行堵漏作业时对现场进行封锁警戒以及交通管制、疏散人群[①]。我国《石油天然气管道保护法》第39条规定："企业应及时通报可能受到事故危害的单位和居民，履行告知义务。"另外，根据相关媒体的公开报道，在管道抢修的过程中，相关部门和企业未通知周边居民。在抢修作业过程中甚至有群众进行围观，这是此次泄漏燃爆事故造成如此大规模死伤的最主要原因。

3. 事故信息共享存在阻碍

在原油泄漏的处置过程中政府相关部门与企业双方协调与合作不力，各部门与企业在整个应急联动救援中的衔接配合杂乱无序。从上文的分析可以看出，企业端、政府端在处理泄漏事故时基本没有有效的信息共享机制，更没有务实性的交叉配合，企业和政府间的应急联动响应亟需磨合提高。

①事故发生之前的共享机制不完善

没有相关部门掌握原油泄漏处输油管道与雨水暗渠直接交汇这一安全隐患，输油管道建设与雨水排污暗渠规划的行业主管部门未能有效进行信息共享，造成各种市政管网与输油管道纵横交错，这也是导致这次爆炸事故的主要原因[②]。

②事故发生后的信息共享存在障碍

政府和企业多个部门都在启动应急程序，表面上看每个层级、每个部门都在应对突发事件时负有责任，都派出了应急力量到达现场，但群龙无首，导致事故发生后不清楚到底哪个单位、哪个部门在真正主导处置，公安、安监、环保等政府职能部门均"各自为政"，没有良好的联动联防机制。政府各部门对各自掌握的事故信息无法共享，严重降低了事故信息在各部门之间传递的及时性和准确性，这就影响了政府部门在处理事故时的整体能动效率[③]。从原油泄漏到发生爆炸共有8个小时，若政府职能部门之间和涉事企业能够相互沟通、密切配合，就能有效处置事故现场，从而避

① 侯瑞宁. 四问爆燃事故［J］. 中国石油石化，2013,（23）：24–27+29.

② 仇九子. 青岛市"11·22"东黄输油管道泄漏爆炸事故处置分析［J］. 中国应急救援，2014,（01）：43–45.

③ 钟开斌. 危机决策：一个基于信息流的分析框架［J］. 江苏社会科学，2008,（04）：126–131.

免爆炸或减少损失。

（二）决策层的信息获取及智力支持存在障碍

在事故发生后的应急救援过程中，当超出本层级应急机构的控制范围时，就需要进一步扩大响应，每一次扩大应急响应，就是更高一级的党委、政府以及相关职能部门的介入。泄漏发生后，从开始的黄岛开发区扩大到青岛市，燃爆发生后扩大到山东省乃至国家层级。事故的扩大导致政府责任主体的层级提高，应急处置的权责重心也逐步上移。这就意味着响应每扩大一级，就有更高级别的政府官员赶赴现场，成为事故应急“现场指挥部”新的第一指挥负责人员，但新的负责人对于事故现场的情况一无所知，还需再一次听取下级汇报，在巨大的时间、险情、舆论和社会压力下，在有限的资源、信息、人员等限制性条件下做出决策，这样的情况下势必导致事故处理和救援的迟缓乃至决策失误。如果能建立良好的事故应急信息共享机制，在新的负责人到达现场前能够用短暂的时间掌握事故现场人员、物资、事故进展状况等各方面的信息，将大大提高事故决策的效率。

（三）相关人员存在知识盲区

企业所制定的安全操作规程针对性、操作性不强，安全知识的培训不到位，导致员工缺乏安全操作技能，而政府相关部门对于此次事故的知识更知之甚少，无人意识到泄漏的原油产生的油气混合物会引起爆炸。

1. 企业现场抢修人员存在知识盲区

分析事故的又一原因，是现场堵漏维修过程中，操作人员普遍存在知识盲区，缺乏必要的安全知识，甚至无视安全规章制度，擅自更改、简化安全作业程序①。没有检测泄漏地带的油气条件，盲目违规动用非防爆设备进行作业，采用液压破碎锤对暗渠水泥盖板进行破碎，作业产生的火花引发了暗渠内的油气爆炸。

2. 政府现场人员存在知识盲区

赶赴现场的政府相关部门人员也未能发现和制止企业现场应急处置人员违规违章操作等问题。现场人员均未意识到事故的严重性，就在没有警戒和封路措施、未及时通知和疏散群众的情况下开展作业。

在政府、企业面对事故应急救援、普遍存在知识盲区的情况下，有关

---

① 张迎吉．石化企业安全生产风险成因分析——以“11·22”中石化青岛管线爆炸事故为例［J］．中国市场，2014，（35）：39–40.

专家的智力支持可以有效填补事故应急处置知识盲区，为现场指挥人员提供正确决策的知识保障。《突发事件应对法》第 40 条规定：“县级以上地方各级人民政府应当及时汇总分析突发事件隐患和预警信息，必要时组织相关部门、专业技术人员、专家学者进行会商，对发生突发事件的可能性及其可能造成的影响进行评估。”

（四）事故信息支持不足导致事故研判出现错误

在企业端，青岛输油站、潍坊输油处、中石化管道分公司这三级部门均未按照规定对原油泄漏量进行准确计算和判断，未结合泄漏点的地理位置和周边情况进行综合分析，在事故研判中出现重大失误。

政府端，政府对泄漏事故的研判依据仅限于企业上报的基本信息；各政府部门相关人员陆续到达原油泄漏现场后，由于自身掌握事故信息有限、相关知识缺乏，现场人员向所在部门反馈回去的信息也就不能支持决策者进行正确的事故研判。开发区虽然制定了《危险化学品重特大事故应急救援预案》，但在该爆炸事件发生之前并没有启动该预案，而是按照处置一般原油泄漏事故的常规做法采取了应急救援措施，致使对事故的应急救援和现场指挥协调出现种种纰漏。

由以上事故分析可以看出，此次事故正是由于信息传递过程中存在的种种问题，出现了人员安全知识的匮乏、政府及企业对事故研判出现错误、事故应急救援事故处理失误和救援迟缓等诸多问题。像海因里希法则中描述的那样，一个个隐患以及失误的叠加，最终导致了事故的发生。

七、完善生产安全事故中信息传递机制的对策研究

（一）从信息传递角度完善生产安全事故的预防与准备机制

1. 优化生产安全事故中的信息传递结构

由于生产安全事故的突发性、严重性和动态变化性，针对生产安全事故的信息沟通渠道，与传统的政府信息传递机制存在差异。若事故信息按传统渠道层层上报，很有可能会贻误事故应急救援与处理的最佳时机，造成事故的扩大和不必要的损失。因此，政府在进行生产安全事故信息的上传下达时，不能按照一般程序进行，必须在保障事故信息传递有效的前提下，简化信息传递程序[①]。应该优化生产安全事故信息传递结构，允许事故

① 朱晓峰．政府危机决策信息流研究［J］．中国图书馆学报，2006，（01）：45–48+108.

信息不受行政层级的限制，直接传达至决策层，这将有效解决“企业及政府对于事故信息上报的准确性和及时性的问题”。决策层联合相关事故专家，将事故应对的对策方案直接传递给事故现场的各类执行部门，通过现场各政府部门的联合协作，共同开展事故处理与救援。在必要时，可由决策层直接赶赴事故现场指挥工作，实现事故信息传递结构的扁平化。如图4–21所示。

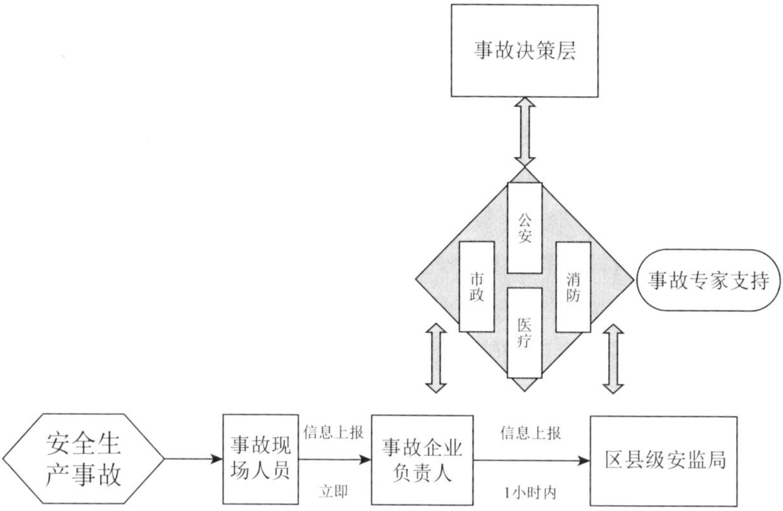

图4–21　优化的信息传递流程图

2. 强化安全生产的培训教育，有效减少人员知识盲区

安全管理学家将生产安全事故发生的直接原因归纳为：“主要为人的不安全行为和动作，技术客观的隐患和欠缺，生产环境的不良以及管理的不善。”[①] 据统计，90%的生产事故都是由于人的不安全行为造成的，而人出现不安全行为，主要就是安全生产知识匮乏，安全意识淡薄，为事故埋下隐患。这就突显了加强从业人员和监管人员安全教育培训的重要性。

我国每年新出版安全生产图书100余种，在销品种达600多种[②]。关于安全生产的图书数量多，涵盖面广，涉及大多数生产行业，但对于员工安全生产的培训教育工作依旧未达到良好效果。如何将书本和法律法规中的

① 罗云．风险分析与安全评价［M］．化学工业出版社，2010，1.
② 王建平．实现安全生产形势好转根本在于培训教育［J］．安全，2013，(08)：58–59.

显性知识转换成受教育者的隐性知识，是安全培训教育的重点和难点。

首先，增加“信源”，国家应在各地区的安全监管机构中建立正规的安全生产宣传机构，并提供制度和法律保障。增加日常的安全知识培训和宣传，提升大众的安全生产信息接触面，潜移默化地培养安全意识。

其次，在信息传播过程中，由于安全教育培训涉及面广，从普通群众到各级相关部门管理者，培训对象千差万别，培训的内容也应具有针对性和时效性。将宣传培训分类分级，不仅针对性强、效果好，并且能够缓和安全教育资源紧张与需求量大之间的矛盾。

最后，对于相关安全监管机构，必须不断提高部门管理者的事故应急处置能力和信息素养，使其面对生产安全事故具备科学决策能力、较强的组织协调能力和良好的沟通能力；在专业应急救援机构，要适时培养和储备一批具有专业救援知识的救援人员，在事故发生时，能及时做出专业性评估和建议，并且能够科学有效地开展事故救援，阻止事故的扩大化。

3. 建立完善各类生产安全事故数据库

近些年来，各级政府建立了事故数据库、专家数据库、应急资源数据库，对于生产安全事故的预防和智力支持具有重要意义。

事故数据库可根据消防、交通、危险化学品等不同行业，将事故分门别类地进行收录，包括事故的时间、地点、主要情况、应对处置分析、经验总结、原因分析、后果评估、改进建议等。该数据库一方面可以作为相关行业避免同类事故发生的典型学习案例；另一方面，在事故发生时，可在数据库中检索同类事故信息，结合相似事故案例，及时对所发生事故进行研判分析，做出正确决策[①]。

专家数据库收录不同地区和不同专业长期从事安全生产工作的专家。首先，在日常安全管理过程中，该数据库中的专家力量可为企业进行安全培训、安全咨询、安全隐患排查服务，对企业安全生产工作中存在的问题提出对策和建议。其次，参与安全监管人员的执法监督检查，检查企业生产条件、设备、设施安全状况。最重要的一点，在生产安全事故发生后，事故应急小组可根据该平台的专家信息，针对事故类型，迅速找到相关安全专家，对事故应急救援和应急处置提供帮助。

应急资源数据库根据地区划分，将各个地区的事故应急管理机构、应

---

① 杨晶. 基于本体的安全生产事故案例推理系统的研究［D］. 昆明理工大学，2010.

急救援队伍、应急物资储备、应急预案等内容收录到数据库中。一旦事故发生，应急救援指挥人员可根据数据库内容，第一时间调配应急资源投入到应急救援过程中。

4. 从信息传递角度完善事故应急预案

面对生产安全事故，虽然在企业及各相关部门均建立了应急预案体系，但运行效果亟待提高，事故信息报送质量也亟待提高。针对事故信息上报迟缓、事故救援指令不能够第一时间发出、事故风险识别力不强、事故救援基础数据薄弱等问题制定可操作的管理办法。

首先，我国现行的应急预案分级响应机制按照伤亡人数和直接经济损失划分响应级别，导致机构功能定位不清，响应升级往往在事故扩大后才开始，导致救援迟缓。因此，完善事故预案响应机制首先应明确定位事故级别和组织职责。

其次，加强应急预案中各环节、各部门之间的衔接与协调。安全事故的发生通常需要事故发生企业与安监、消防、公安、电力等多个政府部门共同配合处理，但目前应急预案是按部门单独制定，事故发生时各部门预案间衔接存在冲突。在企业与政府端的应急预案衔接上，也仅仅存在于事故信息报送这一环节，政府不能够第一时间掌握事故企业救援信息。因此，编制企业及政府部门预案，应重视各部门领导者的相互衔接和沟通，避免冲突；企业也应当根据实际情况，将各相关政府部门纳入本企业的事故应急预案。

最后，增强预案的可操作性。预案制定往往存在理论性过强、但实际操作性薄弱的情况。因此，在制定预案时，必须让各相关部门专业人员参与编制，满足应急管理需求。同时，定期进行预案演练，检验预案的操作性和实用性，发现问题及时改正，促进各部门之间联动机制的完善。

（二）从信息传递角度完善生产安全事故的应急响应与处理机制

1. 统一生产事故信息报送体系

目前，我国的报警电话主要有 110 报警、119 火警、120 医疗救护和 122 交通事故等。但生产安全事故没有独立的事故报告电话，当事故发生后，只能向当地安监部门的值班电话报告，这就降低了事故报告的及时性。部分地区由于宣传和告知的不到位，事故发生后，事故单位都不清楚向哪个部门报告事故，只知道拨打 110 和 120。

事故信息的分散，既不利于决策部门的信息接收也不利于各相关单位的联动协调。因此需要建立健全统一接警、分类分级调度、统一管理的事故报告体系。事故报告体系的建立有利于整合应急资源、各部门联动配合。政府应设立统一的事故应急接报中心，根据所报告的事故情况分类分级进行调配，明确各政府相关部门责任主体。若事故涉及多个部门，则由各级政府统一调配，实现部门联动。

2. 规范事故处置中的信息衔接

生产安全事故的突然发生要求政府部门不能用处理一般性事务的流程进行处理。要在短时间、缺资源的情况下，迅速对事故的类别、引发原因、预估破坏程度、危险趋势做出研判，适时采取适当的事故处置措施，如图4–22所示。

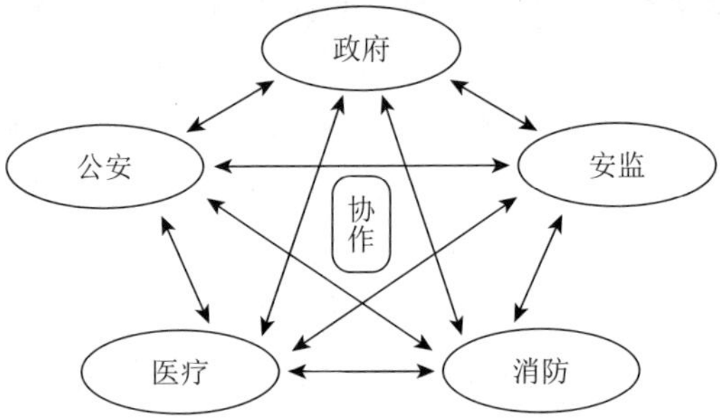

图 4–22 部门协作信息流动图

（1）及时性。事故的突发性要求相关部门根据事故现场评估和风险研判情况及时启动应急预案，并将预案处理措施及时上传下达，不能因为考虑部门利益和社会影响而拖延或阻碍信息的传递。

（2）动态性。事故发生后，由于事故上报的信息存在真伪信息和新旧信息的冲突，事故应急救援的指令会随着事故的演变而产生变化。因此，根据事故情况提高或降低预案级别、调整事故处置措施，在事故变化过程中及时判断将会影响的主体并及时与之沟通[①]，有利于相关部门做出更科学的应急决策，有效防止事故进一步扩大。

（3）真实性。对于生产安全事故正确的应急处置，必须依靠真实有效的信息。这就要求企业上报和现场反馈的信息必须真实有效，支持相关部门与事故专家分析事故的严重程度和影响范围，做出正确的事故研判。

① 朱伟. 从风险沟通视角看事故剖析［J］. 现代职业安全，2014,（01）：55.

（4）协同性。事故的救援很可能需要安监、消防、医疗、市政等相关部门共同展开，这就需要各部门进行信息共享与协调联动，及时沟通事故情况与应急处置办法，统一采取救援措施。

（三）完善重大生产安全事故的信息报送与公开机制

1. 明确信息报送的责任主体

由于生产安全事故可能会被社会舆论认为是“政府管理的不善”和“社会的不稳定”，很多政府官员在面对事故时本位主义和部门利益至上，以掩饰、拖延、虚报等方式应对，导致事故信息传播延误[①]。但事故相关信息发布的滞后甚至回避会引起更大的社会影响，也阻碍处理措施的顺利实施。因此，在事故信息公开机制中应明确信息报送和信息公开的责任主体，健全信息公开的问责和考核机制，坚决杜绝企业负责人及政府官员因害怕问责而出现谎报、误报甚至不报的现象。

2. 规范信息公开执行制度

首先，要及时准确地发布事故信息。当事故发生后，必须在第一时间向社会公众公布事故的简要概况和避险信息。在事故的进一步应急救援过程中，要逐步将事故详细信息向社会公布，只有及时公布官方信息，才能阻止谣言的扩散。

其次，要统一信息口径。在向社会发布信息的时候，不同级别的不同部门所发布的信息侧重点也有所不同，但向外公布的信息必须一致，这样才能有效地控制信息冲突。这就要求政府各部门在生产安全事故中寻找规律，加强各部门的相互协调配合，制定出台常规的事故处理分类标准，规范信息公开的方式方法和时间节点，避免出现公开信息的不统一和不及时。

3. 重视新闻发布制度的建设

政府新闻发布制度，是指“国家机构任命或指定的专职或兼职新闻发布人员，在一定时间内就某一重大事件或时局的问题，发布有关新闻或阐述本部门的观点立场，并代表有关部门回答记者提问的一项社会活动”[②]，是政府与媒体沟通、社会公众沟通的桥梁。

首先，将新闻发布内容的时效性和客观性作为第一要务。安全事故发生后，公众最为关注的是事故的发展状况和政府的处理措施。政府部门在

---

① 刘乐平 . 我国公共危机中信息沟通研究［D］. 西北大学，2010.

② http: //baike. baidu. com/link?url=Vdw8DLKdhZo-zEwIF-VtCNzcbgQGhfQRkA_N4-ydlg2X9f2HvDqcVJZxmRlVKNZt7v5MDfL-kBGP_XDe4G6D3q

组织召开新闻发布时必须做到及时准确、不隐瞒、不漏报，有效保障公众的知情权。新闻发言人在信息发布和接受各界媒体的提问时需要保持自身客观性，向公众传递的信息中应避免带有偏颇性和主观性言论。

其次，建立起政府部门与媒体之间的良性互动机制。媒体是社会公众和政府部门沟通的桥梁。媒体的存在，一方面有利于社会公众更好地知悉事故流程，另一方面也存在扰动信息传播的危险性。政府应与媒体保持良好沟通和互信机制，保证信息发布渠道通畅、透明，通过媒体渠道树立政府新形象。

4. 确保信息公开平台的有效性

事故发生以后，各种各样的消息都会在网络上传播。作为最具权威性和说服力的信息公开平台，政府官方网站、政务微博、微信应及时向公众提供最准确的生产安全事故信息。同时，用专业视角解读事故原因及防范措施，确保社会公众能够获取最新信息，有效破除民众因不知情或缺乏相关知识而产生的谣言。

5. 加强网络舆论的引导

随着网络新媒体的发展，网络舆论成为另一个非常重要的公共舆论场所。从近几年来的特大生产安全事故中，可以看到微博、微信对事故信息传播的影响。网络舆论引导得好，可以有效及时地破除谣言；若引导不好，极易出现“网络群体事件”，对政府的公信力和权威形象造成负面影响。在事故发生后，政府应及时更新事故动态信息。通过各新闻门户网站和微博微信与社会公众进行沟通，安排对事故了解的政府人员或者具备相关知识的专家在网络上答疑解惑，帮助民众及理解事故性质，强化主流声音，正确引导网络舆论。

第五节　基于大数据分析的食品安全风险治理

食品安全监管是世界性的难题。1880 年，美国的猪肉制品曾因质量问题被欧洲国家停止进口。为此，美国国会在 1891 年至 1906 年间陆续通过《肉类检查法》《肉制品检查法》《纯净食品和药品法》等法案，加强对食品的质量检查和监管惩罚。但是由于法律在具体执行中缺乏强有力的支持，并未达到预期的效果。近年来，我国食品质量安全事件多发，如“双汇瘦肉精事件”“河南南阳毒韭菜事件”“甘肃平阳牛奶亚硝酸盐中毒事件”等，

“毒奶粉”“染色馒头”等不健康食品威胁着人民的生命安全，给社会经济造成损失，影响了政府的公信力。

联合国粮食及农业组织（FAO）和世界卫生组织（WHO）指出，监测体系和监管能力是国家食品安全监管体系不可缺少的要素。2017 年我国食品药品监管部门共查处食品（含保健食品）案件 25.7 万件，货值金额 6.8 亿元，责令停产停业 1852 户次，吊销许可证 186 件，捣毁制假售假窝点 568 个，移送司法机关 2454 件[①]。但是总体来讲，食品安全问题依然严峻，呈现出类型多样化、爆发性强、扩散速度快、影响区域广等特征，引发公众担忧。

一、食品安全监管面临的挑战

（一）监管机构与食品生产经营者之间存在严重的信息不对称

食品生产的产业链条涉及多个环节，大量的生产和经营主体分散在多个行业和地区。食品的生产者和经营者了解食品生产和销售过程中的风险信息，但是为了自身利益缺少分享信息的动力。通常情况下监管机构需要通过执法检查才能获得这类信息。在移动互联网时代，共享厨房、食品外卖等新兴业态使得食品的生产和经营更加分散，也增加了监管执法的难度。

（二）食品安全监督执法力量有限

截至 2017 年 11 月底，全国共有食品生产许可证 15.9 万张，食品添加剂生产许可证 3695 张；共有食品生产企业 14.9 万家，食品添加剂生产企业 3685 家；经营许可证（含仍在有效期内的食品流通许可证和餐饮服务许可证）1284.3 万件[②]。与数量众多的食品生产经营者相比，我国食品安全“监管队伍特别是专业技术人员短缺，打击食品安全犯罪的专业力量严重不足，监管手段、技术支撑等仍需加强，风险监测和评估技术水平亟待提升。”[③]食品安全的常规监管主要采用抽样监测，覆盖率低，时效滞后，难以全面及时地获取食品安全风险信息。

---

① 国家食品药品监督管理总局 . 2017 年度食品药品监管统计年报［EB/OL］. http://www.sfda.gov.cn/WS01/CL0050/227377.html,2018-4-2/2018-4-10.

② 2017 年度食品药品监管统计年报［EB/OL］. http://www.sohu.com/a/227052694_543962,2018-04-02.

③ 国务院印发《“十三五”国家食品安全规划》和《“十三五”国家药品安全规划》. 新华社，2017-02-21. http://www.gov.cn/xinwen/2017-02/21/content_5169808.htm

（三）食品电子商务带来新的监管问题

相比于农贸市场和多级批发市场的传统供销渠道，互联网信息传播使得产品销售的速度更快。由于政府部门对食品监管实行属地化管理，网络巡查力量不足，因此对于通过电子商务网站和社交媒体销售不合格食品的情况监管乏力。与此同时，网络时代信息传播迅速广泛，政府如果不能对公众关心的食品安全问题做出及时反应，会引发公众不满情绪，损害政府形象。

二、食品安全风险信息来源

为了更好地识别、规避、控制与应对食品安全风险，有必要实施风险管理。风险管理是指在风险事件还未发生之前进行常规监控，及时判断事态的发展变化趋势，当危机事件发生后对事态进行控制，消除不利影响。英国国家审计办公室（NAO）认为风险管理可以帮助政府更好地传递公共服务、提高效率、做出可信决策并支持创新[①]。刘华楠等人分析了肉类食品企业安全生产的内外因素，并构建了评价模型[②]。罗普金斯（Ropkins）与贝克（Beck）对食品生产链条上的危险隐患关键点进行了分析[③]。赵静娴通过组合优化决策树的方式构建了农产品安全评估模型[④]。与食品安全监管相关的信息主要有以下三种来源：

一是食品生产、加工、仓储、销售过程中的检测数据，如来自各类食品安全检测设备的检测结果、来自 RFID 传感器的食品质量监测数据等。自 2009 年我国颁布《食品安全法》以来，食品安全风险监测工作已经覆盖全国 31 个省（自治区、直辖市），食品安全风险监测的采样、检验和网报能力得到全面加强，食品安全风险监测的技术机构由 2010 年的 344 家增加到 2014 年底的 933 家，监测样品量由 2010 年的 12.91 万个增加到 2014 年

---

① National Audit Office. Managing Risks to Improve Public Services[DB/OL]. Report by the comptroller and auditor general. HC 1078–1 Session 2003–2004: 22 October 2004. [2017–09–02]. http: //www. nao. org. uk

② 刘华楠，徐锋 . 肉类食品安全信用评价指标体系与方法［J］. 统计与决策，2006（10）：65–68.

③ Ropkins K, Beck A J. Using HACCP to control organic chemical hazards in food wholesale, distribution, storage and retail[J]. Trends in Food Science & Technology, 2003, 14 (9): 374–389.

④ 赵静娴 . 基于决策树的食品安全评估研究［J］. 安徽农业科学，2011，39（32）：20259–20302.

的 29.27 万个[①]。目前，质检部门、食品药品与卫生部门、农业部门等都有风险监测系统。2014 年武汉大学质量发展战略研究院开发了“质量安全网络信息监测与预警服务平台”[②]。上海市食品药品监督所研发的网络食品安全信息实时监控与分析系统，发现并跟踪了 2012 年“普洱茶中黄曲霉毒素”等社会关注的热点事件[③]。这些监测系统的建立，为搜集食品安全风险信息奠定了基础。王雅洁等基于食品检测值，利用 BP 神经网络对食品的风险程度进行了分级评价[④]。

二是监管部门对食品企业的普查数据。对这些数据进行统计分析，可以全面揭示食品企业的行业分布、地区分布、时间分布、经营规模、产业关联、资本关系等，对于食品行业宏观调控具有重要价值。张丽等利用贝叶斯网络建立了食品供应链风险分析模型[⑤]。尽管食品安全监管有数据需求，但监管部门在获取企业数据时仍然存在一定障碍，企业经常以商业秘密为由拒绝政府部门获取完整数据或者实时数据。

三是互联网上的公开数据库。互联网上关于食品质量安全的数据非常丰富，内容覆盖食品添加剂、农药、兽药、微生物、化学药物等，既有专业型又有综合型网络资源数据库[⑥]。部分网络资源由 WHO 等全球性国际组织、欧盟等区域性国际组织和各国政府及科研机构运营维护[⑦]。

四是消费者在社交媒体上发布的数据。互联网的快速发展使得社交媒体成为食品安全风险信息的重要来源。我国近年发生的食品安全事件，每一起都曾被国内外组织和个人披露过。2008 年发生的婴儿乳制品三聚氰胺

---

① 张卫民，裴晓燕，蒋定国，等. 国家食品安全风险监测管理体系现状与发展对策探讨［J］. 中国食品卫生杂志，2015，27（5）：550.

② 张彦. 武大建首个质量安全网络信息语料库［EB/OL］. http://www.cssn.cn/gd/gd_rwhz/gd_dfwh_1669/201409/t20140904_1317133,2014–9–4/2018–4–5.

③ 王立伟，杨风雷. 网络食品安全信息实时监控与分析系统的研发与应用［J］. 中国科技成果，2014，15（16）：68–70.

④ 王雅洁，杨冰，罗艳，等. 大数据挖掘在食品安全风险预警领域的应用［J］. 安徽农业科学，2015（8）：332–334.

⑤ 张丽，滕飞，王鹏. 基于贝叶斯网络的食品供应链风险评价研究［J］. 食品研究与开发，2014（18）：179–182.

⑥ 孙兴权，徐静，杨春光，等. 食品安全网络资源数据库现状及展望［J］. 食品安全质量检测学报，2014，5（6）：1892–1899.

⑦ Gilardi L, Fubini L. Food Safety: a Guide to Internet Resources[J]. Toxicology, 2005, 212 (1): 54–59.

事件，在2007年境外就披露过在宠物食品中检出了三聚氰胺①。2014年11月，由中国人民大学食品安全治理协同创新中心、中国法律评论、知识产权出版社共同评选出的中国食品安全十大典型案例②中有四例在事发前曾在互联网文本中出现过。除此之外，还有一些事件都曾在网上有先兆可循，汇总见表4–3。

表4–3 2014年中国食品安全典型案例的互联网征兆

序号	事件	发现过程	互联网媒体
1	某烤肉店剩菜流回餐桌	员工举报，媒体曝光，执法部门跟进	大众点评网中部分用户反应卫生条件差，餐后腹泻
2	食品加工滥用工业原料生产的“毒明胶”	媒体曝光，执法部门跟进	知网学术期刊发表从工业皮革废料中提取胶原蛋白的方法
3	某地养殖海参大量添加抗生素	媒体曝光，执法部门跟进	百度经验等有相关描述，但没有特指事发区域
4	某公司高管涉嫌生产、销售伪劣食品罪	媒体曝光，执法部门跟进	新浪微博举报

社交媒体作为一种新兴的社会风险信息来源，其特点在于：第一，信息传播速度快，反映问题及时。第二，有许多信息来自亲身体验，更加贴近当事人的真实感受。第三，信息大多是当事人主动报告，可以反映更多层面和更为详细的事实情况。因此，定期对相关网络社区进行扫描，可以及时发现有价值的风险预警信息。但是，由于食品安全信息涉及内容广泛，信息源分散，可靠性参差不齐，没有引起监管部门的足够重视。同时，由于社交媒体企业并非食品安全监管部门的被许可人，监管部门在获取相关社交媒体数据时也面临一定困难。

此外，在特定领域，社交媒体数据还呈现稀疏特征。大众点评是国内知名的本地生活信息服务商，截至2015年第三季度，大众点评月活跃用户数超过2亿，点评数量超过1亿条，收录商户数量超过2000万家。尽管大众点评、微博、推特等社交媒体的用户数量内容不断增长，但是关于不同食品生产经营者的发帖数量却差别较大。知名度不高、客流量小的餐饮企

① FDA. Melamine Pet Food Recall of 2007[EB/OL]. http: //www. fda. gov/AnimalVeterinary/SafetyHealth/RecallsWithdrawals/ucm129575. htm, 2008–2–26/2015–2–1.

② 蒋安杰．中国食品安全典型十大案例［N］. 法治日报，2015–12–2（9）.

业在大众点评中的数据中更加稀疏，几乎没有评论。因此在进行风险识别时，还需要融合前三类数据，进行综合分析。

三、大数据分析在食品安全监管中的应用

大数据技术的应用有助于提高政府的食品安全风险管理能力。2015 年 8 月国务院出台《促进大数据发展行动纲要》，将食品安全作为大数据应用的重要领域①。在食品安全领域，互联网上产生和传播的与食品相关的数据主要包括两个方面：一是新闻媒体发布的有关食品生产经营企业、食品行业的消息。在多起食品安全事件中，新闻媒体都是最早的信息源。员工爆料、媒体调查、执法部门跟进，成为食品安全监管的链条之一。二是网民举报，如爆料食品生产经营者的违法违规行为，或者分享消费者的负面消费体验，如恶心、腹泻等。

运用大数据分析技术对新闻报道和网民举报信息进行分析，可以在食品安全事故大范围暴发前捕捉到舆论征兆，对风险进行预警，为监督部门及时、精准地采取监管措施提供依据。朱佳等提出大数据挖掘技术在进出口食品检测中的应用，并通过在山东青岛等地的实验证实了该方法的可行性②。杨劼引入数据挖掘方法对食品安全进行了评估，并应用案例验证了数据挖掘方法在食品安全风险预警中的可行性③。

除了进行风险信息识别之外，还可以基于大数据分析对食品企业进行画像，帮助监管部门实施精准监管。针对食品质量安全监管的需要，构建企业画像的维度，如图 4–23 所示。为食品企业画像首先需要进行数据采集，采集范围包括：①企业基本信息、产品信息和财务信息等；②企业生产经营数据；③企业供应链数据；④社会信用评价相关数据；⑤自媒体平台的相关评价信息等。在数据收集完成之后，对数据进行清洗和特征提取。然后，进行分类统计分析，通过语义分析、情感分析对企业进行立体化、全方位的刻画，识别高风险企业和潜在安全事件。

---

① 国务院 . 促进大数据发展行动纲要［EB/OL］. http://www.gov.cn/zhengce/content/2015–09/05/content_10137.htm,2015–9–5/2018–4–11］.

② 朱佳，张萍，高志国 . 大数据挖掘技术在进出口食品农产品安全风险预警中的应用研究［J］. 山东农业大学学报（社会科学版），2014，16（3）：99–102.

③ 杨劼 . 数据挖掘技术在食品安全风险评估中的应用［D］. 广西大学，2014.

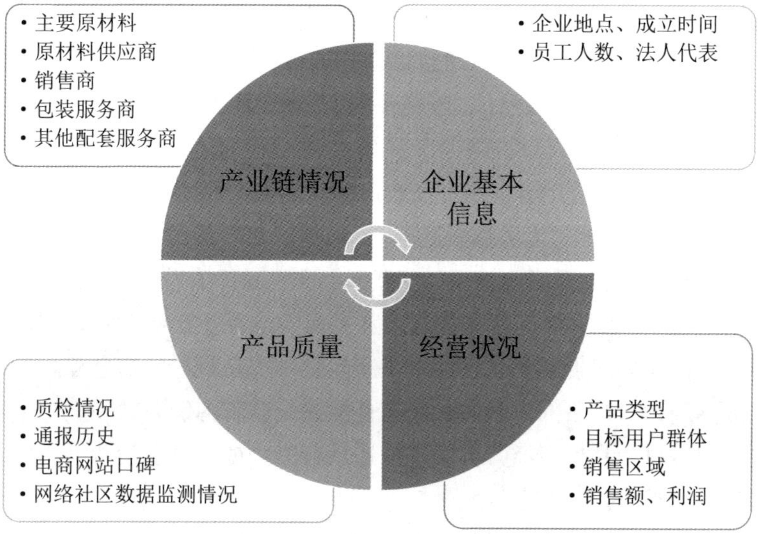

图 4–23 食品企业画像维度

依托企业画像，结合检测数据与普查数据，可以构建企业风险事件识别及关联评价体系，从经营状况、违规情况、媒体评价等多种数据源总结出风险事件，并进行风险重要性与风险置信度评价。在实时监测的基础上，总结企业的信用特征，挖掘风险优质企业和高危企业，为监管部门提供高风险企业名单，为食品安全监管决策提供参考。

第五章　网络舆情传播与治理

在现代社会，一些潜在的社会风险可能通过特定突发事件引发公共危机。在短时间内，公共危机会表现为暴发性的舆论传播，形成网络舆情。一般来讲，网络舆论反映了公众对一些社会问题的观点和情绪，可以为社会治理提供依据。但是，借助于网络媒体的传播与放大效应，加之多种传播主体的助推，网络舆论可能会出现极化现象或背离事件真相，因而需要进行必要的引导与治理。网络舆情是典型的大数据，借助于大数据分析技术，可以更好地分析网络舆情中的话题、观点以及传播主体，从而为网络舆情治理提供依据。

第一节　社交网络中的情感传播

互联网通过改变信息的传播方式改变了社会的网络特征和结构。社交媒体的兴起不仅使网民可以自由表达观点、态度与情感，而且也加速了各种信息的传播。在公共管理领域，如果不对网络舆情或谣言进行控制和引导，网民的情感很容易出现群体极化现象，从而引发网络群体性事件，甚至引发实际生活中的暴力事件[①②③]。如 2007 年的涉日游行、2009 年的新疆打砸事件和 2012 年由钓鱼岛争端引起的民众打砸事件等均不同程度地受到了网络舆情的激发和推动，“2012 年世界末日”的谣言也在一定程度上影响了社会的稳定和民众的情绪，2013 年陕西神木县政府群众聚集事件也

① 杨久华 . 试论网络群体性事件发生的模式、原因及其防范［J］. 重庆社会主义学院学报，2009，11（4）：89–92.

② 曾润喜，徐晓林 . 网络舆情对群体性突发事件的影响与作用［J］. 情报杂志，2010，29（12）：1–4.

③ 彭知辉 . 论群体性事件与网络舆情［J］. 上海公安高等专科学校学报，2008，18（1）：46–50.

是由于网上散布的谣言而由部分网民在网上发起的。在商业领域，网民的爆料和情感集聚很可能造成企业的巨大损失甚至灭亡，如三鹿“毒奶粉”、双汇“瘦肉精”、百事可乐“致癌门”等网络舆情事件对任何企业来说都是一种考验。尤其是随着移动互联技术的发展，博客、微博等 Web2.0 工具的兴起使得网民情绪的传播更加迅速，各种情绪都有可能瞬间扩散。叶璐[①]指出：除了事件性的信息外，情绪信息通常也是微博传递的主体内容之一，用户在使用微博时，情绪的产生与现实生活中情绪的产生方式基本一致。由于微博情绪是在一个公共空间进行表达，而且这种情绪的表现形式因为微博内容的存在得以长时间保存，因此个人情绪的影响将会加倍放大。所以，为避免不良情绪的集聚和激化，有必要对网上各种情绪的传播规律进行分析，寻找影响情绪传播的关键因素。

一、情感与情感分析

与“情感”相关的概念主要有 sentiment、opinion、attitude、emotion、mood、evaluation、subjective、affect、feeling 等。目前国内外的研究者普遍使用的术语是情感分析（sentiment analysis）和观点挖掘（opinion mining），将这两个术语作为所有与主观性分析相关的方法的统称。就二者的区别来讲，情感（sentiment）是基于思想感情的态度或带有情绪的评价（emotional evaluation），如：“我对这里的服务非常生气”“我非常喜爱这款相机”。态度（attitude）和观点（opinion）的范围比情感大，不仅包含情绪的评价（emotional evaluation），还包含理性的评价（rational evaluation）[②]，如“这家餐馆的价格很实惠”“这款相机拍出来的照片很清晰”。其中理性的评价（rational evaluation）一般不表达人们的内心体验。由此看来，“情感分析”更多关注于人们的内心体验。现有研究对于情感（sentiment）与情绪（emotion）也有一定的区分。一般来讲，对前者的研究主要涉及正面、负面或中立的极性分析；而后者则是心理学的主要研究内容，涉及喜、怒、哀、乐等多种人类的心理现象。

自 2000 年初，情感分析和观点挖掘成为情报学、传播学及计算社会学等学科最活跃的研究领域。随着数据挖掘、网页挖掘和文本挖掘等大数

---

① 叶璐．微博中的负面情绪传播分析［J］．今传媒，2012（2）：54–55.

② Liu B. Sentiment analysis and opinion mining[J]. Synthesis Lectures on Human Language Technologies, 2012, 5 (1): 20–21.

据分析技术的兴起，涌现出大量研究成果。当前情感分析的研究主要集中于对互联网中网民发布的信息进行情感的挖掘和判断，统计不同情感的强度，以及对情感的相关因素进行分析，如互联网情感与社会重大事件的相关性[①②]；通过互联网情感预测股市波动[③]、政治选举结果[④]和电影票房[⑤⑥]等；将微博文本中的情感词与民意或舆论相结合[⑦]等。但是目前国内对互联网中网民情感传播特征和规律的研究还相对较少。网民情感传播研究是指在情感挖掘和情感强度统计的基础上进一步研究情感信息在互联网空间的传播特征、规律、影响因素和管理策略等。

二、情感传播的基本理论

心理学中对情绪的研究，有情绪感染理论、情绪—社会信息模型以及以计算机为中介的情感交流模型等，这些理论可与社会信息处理理论（Social Information Processing theory）以及信息传播理论相结合进行情绪传播研究。

（一）情绪感染理论

心理学家把情绪（emotion）看作由许多关键成分组成的复杂心理现象，通常包括主观情绪体验、生理唤醒、面部表情及情绪行为等多种成

---

① Bollen J, Mao H, Pepe A. Modeling public mood and emotion: Twitter sentiment and socio-economic phenomena[C]. Proceedings of the Fifth International AAAI Conference on Weblogs and Social Media (ICWSM). Barcelona, Spain, 2011: 450–453.

② Thelwall M, Buckley K, Paltoglou G. Sentiment in Twitter Events[J]. Journal Of The American Society For Information Science And Technology, 2011, 62 (2): 406–418.

③ Bollena J, Mao H, Zeng X. Twitter mood predicts the stock market[J]. Journal of Computational Science, 2011, 2 (1): 1–8.

④ Andranik Tumasjan, Timm O. Sprenger, Philipp G. Sandner, Isabell M. Welpe. Predicting Elections with Twitter: What 140 Characters Reveal about Political Sentiment[C]. Proceedings of the International AAAI Conference on Weblogs and Social Media, Washington, DC, May, 2010: 178–185.

⑤ Sadikov E, Parameswaran A G, Venetis P. Blogs as predictors of movie success. In Proceedings of the third international conference on Weblogs and Social media, 2009: 304–307.

⑥ 徐健 . 基于网络用户情感分析的预测方法研究［J］. 中国图书馆学报，2013，39（3）：96–107.

⑦ O'Connor B, Balasubramanyan R, Routledge B R, Smith N A. From tweets to polls: linking text sentiment to public opinion time series[C]. Proceedings of the International AAAI Conference on Weblogs and Social Media, Washington, DC, May, 2010: 122–129.

分[①②]。在情绪类型的划分上，存在多种分类方式，目前较为常用的方法是“效价—唤醒度”的划分方法[③]：依据效价（valence）将情绪分为正、负两极，位于正极的称积极情绪，通常带来愉悦感受，如快乐、爱、愉快、幸福等；位于负极的称消极情绪，通常产生不愉悦感受，如忧愁、悲伤、愤怒、紧张、焦虑、痛苦、恐惧、憎恨等；同时依据唤醒度（Arousal）区分情绪的强弱，唤醒度越大，所产生的情绪就越强烈。

日常生活中人们的情绪会受到周围人的影响，心理学中将情绪的相互影响称为情绪感染。哈特菲尔德（Hatfield）、卡乔波（Cacioppo）和拉普森（Rapson）[④⑤]，将情绪感染（emotional contagion）定义为“人们倾向于自动模仿并自动使自身的行动、表情、姿势和发音与其他人同步，由此达到情绪的一致”。哈特菲尔德（Hatfield）等[⑥]解释了情绪感染形成机制，首先是行为模拟，然后通过激活和反馈从表情、声音和姿势的模拟中获得即时的情绪体验，最终捕获其他人的情绪。由情绪感染理论可知，情绪状态可在人与人之间进行传播。

在情绪感染理论的基础上，研究者们对各种不同主体间的情绪感染现象进行了研究，如家庭成员之间[⑦]、组织成员之间[⑧]、实验对象之间[⑨]等。情

---

① 黄希庭 . 心理学导论（第二版）[M] . 人民教育出版社，2007：459–460.

② Coon D. Introduction to psychology—Gateways to mind and behavior, Motivation and emotion[M]. Wadsworth: Thomson learning, 2000: 480–493.

③ Russell J A. A circumplex model of affect[J]. Journal of Personality and Social Psychology. 1980, 39 (6): 1161–1178.

④ Hatfield E, Cacioppo J T, Rapson R L. Primitive emotional contagion[J]. Review of personality and social psychology, 1992, 14: 151–177.

⑤ Cacioppo J T, Rapson R L. Emotional Contagion[M]. Paris: Cambridge University Press, 1994.

⑥ Hatfield E, Cacioppo J T, Rapson R L. Emotional contagion[J]. Current Directions in Psychological Science, 1993, 2 (3): 96–99.

⑦ Larson R W, David M A. Emotional Transmission in the Daily Lives of Families: A New Paradigm for Studying Family Process[J]. Journal of Marriage and Family, 1999, 61 (1): 5–20.

⑧ Barsade S G. The ripple effect: emotional contagion and its influence on group behavior[J]. Administrative Science Quarterly, 2002, 47 (4): 644–675.

⑨ Fowler J H, Christakis N A. Cooperative behavior cascades in human social networks[C]. Proceedings of the National Academy of Sciences, 2010, 107 (12): 5334–5338.

绪感染还被应用于微笑服务和口碑营销中[①②]。情绪感染研究的方法主要有日记法（diary methods）[③]、日常汇报、问卷和行为实验[④]、社会网络分析[⑤]、复杂网络建模[⑥]等。

（二）情绪—社会信息模型（EASI）

心理学家对情绪的影响研究多集中在情绪对个体的影响，如情绪可影响人的生理、认知、记忆、行为等。其实，个人情绪的表达也能对社会环境中的其他人产生影响。情绪不仅能传递表达者的内心感受，而且还能传递社会环境信息，如情绪表达者的社会性动机、对其他人的定位等，观察者还能通过情绪获知情绪表达者对某种状况的认知评价。

情绪—社会信息模型（Emotions as Social Information Model, EASI model）说明了情绪其实是一种社会信息，可以在人与人之间传播和扩散，每一种具体的情绪都能传递某种特殊的信息。情绪通过表达可以向观察者提供一种信息，并影响观察者的情绪和行为。EASI 模型为理解人际交往中情绪相互影响的过程提供了一个框架，范克里夫（Van Kleef）[⑦⑧]对这一框架进行了详细论述，论证了情绪的表达能通过激发观察者的推理过程和情感反应来影响观察者的行为，推理过程和情绪反应的强度以及它们所引起的行为的不同取决于观察者的信息处理能力和社会关系。

---

① Barger P B, Grandey A A. Service with a Smile and Encounter Satisfaction: Emotional Contagion and Appraisal Mechanisms[J]. Academy of Management Journal, 2006, 49 (6): 1229–1238.

② Pugh S D. Service with a smile: Emotional contagion in the service encounter[J]. Academy of management journal, 2001, 44 (5): 1018–1027.

③ Laurenceau J P, Bolger N. Using diary methods to study marital and family processes[J]. Journal of Family Psychology, 2005, 19 (1): 86–97.

④ Doherty R W. The emotional contagion scale: a measure of individual differences[J]. Lounal of Nonverbal Behavior, 1997, 21 (2): 131–154

⑤ Fowler J H, Christakis N A. Dynamic spread of happiness in a large social network: longitudinal analysis over 20 years in the Framingham Heart Study[J]. British Medical Journal, 2008, 337 (a2338): 1–9.

⑥ Hill A L, Rand D G, Nowak M A and Christakis N A. Emotions as infectious diseases in a largesocial network: the SISa model[C]. Proceedings of the Royal Society: Biological Sciences, 2010, 277: 3827–3835.

⑦ Van Kleef G A. How emotions regulate social life: the emotions as social information (EASI) model[J]. Current Directions in Psychological Science, 2009 18 (3): 184–188.

⑧ Van Kleef G A. The emerging view of emotion as social information[J]. Social and Personality Psychology Compass, 2010, 4 (5): 331–343.

情绪感染理论和EASI理论为互联网情感传播研究提供了理论支持。EASI理论与情绪感染理论均说明了情绪在人与人之间传播的机制，情绪感染理论将模仿视为形成情绪传播的主要因素，而EASI理论将情绪视为一种信息，将情绪信息接收者的推理和情感反应视为形成情绪信息传递的主要因素，同时EASI模型也给出了影响情绪信息传递的其他因素。

（三）以计算机为中介的情感交流模型（CMC）

情感传播研究最初主要关注实际生活环境中的情绪感染。随着网络的普及和应用，现实生活中的情绪传播也必然植入网络环境，形成网络情绪传播[①]。在Web2.0产生之前，研究者们将注意力更多地集中到了以计算机为中介的交流（Computer-mediated communication，CMC）环境中，如电子邮件交流、计算机会议系统、电子公告系统等，研究在CMC环境下人们的情感交流模式。CMC环境下的交流虽然存在非口头语言交流的缺陷，但也不能忽视其中情绪的交流[②]。社会信息处理理论（Social Information Processing theory）[③] 指出，面对以计算机为中介进行交流的局限，用户能主动寻找表达方式和对关系信息进行评估的方法来适应这种局限，用户会通过各种语言线索来传达关系信息。赖斯（Rice）和洛夫（Love）[④] 指出比起面对面环境下的情绪交流，CMC交流环境下会缺乏许多面对面交流时的声音和视觉线索，因此会发生更少的情绪交流，但CMC交流并不是完全不带有情绪。德克斯（Derks）等[⑤] 认为赖斯（Rice）和洛夫（Love）的观点有些保守，他们认为没有任何证据能证明CMC环境下的情绪交流比面对面环境下的情绪交流更困难，相反的是在线环境和线下环境中的情绪交流惊人的相似，如果发现两种环境存在差异，那也是体现在CMC环境比面对面环境的情绪交流更加频繁且表达方式更加明确。汉考克（Hancock）

---

① 金云波，许远理．网络异化对网络情绪传播的影响［J］．重庆文理学院学报（社会科学版），2011，30（2）：135–140.

② Derks D, Bos A E R, Grumbkow J. Emoticons and social interaction on the Internet: the importance of social context[J]. Computers in Human Behavior, 2007, 23 (1): 842–849.

③ Walther, J. B. Interpersonal effects in computer-mediated interaction: A relational perspective[J]. Communication Research, 1992, 19: 52–60.

④ Rice R E, Love G. Electronic emotion socioemotional content in a computer-mediated communication network[J]. Communication research, 1987, 14 (1): 85–108.

⑤ Derks D, Fischer A H, Bos A E R. The role of emotion in computer-mediated communication: A review[J]. Computers in Human Behavior, 2008, 24 (3): 766–785.

等[①]通过实验研究了在基于文本的交流过程中人们表达和发现情绪的方式，证实了社会信息处理理论，结果显示在基于文本的交流环境中情绪可以通过争论、消极情感词、标点符号和冗长文字等方式进行表达和接收，在对情绪的察觉方面，参与者对情绪的判断很敏感，能很容易区分积极和消极情绪。贝尔金（Belkin）等[②]没有关注CMC环境和面对面环境情绪传播的区别，而是研究了在线谈判环境中积极情绪和消极情绪的传播特征，选择120位商学院学生，两两通过电子邮件进行谈判，两人之一进行指定情绪的表达，然后通过问卷对其他人的体验进行测量，实验结果表明在线环境中积极情绪的表达比消极情绪更容易造成更大范围的情绪感染，积极情绪能促进未来关系的稳定，而消极情绪倾向于影响个人的收益，文章中的数据也反映出那些与消极的人进行交流的参与者会获得更低的收益。

可见，在CMC交流模式下，情绪在人们之间也是可以互相感染的，只是感染方式与实际面对面的交流不同。比起面对面交流，CMC交流是否包含更多的情绪信息还不确定。但是随着交流模式的发展，Web2.0交流环境会比CMC交流环境包含更多的情绪信息。

三、在线社交网络中的情感传播模型

在线社交网站的兴起，提高了用户借助互联网交流的参与度，而且社交媒体中首要的交流就是情感交流[③]。尽管社交网站和情感分析的研究发展都很快，但是将二者结合起来的研究尚不多见。赛尔沃（Thelwall）等[④]对“MySpace”中819条公众评论的随机样本进行分析，结果发现有三分之二的评论包含积极情绪，有20%包含消极情绪，表明“MySpace”是一个包含丰富情绪信息的环境。研究表明社交网站中发帖被转发或被评论的数量

---

① Hancock J T, Landrigan C, Silver C. Expressing emotion in text-based communication[C]. Proceedings of the SIGCHI conference on Human factors in computing systems, New York, NY, USA, 2007: 929–932.

② Belkin L, Kurtzberg T, Naquin C. Emotional contagion in the online environment: Investigating the dynamics and implications of emotional encounters in mixed-motive situations in the electronic context[C]. IACM 19TH Annual Conference, 2006: 1–28.

③ Miller V. New media, networking and phatic culture[J]. Convergence: The International Journal of Research into New Media Technologies, 2008, 14 (4): 387–400.

④ Thelwall M, Wilkinson D, Uppal S. Data mining emotion in social network communication: Gender differences in MySpace[J]. Journal of the American Society for Information Science and Technology, 2010, 61 (1): 190–199.

会受到发帖中包含的情感因素的影响，积极情感和消极情感对信息传播速度的影响存在差异①②③④⑤。除此之外，用户自身的社交网络规模也会对用户之间的情感传播产生影响⑥⑦。

情感传播的定义和规律模型是研究者们关注的课题。在情感传播的测定方面，扎法拉尼（Zafarani）等⑧提出了研究社交网络中情感传播的方法，提出了情感传播的数学表达，通过不同时间点用户情感值的变化来衡量情感是否发生传播，并通过对在《生活杂志》（Live Journal）网站获取的用户发帖信息以及好友关系的语料集进行实验，实验结果揭示了发生情感传播和未发生情感传播的用户的特征，指出发生情感传播的用户他们的朋友都很少发帖；某一用户如果拥有许多喜欢发帖的朋友，他发生情感传播的可能性要小。唐（Tang）等⑨建立了一个通过相邻节点的情绪预测特定用户情感的情绪状态模型，通过此模型还可预测整个网络的情绪动态变化，文章分别通过实际社会网络和在线社交网络验证了模型的有效性。

在情感传播规律模型的研究方面，多借鉴信息传播的相关模型。科尔

① Hansen L K, Colleoni E, Etter M, et al. Good friends, bad news: affect and virality in Twitter[C]. The 2011 International Workshop on Social Computing, Network, and Services, 2011: 1–14.

② Stieglitz S, Dang-Xuan L. Political Communication and Influence through Microblogging-An Empirical Analysis of Sentiment in Twitter Messages and Retweet Behavior[C]. System Science (HICSS), 45th Hawaii International Conference on IEEE, 2012: 3500–3509.

③ Pfitzner R, Garas A, Schweitzer F. Emotional Divergence Influences Information Spreading in Twitter[C]. ICWSM-12, 2012: 543–546.

④ Wu S, Tan C, Kleinberg J M, et al. Does Bad News Go Away Faster?[C]. 5th International AAAI Conference on Weblogs and Social Media, 2011.

⑤ Nelson-Field K, Riebe E, Newstead K. To shock or inspire: Understanding which emotions drive video sharing on Facebook[C]. ANZMAC, Perth, WA, 2011. weet Behavior[C]. System Science (HICSS), 45th Hawaii International Conference on IEEE, 2012: 3500–3509

⑥ Pfitzner R, Garas A, Schweitzer F. Emotional Divergence Influences Inform ation Spreading in Twitter[C]. ICWSM-12, 2012: 543–546.

⑦ Wu S, Tan C, Kleinberg J M, et al. Does Bad News Go Away Faster?[C]. 5th International AAAI Conferenc e on Weblogs and Social Media, 2011.

⑧ Zafarani R., Cole W. D., Liu H. (2010) Sentiment Propagation in Social Networks: A Case Study in LiveJournal. In: Chai SK., Salerno J. J., Mabry P. L. (eds) Advances in Social Computing. SBP 2010. Lecture Notes in Computer Science, vol 6007. Springer, Berlin, Heidelberg.

⑨ Tang J, Zhang Y, Sun J, et al. Quantitative Study of Individual Emotional States in Social Networks[J]. Affective Computing, IEEE Transactions on, 2012, 3 (2): p. 132–144.

（Cole）[①] 介绍了相关的信息传播模型：传染模型（Epidemic model）、线性阈值模型（Linear threshold model）与独立级联模型（Independent cascade model），指出这些模型均可用于构建情感传播模型，以分析在线社交网络中的情绪是否存在传播现象。文章提供了一个判断在线社交网络中情绪扩散的方法，将信息扩散模型和情感分析相结合，应用综合了线性阈值模型和独立级联模型的通用阈值扩散模型（general threshold diffusion model）建立了一个新的分类器模型，并用来预测在线社交网络中用户和朋友间的情绪传播。

除了情感传播模型的构建外，利用仿真方法进行模拟实验能更好地揭示情感传播规律。苏瓦科夫（Šuvakov）等 [②] 利用基于 Agent 的计算机模拟方法研究了在线社交网络中情绪交流的动态变化，从"MySpace"社交网站中获取实证数据来确定 Agent 之间互动的规则、网络结构以及一些重要参数，通过情绪的效价和唤醒度两个变量来定义 Agent 的情绪状态，通过逐渐增加唤醒度来激发 Agent 的行为，Agent 会受到与其连接的其他 Agent 所发来的带有情绪的消息的影响，所以整个网络的状态会随时间不断变化，通过模拟的结果作者发现某个 Agent 的情绪行为可以引起集群组织的行为改变，不同类型的情绪，如热情和羞愧等，表现出了不同的扩散模式。

四、在线社交网络情感传播的研究方法

在线社交网络中情感传播研究的主要步骤可以归纳为：首先构建网民的社交网络，并将情感信息嵌入到社交网络中；然后运用社会网络分析或复杂网络分析方法对情感的分布特征进行分析；最后，探索情感传播规律，构建情感传播模型。下面从情感的网络嵌入方法、情感的网络分布特征、情感传播模型三个方面进行总结和介绍。

（一）情感的网络嵌入方法

情感的网络嵌入是指将情感分析与社会网络分析相结合，将情感信息嵌入到社会网络结构中。情感的网络嵌入主要有两种方法，一种是基于节点（node-based）的情感嵌入，节点通常代表社会网络中的用户，也可以

---

① Cole W D. An Information Diffusion Approach for Detecting Emotional Contagion in Online Social Networks[D]. Arizona State University, 2011.

② Šuvakov M, Garcia D, Schweitzer F, et al. Agent-based simulations of emotion spreading in online social networks[J]. arXiv: 1205. 6278, 2012.

代表发帖，通过用户的发帖或评论等判断用户的情感，然后对社会网络中的节点进行情感标注。另一种嵌入方法是基于网络关系（link-based）的情感嵌入，通过两个用户之间传递的信息判断两个用户之间关系的情感特征，然后在社会网络中对节点之间的连线进行情感标注。

1. 基于节点的情感嵌入

假定已经明确用户的社会关系网络，基于节点的情感嵌入首先要对节点的情感状况进行判断，然后在社会关系网络中标注节点的情感属性。在针对实际生活的情绪感染研究中，很难判断两个调查对象之间的情感关系，通常会采用问卷、访谈、实验或观察等方法来判断调查对象的情感状况，然后在他们的社会关系网中进行标注，进而研究情感状况与社会关系之间相互作用，如将社会网络中的幸福和不幸福的人群进行可视化，进而计算幸福传递的距离。在线社交网络中用户的情感需要通过用户在网络中发布的帖子或评论来判断，然后在用户的在线社交网络图中进行标注，如布利斯（Bliss）等[①]对推特用户的幸福感进行了可视化，用不同颜色来标注节点的幸福程度。

社交网络中的节点不仅可以代表用户，还可以将每一条发帖与用户节点联系起来，标注用户每一条发帖的情感和针对每一条发帖的评论的情感。米特罗维奇（Mitrović）等[②]针对 BBC 博客社交网络中情感的分布进行研究，除了构建用户的社交关系网以外，还将每位用户的发帖和评论以节点的形式与用户相连，构建了 BBC 博客用户和发帖（带有评论）二模网络图，通过机器学习方法对发帖和评论的文本进行情感分类，用不同形状的节点来表示网络图中的用户、发帖和评论，节点的颜色代表发帖和评论的不同情感，以此观察由某些关注度高的发帖引发的用户评论的情感随时间变化的情况。

2. 基于关系的情感嵌入

基于关系的情感嵌入就是通过判断两两节点之间的情感关系，对网络图中的连线赋予情感值。希尔曼（Hillmann）和特里尔（Trier）[③]通过依附

① Bliss C A, Kloumann I M, Harris K D, et al. Twitter reciprocal reply networks exhibit assortativity with respect to happiness[J]. Journal of Computational Science, 2012, 3 (5): 388–397.

② Mitrović M, Paltoglou G, Tadić B. Networks and emotion-driven user communities at popular blogs[J]. The European Physical Journal B, 2010, 77 (4): 597–609.

③ Hillmann R, Trier M. Sentiment Polarization and Balance among Users in Online Social Networks[C]. 18th Americas Conference on Information Systems AMCIS, 2012: 1–10.

理论（Attachment Theory）说明了一个人对另一个人的态度应被视为连线或关系的属性而不是人本身的特征。在社会网络理论中，网络的连线可以有大小和方向，所以连线的情感也可以具备大小和方向两种属性。情感的大小不只有强度，而且还有正负之分。连线有正负之分的网络在社会网络中称为有符号的网络（signed network）。情感的方向是指两个节点之间的情感并不是对等的，节点 A 对节点 B 的情感是由 A 指向 B 的，而节点 B 对节点 A 的情感是由 B 指向 A 的，A 对 B 和 B 对 A 的情感可以是完全不同的，例如在实际生活中 A 喜欢 B，但是 B 却讨厌 A，我们将在下节详细介绍与此相关的互惠理论。

基于关系的情感网络不考虑用户自身的情感特征，而是考虑用户之间或者用户与发帖之间的情感关系特征，主要分为两个步骤：首先是对节点之间（用户与用户或用户与发帖）的情感进行分析。在线社交网络中用户与用户之间的情感可通过用户之间的评论或用户的好友关系网来判断；用户与发帖之间的情感主要通过用户对发帖的评论来判断。用户之间的情感关系网可以是无向网络，也可以是双向有向网络；用户与发帖之间的情感网络是单向网络，只能由用户指向发帖。基于关系的情感嵌入的第二个步骤就是网络连线的情感标注，情感的方向可以用带有方向的箭头表示，情感的大小可以标注在连线旁边，若关系网比较复杂可以用不同颜色的连线来表示情感的效价（类型），用连线的粗细表示情感的唤醒度（强度）。

（二）情感网络特征分析

将情感信息嵌入到社会网络中以后可以对社会网络中情感的分布特征进行分析。情感的分布特征可从多个方面来描述，从范围上来说，可以分为两方或三方的情感关系分析、单个节点的级联（cascades）网络（在社会网络分析中也称为一个节点的影响域）分析以及整体网络的情感分布特征。其中两方或三方的情感关系分析的理论主要有互惠理论、结构平衡理论与状态理论。

1. 情感网络的互惠性分析

两点之间的互惠性主要是从情感的方向上进行考虑的。情感网络是一个有向网络，两个相邻节点彼此情感不一定是一致的。如图 5–1 所示，节点 A 对节点 B 的态度是积极的，而节点 B 对节点 A 的态度却是消极的。情感互惠也称为情感对称，就是要研究相邻节点对彼此的情感是否趋于一致。基斯勒（Kiesler）[①]提出的人际互补性（Interpersonal Complementary）的理论框架指出每一个行动都能激发一个反应，每一个反应都适应了之前的行动，这样就导致人际交往中关系类型的重复，例如对其他人友善换来了其他人对自己的友善。人际互补性理论说明了情感关系的双向性，一个节点对另一节点的情感能够激发另一节点对此产生相应的反应和相应的情感态度。

图 5–1　两节点之间的情感传达

米斯洛夫（Mislove）等[②]通过对 Flickr、YouTube、LiveJournal 和 Orkut 四种社交网站的大规模数据进行统计发现双向关系的比例分别为 62.0%、73.5%、79.1%、100.0%，表明社交网站中大部分的用户关系是双向对称的。但是并非所有的两两用户之间都会产生双向关系，尤其在微博关注网络中，一些明星用户得到许多粉丝的评论但是却很少进行回应，就如同在链接网络中，一些网页得到了许多其他网页的链接，但却没有链接其他的网页。在链接网络中，通常通过入度来衡量网页的权威性[③]。同样，将两两用户的关系对称性扩展到整个网络时，也可通过情感关系的入度判断用户的情感影响力，通过出度判断情感表达的活跃性。另外，关系的互惠性能增加信息、病毒等的扩散速度[④]。加拉斯凯利（Garlaschelli）和洛夫雷多（Loffredo）提出了一种衡量网络关系互惠性的一般方法，表明互惠性是许

---

① Kiesler D J. The 1982 Interpersonal Circle: A taxonomy for complementarity in human transactions[J]. Psychological Review, 1983, 90 (3): 185–214.

② Mislove A, Marcon M, Gummadi K P, et al. Measurement and analysis of online social networks[C]. Proceedings of the 7th ACM SIGCOMM conference on Internet measurement. ACM, 2007: 29–42.

③ Kleinberg J. Authoritative Sources in a Hyperlinked Environment[J]. Journal of the ACM, 1999, 46: 604–632.

④ Garlaschelli D, Loffredo M I. Patterns of link reciprocity in directed networks[J]. Physical Review Letters, 2004, 93 (26): 268–701.

多网络的共同特征[①]。希尔曼（Hillmann）与特里尔（Trier）[②]获取了论坛、网络聊天对话、微博、新闻讨论组等不同类型的在线交流数据，通过用户之间的交流消息确定有向边的情感，通过两用户之间双向边的情感差值来反应互惠的程度，结果发现大部分两两用户之间关系的差值都很小，表明用户之间倾向于彼此表达相同的情感。在整体网络中，情感的互惠程度不仅能影响情感的扩散速度，而且情感的互惠性对于研究群体情感集聚和情感极化也具有重要的意义。

2. 基于结构平衡理论和状态理论的情感关系研究

互惠理论研究的是两点之间的关系，结构平衡和状态理论主要针对的是三方关系，这些针对局部网络关系的理论都可扩展到整体网络。莱斯科维茨（Leskovec）等[③]将结构平衡理论和状态理论作为有符号网络的相关理论进行介绍，并对二者的区别进行了比较，认为状态理论是针对有向网络而言的，结构平衡理论最初针对无向网络，也可应用于有向网络。

情感平衡研究基于的是结构平衡理论（Balance Theory）。结构平衡是由卡特赖特（Cartwright）和哈拉里（Harary）[④]在海德（Heider）[⑤]提出的平衡理论的基础上形成的一般化的结构模型。研究的是网络中三个节点之间的关系，理论基础通俗地说就是“朋友的朋友也是朋友，朋友的敌人也是敌人”。如图 5–2 是一个有向的三方关系网络图，已知 A 与 B 互相持有积极认可的态度，A 对 C 的情感为消极甚至敌对，那么可预测 B 对 C 的情感更可能为消极情感。情感平衡研究可通过已知的关系来预测未知关系。

---

① Garlaschelli D, Loffredo M I. Patterns of link reciprocity in directed networks[J]. Physical Review Letters, 2004, 93 (26): 268–701.

② Hillmann R, Trier M. Sentiment polarization and balance among users in online social networks[C]. 18th Americas Conference on Information Systems AMCIS, 2012.

③ Leskovec J, Huttenlocher D, Kleinberg J. Signed networks in social media[C]. Proceedings of the SIGCHI Conference on Human Factors in Computing Systems. ACM, 2010: 1361–1370.

④ Cartwright D, Harary F. Structural balance: a generalization of Heider's theory[J]. Psychological review, 1956, 63 (5): 277–293.

⑤ Heider F. Attitudes and cognitive organization[J]. The Journal of psychology, 1946, 21 (1): 107–112.

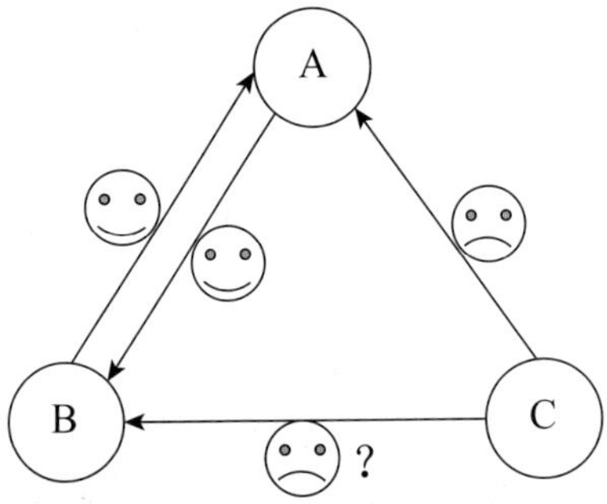

图 5–2 基于社会平衡理论的三方节点情感关系

状态理论（Status Theory）认为如果 A 对 B 持有积极情感，那么 B 在网络中的地位比 A 高。反之，如果 A 对 B 持有消极情感，则认为 B 在网络中的地位比 A 低。状态理论可用于网络中用户地位的评价，对于网络中关系的预测和推荐具有一定借鉴意义。

社会平衡理论和状态理论可用于情感关系的预测，并实现好友关系的推荐。莱斯科维茨（Leskovec）等[①]提出一种机器学习模型来预测在线社会网络中两节点之间联系的情感，结果与社会心理学中的平衡理论和状态理论相符，他们的研究表明了一个用户对另一用户的态度或情感可通过他们与其他人的关系来预测。西梅尼迪斯（Symeonidis）等[②]将网络用户情感的平衡理论和状态理论应用于社交网络中的好友推荐算法中，获得了很好的效果。

3. 级联网络中的情感传播

人们的观点、情感、行为都很容易受到社交网络中周围人的影响，这就形成了信息级联网络（cascades network）。级联网络在研究信息、谣言和观点等的传播方面都非常有意义[③]。级联网络类似于个体中心网，没有

---

① Leskovec J, Huttenlocher D, Kleinberg J. Predicting positive and negative links in online social networks[C]. Proceedings of the 19th international conference on World wide web. ACM, 2010: 641–650.

② Symeonidis P, Tiakas E, Manolopoulos Y. Transitive node similarity for link prediction in social networks with positive and negative links[C]. Proceedings of the fourth ACM conference on Recommender systems. ACM, 2010: 183–190.

③ Leskovec, Jure & McGlohon, Mary & Faloutsos, Christos & Glance, Natalie & Hurst, Matthew. Cascading Behavior in Large Blog Graphs Patterns and a model. 2007, arXiv. https://www.researchgate. net/publication/249864879_Cascading_Behavior_in_Large_Blog_Graphs_Patterns_and_a_model

关注整个推特用户社会网络结构，而是关注其中以一个或几个用户为中心的网络，研究一个用户的情感对与此用户相连的其他用户的情感是否产生影响，影响的范围、程度和深度如何等。白（Bae）和李（Lee）[①] 研究了推特中某些知名用户的情感影响力，文章选择了巴拉克·奥巴马（Barack Obama）、Lady Gaga、CNN 突发新闻（Breaking News）等 13 个知名推特用户，他们的受众群体指的是转发、评论或提及知名用户博文的其他用户，研究结果表明知名用户的情感表达能影响他们的受众群体的情感，受众群体的情感变化与杂志“Billboard”公布的知名用户每周排名以及现实生活中知名用户的支持度存在相关性，表明推特受众的情感具有一定的现实预测作用。

米勒（Miller）等 [②] 将注意力集中到博客链接网络中的情感传播，研究问题主要有：一个发帖的情感是否会影响相邻节点的情感；博客环境中的情感是怎样流动的；深度级联（cascades）与浅度级联结构的情感特征是否有明显区别，文章的数据来源于 2009 年的一个记忆追踪器项目（MemeTracker project），对数据进行清洗之后，对数据集中的帖子进行情感挖掘，为了得到更有意义的情感分析结果，米尔（Miller）等还计算数据集中每位发帖作者的日常情感基线，以决定帖子中的情感是否被临近节点所影响。首先，使用 C++SNAP 网络分析图书馆（network analysis library）对数据集构建了网络图，节点代表赋予情感值的帖子，连线代表帖子之间的链接关系；第二步，搜寻始发节点，始发节点没有引用其他帖子且只被其他帖子引用；第三步，通过广度优先算法搜索引用每一个始发节点的所有节点，然后依次搜索引用每一个节点的其他节点；最后在网络中共识别 190 万个级联网络，对级联网络的大小和级联深度等特征进行统计描述，通过节点情感得分和与始发节点的距离两个维度来衡量情感的传播情况，结果发现节点的情感明显受到相邻节点的影响；深度级联网络随着距始发节点的距离渐远表现出四个阶段：平稳、迅速升高、迅速降低、逐渐与情感基线吻合；与深度级联网络不同，浅度级联网络中始发节点很少使用消

---

① Bae Y. ;Lee H. . Sentiment analysis of twitter audiences: Measuring the positive or negative influence of popular twitterers[J]. Journal of the American Society for Information Science and Technology, 2012, 63 (12): 2521–2535.

② Miller M, Sathi C, Wiesenthal D, et al. Sentiment flow through hyperlink networks[C]. Proc. AAAI CWSM, 2011.

极语言，后续节点通常表达支持的态度，然后很快趋于平稳；随着级联深度的增加，消极情感先增长后降低，积极情感有不断增加的趋势。

4. 整体网络中的情感分布同质性分析

网络情感同质性主要研究网络中具有相同情感的用户是否更容易彼此交流，聚集到一起。网络情感同质性研究主要采用的方法为聚类分析和相关分析，分析相邻节点的情感是否彼此相关或一致。在社会网络中同质性（homophily）指的是人们倾向于与自己相似的人建立联系[①]。阿达米克（Adamic）等[②]对斯坦福大学社交网站“关系俱乐部”（Club Nexus）中学生的社交网络进行了分析，发现在年级、部门、专业、性别以及对书籍和电影的爱好等用户属性方面，随着用户连接距离的增加用户之间的同质性均逐渐降低，说明用户更倾向于与自己具有相同属性的其他用户取得联系。阿达米克（Adamic）的研究说明在多种用户属性方面，用户社交网络均具备同质性。用户在情感属性方面的同质性对于研究用户情感集聚也具有重要意义。布若佐夫斯基（Brzozowski）等[③]对Essembly社交网站中三种不同类型的用户关系联盟、朋友与仇敌（allies、friends 和 nemeses）的同质性进行了分析，发现三种关系的同质性依次降低，这表明用户不会与自认为是敌人的用户取得密切联系，他们更喜欢与自认为是联盟的用户取得联系。

关于用户情感的同质性，目前主要集中于幸福感的研究。波伦（Bollen）等[④]研究了用户的主观幸福感是否在在线社交网络中具有同质性，即网络中相邻节点是否表现出相同属性值，文章通过为所收集的为期六个月的推特样本数据构建粉丝关系网络，通过用户的发帖确定每位用户的幸福程度，分析结果发现在线社交网络中用户的幸福感具有网络同质性，即幸福的人更喜欢关注幸福的人，不幸福的人更趋向于关注不幸福的人，作者指出这一研究发现有助于理解情感是如何通过在线社交网络节点进行扩

---

① McPherson M, Smith-Lovin L, Cook J M. Birds of a feather: Homophily in social networks[J]. Annual review of sociology, 2001, 27: 415–444.

② Adamic L, Buyukkokten O, Adar E. A social network caught in the Web[J]. First Monday, 2003, 8 (6).

③ Brzozowski M J, Hogg T, Szabo G. Friends and foes: ideological social networking[C]. Proceedings of the SIGCHI Conference on Human Factors in Computing Systems. ACM, 2008: 817–820.

④ Bollen J, Gonçalves B, Ruan G, et al. Happiness is assortative in online social networks[J]. Artificial life, 2011, 17 (3): 237–251.

散的。布里斯（Bliss）等通过近四千万的微博数据验证了波伦（Bollen）等的结论，证实幸福感在网络中确实具有同质性[①]，另外布里斯（Bliss）等作者还对幸福感的距离进行了统计分析，发现幸福感最大距离为 3，即一个用户的幸福感分值与距离此用户距离为 1、2、3 的其他用户的幸福值是正相关的，并且随着距离的增大相关性逐渐减弱，文章还分析了用户的度数与幸福度之间的关系，结果表明度数高的用户比度数低的用户更加幸福。

五、研究述评

在线社交网络中的谣言尤其是网民负面情感的表达和传播，如果不加以合理引导和控制，有可能引发公共突发事件并影响社会的稳定。这样就需要通过一定的方法了解在线社交网络中网民情感传播的特征和规律，进行有针对性的管理。

就研究的理论基础而言，现有研究主要借用社会学、心理学、传播学等领域的相关理论作为研究基础，包括：①心理学相关理论，如情绪感染理论、情绪—社会信息模型、情绪一致性效应、情绪维度理论等。胡（Hu）等[②]将情绪感染和情绪一致性理论与微博用户的社会关系相结合，为微博情感分析提供了新的方法和思路。情绪感染理论是关于实际生活中情绪传播和扩散的主要理论基础，目前很少有研究将此理论扩展到互联网环境，情绪感染理论中的量表和研究方法均可尝试应用于互联网情感传播研究中。②社会学中的社会网络理论。如前文提到的互惠理论、结构平衡理论和状态理论均属于社会关系相关理论，已被应用于情感关系的研究。另外社会网络中的其他理论，如弱关系理论、中间人理论等也可应用于在线社交网络的情感关系分析。③大众传播学中的相关理论可用作互联网情感传播的理论依据，如“沉默的螺旋”理论能够解释网络环境下用户的意见表达和舆论的形成[③]，对情感的传播和情绪极化也具有一定的解释性。

从研究方法来看，目前应用于互联网情感传播研究的方法主要有：①

---

① Bliss C A, Kloumann I M, Harris K D, et al. Twitter reciprocal reply networks exhibit assortativity with respect to happiness[J]. Journal of Computational Science, 2012, 3 (5): 388–397.

② Hu X, Tang L, Tang J, et al. Exploiting social relations for sentiment analysis in microblogging[C]. Proceedings of the sixth ACM international conference on web search and data mining. ACM, 2013: 537–546.

③ 谢新洲．“沉默的螺旋”假说在互联网环境下的实证研究［J］. 现代传播，2003（6）：17–22.

情感传播网络的可视化，将情感特征嵌入到社会网络中进行可视化展示。②社会网络分析是社交网站情感传播研究采用的主要方法，其中网络距离、网络互惠、网络同质性分析均已应用于情感传播特征的分析。由于情感网络属于加权网络[①]，网络中的链接值反映了积极情感和消极情感的程度，而消极情感多采用负值表示。库尼吉斯（Kunegis）等[②]针对社交网站中用户之间的消极情感所运用的网络分析方法包括聚集系数、中心性、影响力、距离、相似性等。③复杂网络建模，希尔（Hill）等[③]将疾病传播模型应用于实际生活的情绪感染模型研究，目前将复杂网络传播模型应用于互联网中的情感传播研究还很少见。SIR 模型和 SIS 模型是研究最彻底、应用最广泛的传染病模型，科研人员也不断将其扩展应用于研究计算机病毒、谣言、信息等的传播[④]。④数据分析方法，如相关性分析、聚类分析均可应用于情感数据的分布特征研究，如文献[⑤]应用多种相关分析和因素分析方法来挖掘数据的特征。⑤问卷和实验方法是情绪感染研究常用的方法，并形成了相关研究量表，可将其应用于小样本互联网情感传播研究的实证分析。

第二节　网络舆情的演变与治理

一、网络社会的舆情传播

随着移动互联网的普及，突发事件发生后会形成规模或大或小的网络

---

① Kalna G, Higham D J. A clustering coefficient for weighted networks, with application to gene expression data[J]. Ai Communications, 2007, 20 (4): 263–271.

② Kunegis J, Lommatzsch A, Bauckhage C. The slashdot zoo: mining a social network with negative edges[C]. Proceedings of the 18th international conference on world wide web. ACM, 2009: 741–750.

③ Hill A L, Rand D G, Nowak M A, et al. Emotions as infectious diseases in a large social network: the SISa model[J]. Proceedings of the Royal Society of London B: Biological Sciences, 2010, 277 (1701): 3827–3835.

④ 周涛，傅忠谦，牛永伟等 . 复杂网络上的传播动力学研究综述［J］. 自然科学进展，2005，15（5）：513–518.

⑤ Symeonidis P, Tiakas E, Manolopoulos Y. Transitive node similarity for link prediction in social networks with positive and negative links[C]//Proceedings of the fourth ACM conference on Recommender systems. ACM, 2010: 183–190.

舆情。一般而言，突发事件网络舆情信息类型各异、来源众多、体量巨大，这些都是典型的大数据特征，其间包含大量网民对突发事件的态度、意见、情绪、诉求等信息，也包括各种猜测、小道消息甚至网络谣言等信息。如2011年的日本核泄漏事件、2015年的天津滨海新区爆炸事件和2017年的红黄蓝幼儿园虐童事件等都形成了大规模的网络舆情。网络舆情具有突发性、传播迅速、影响范围大等特点。面对海量的舆情信息，需要探索其传播与演化规律，以便更好地加以治理。

1. 网络舆情的概念界定

学者们从不同角度对网络舆情进行了界定，揭示了网络舆情的情感、内容与形式属性，大致可以划分为三类：一类侧重于网络舆情的言论属性。王国华等认为网络舆情是网民通过互联网传播的对于社会上某些刺激性事件之所有认知、态度、情感和行为倾向的集合①。孙彬与王东将网络舆情定义为网络媒体或网民使用互联网对热门话题和事件进行讨论，所产生的具有一定倾向性与影响力的言论或意见②。第二类侧重于网络舆情的民意内容，“是社会民意和社会情绪在网络上的反映、表现与释放”③，是各种社会群体对自己关心或与自身利益紧密相关的各种公共事务所持有的多种情绪、态度和意见的总和④。第三类从政治传播学的视角出发，关注网络所反映的公众的政治态度，认为网络舆情是公民在网络空间领域内对特定公共事务所表达出的社会政治态度、观点和信念⑤。

从舆情话题的内容来看，包括涉商性舆情、涉政性舆情、娱乐性舆情、公共危机类舆情、社会问题类舆情，等等。从舆情传播的范围来看，有机构内舆情、本地性舆情、小群体舆情、全国性舆情以及跨国性舆情。一般来讲，网络舆情产生的条件有如下几点：①有刺激性事件作为触发点；②有可以在短时期内聚合和传播信息的媒介，比如网络社交媒体；③话题与较大规模人群的利益相关，或者可以引发较大规模人群的社会身

---

① 王国华，曾润喜，方付建.解码网络舆情［M］.华中科技大学出版社，2014：1，1–2，172.

② 孙彬，王东.微信息舆情的主动介入导引模式［J］.沈阳工业大学学报，2016，38（5）：584–589.

③ 孟建，裴增雨.网络舆情的收集研判与有效沟通［M］.五洲传播出版社，2013：19.

④ 刘毅.网络舆情与政府治理范式的转变［J］.前沿，2006（10）：140–143.

⑤ 唐惠敏，范和生.网络舆情的生态治理与政府职责［J］.上海行政学院学报，2017，18（2）：84–92.

份认同；④有可以自由表达的信息空间。

2. 网络舆情传播模型

舆情传播规律和模型的研究能够服务于舆情的预测和控制。网络舆情传播模型的构建方法主要有复杂网络模型和传播动力学模型，如 SIR[①] 和 SEIR 传染病模型[②]、元胞自动机、隐马尔科夫模型（Hidde Markov Model，HMM）、神经网络[③]等。朱恒民等基于 BA 无标度网络和疾病传播 SEIR 模型，提出媒体作用下的舆情话题传播模型，该模型考虑到媒体数量、报道力度和可信度对舆情话题传播的影响作用，实验结果表明媒体作用下互联网舆情话题传播速度加快，传播范围变广，且传播弛豫时间减少[④]。王杨等针对网络社区动态、交互的舆情传播问题，提出了基于博弈论的舆情传播模型（POBGT），从动态和交互两方面描述传播过程，仿真结果表明，网络社区中舆情传播在一般情况下具有初期传播平稳、后期倾向于某一方形成具有影响的舆论[⑤]。郭强考虑社会网络中的个体局部交互作用，提出一种新的舆情传播模型，考虑了个体意见接收概率对于舆情传播的影响，实验结果表明舆情传播中初始人群的规模对于舆情传播非常重要[⑥]。谌楠和王恒山在 BA 无标度网络中引入社会福利博弈模型，研究传播率对舆论演化的影响，探讨政府进入舆情传播的时机的优劣，实验结果表明政府介入舆情传播并不是越早越好，因为传播比例、政府介入的时机会共同作用影响舆情的传播趋势，并且小世界性更利于信息的共享而使舆情传播的态势趋于平稳和明朗[⑦]。

---

① 潘芳，卞艺杰，潘郁 . 危机事件网络舆情传播模型及消极思潮应急对策［J］. 图书情报工作，2010，54（15）：40–43.

② 杨旭颖 . 基于 SEIR 的社交网络信息传播模型的研究［D］. 西安电子科技大学，2014.

③ 王杨，闫小敏，王梦瑶，陈付龙，赵传信 . 基于灰色神经网络的 Web 社区主题舆情传播模型［J］. 计算机系统应用，2013，22（11）：119–122+118.

④ 朱恒民，刘凯，卢子芳 . 媒体作用下互联网舆情话题传播模型研究［J］. 现代图书情报技术，2013（3）：45–50.

⑤ 王杨，尤科本，王梦瑶，等 . 基于博弈论的网络社区舆情传播模型［J］. 计算机应用研究，2013，30（8）：2480–2482.

⑥ 郭强 . 基于个体局部交互作用的舆情传播模型研究［J］. 计算机应用研究，2012，29（11）：4085–4086.

⑦ 谌楠，王恒山 . 网络舆情政府干预最佳点选择的研究［J］. 数据分析与知识发现，2012，28（3）：53–58.

3. 网络舆情性质与演变机理

网络舆论是在网络普及、上网者有充分自主话语权以及有共同关注话题的事件基础上产生的，网络舆论一般是通过传统媒体适当地介入，舆论立体传播形成强大的舆论压力而形成的，其原因是网络舆论对传统舆论传播“瀑布模式”的打破和补充，形成“蒸腾模式”①。群体性突发事件网络舆情的演变包括形成、扩散、爆发和终结四个阶段，每一个阶段都有一种起主导作用的机制，分别是启动机制、驱动机制、变动机制和阻动机制②。公共危机事件网络舆情具有快速传播性、情景依赖性、多级衍生性和群体极化性，公共危机事件网络舆情内在演变机理体系包括五个方面的机理：形成机理、发展机理、变异机理、作用机理和终结机理，形成机理是机理体系的出发点③。张一文等运用系统动力学建模研究了非常规突发事件网络舆情作用机制，发现舆情治理的黄金时间应为事件发生10天内，如果这个时候政府不作为，高涨的舆情热度会带来不安定的因素，继而刺激次生事件发生，提高政府公信力和提升政府的事件处理能力对于控制网络舆情热度有积极的作用④。

刘常昱等以小世界模型为基础构建人际关系网络拓扑，对我国某特定地区舆情传播进行了模拟分析⑤；唐晓波等在微博舆情的分析中引入了复杂网络的共词网络分析和思想方法，设计了基于网络可视化的微博舆情分析模型⑥；金鑫等以新浪微博为例分析了微博社会网络的无尺度特性、小世界特征以及微博舆情的传播机制⑦；周辉从流言传播网络的拓扑结构角度对预测和控制流言传播策略问题进行了研究，这一研究表明：采用小世界网

---

① 蒋乐进．论网络舆论形成与作用［J］．北京理工大学学报（社会科学版），2006（04）：10–14.

② 易承志．群体性突发事件网络舆情的演变机制分析［J］．中国社会公共安全研究报告，2012（01）：78–92.

③ 史波．公共危机事件网络舆情内在演变机理研究［J］．情报杂志，2010，29（04）：41–45.

④ 张一文，齐佳音，马君，等．网络舆情与非常规突发事件作用机制——基于系统动力学建模分析［J］．情报杂志，2010，29（9）：1–6.

⑤ 刘常昱，胡晓峰，司光亚，等．基于小世界网络的舆论传播模型研究［J］．系统仿真学报，2006，18（12）：3608–3610.

⑥ 唐晓波，宋承伟．基于复杂网络的微博舆情分析［J］．情报学报，2012，31（11）：1153–1162.

⑦ 金鑫，谢斌，朱建明．基于复杂网络分析的微博网络舆情传播［J］．吉林大学学报（工），2012（s1）：271–275.

络模型来研究流言传播过程中的动力学行为，进而对其进行预测和实施控制，具有潜在的应用价值[①]；姜（Jiang）等基于定向小世界网络研究了自我肯定效应对舆情传播的影响，结果表明长程连接对舆情传播影响显著，随着长程连接密度的增加，观点由连续区域变成一片片间断的区域[②]；沈乾等基于线上线下的社交网络提出了多层同步网络模型，指出通过对网络结构内部的精细化将生成更符合实际的多层网络结构模型[③]；李丹丹等则侧重于虚拟和真实的双层社交网络，从网络舆情场和传统舆情场两方面分析舆情传播规律。网民行为分析方面主要研究网络舆情传播过程中普遍存在的"羊群效应"等[④]；韩少春等[⑤]和陈福集等[⑥]研究了舆情传播的羊群效应，但未对羊群效应产生的原因进行深入分析；赵玲等通过对微博用户的行为分析阐述从众行为的发生与个体信息可信度、公共信息可信度和群体态度等之间的关系[⑦]；刘锦德、王国平借鉴从众理论引入了"网络水军"概念，构建个体在群体压力下的从众模型以探索从众特性对于网络舆情传播的影响[⑧]。

二、网民情感表达对事件信息传播的影响

某一事件在网络中的传播往往伴随着网民自身对这一事件的主观性判断，如网民对事件的观点、态度、情感或情绪等。网民的情感表达影响着事件传播的速度和事件的走向。积极的情感或情绪的表达能使事件朝着有

---

① 周辉．流言传播的小世界网络特性研究［J］．武汉纺织大学学报，2005，18（1）：108–111.

② Jiang L L, Hua D Y, Zhu J F, et al. Opinion dynamics on directed small-world networks[J]. The European Physical Journal B, 2008, 65 (2): 251–255.

③ 沈乾，刘怡君．多层同步网络在舆情仿真研究中的应用［J］．系统工程理论与实践，2017，37（1）：182–190.

④ 李丹丹，马静．双层社会网络上的舆情传播动力学分析［J］．系统工程理论与实践，2017，37（10）：2672–2679.

⑤ 韩少春，刘云，张彦超，程辉．基于动态演化博弈论的舆论传播羊群效应［J］．系统工程学报，2011，26（02）：275–281.

⑥ 陈福集，黄江玲．基于演化博弈的网络舆情热点话题传播模型研究［J］．情报科学，2015，33（11）：74–78.

⑦ 赵玲，张静．基于羊群效应的微博用户从众行为分析［J］．大连理工大学学报（社会科学版），2013，34（4）：92–97.

⑧ 刘锦德，王国平．网络舆情传播的从众效应［J］．江西社会科学，2015（5）：234–239.

利的方向发展，而消极情感或情绪的集聚会使事件朝着不利的方向发展。心理学中对于情绪的研究表明情绪能够影响行为，如愤怒能够引起人的情绪波动，情绪不稳定，从而不能合理调节情绪，容易导致攻击行为的发生，而攻击行为发生时必然有愤怒情绪相伴随[①]。文凤华和杨晓光根据群体事件中个体的心理状态，将群体事件分为有组织的群体事件、自组织形式的群体事件以及情绪主导型群体事件三类，其中情绪主导型群体事件具有突发性、极强的破坏性与容易被利用等特征，具有"非直接利益冲突"的特殊现象，是最值得关注的群体事件。他们认为："情绪具有传染性，当人群相对集中时，人群中的个体情绪被激发进而相互传递并最终会控制整个群体。当人群被某一情绪控制后，人群中的个体便极易受到来自外界暗示的控制和指挥而参与一些激烈的行动，酿成情绪主导型群体事件。"[②] 所以，有关部门在进行舆情监测、管理和引导时，不仅要对舆情话题进行跟踪，还要对舆情事件中主体所表达的情感进行监测，判断特定事件中主体的情感倾向和情绪集聚程度。

网络信息所反映的情感与被分享、转发以及存在时间的相关性。不同的研究者所研究的信息类型、传播媒介、传播方式、分析结果均存在差异。伯杰（Berger）和米尔克曼（Milkman）[③] 利用发表在《纽约时报》上 2008 年 8 月 30 日到 11 月 30 日间的 6956 篇文章，通过对文章内容进行情感分析来标注文章的情感，通过《纽约时报》"最佳电子邮寄文章列表"来获取文章被分享的程度，结果显示积极内容比消极内容更多地被分享，同时像表达生气和焦虑情感的内容被分享的可能性也较大[④]。汉森（Hansen）[⑤]等指出新闻指标（news factor）模型，即用来解释某些新闻事件得到更多媒体和读者关注的影响因素模型，大多认为消极的新闻内容能增加人们对新闻的关注。汉森（Hansen）指出这与伯杰（Berger）和米尔克曼（Milkman）

---

① Egloff B, Schmukle S C. Predictive validity of an implicit association test for assessing anxiety[J]. Journal of personality and social psychology, 2002, 83 (6): 1441.

② 文凤华，杨晓光 . 情绪主导型群体事件的机理研究［J］. 求索，2008（6）：42–44.

③ Berger, J., & Milkman, K. (2010). Social transmission, emotion, and the virality of online content. Wharton Research Paper.

④ 文凤华，杨晓光 . 情绪主导型群体事件的机理研究［J］. 求索，2008（6）：42–44.

⑤ Hansen, L. K., Arvidsson, A., Nielsen, F. Å., Colleoni, E., & Etter, M. (2011). Good friends, bad news-affect and virality in twitter. In Future information technology (pp. 34–43). Springer Berlin Heidelberg.

的研究结果存在差异的原因主要是研究所针对的传播媒介不同，伯杰（Berger）和米尔克曼（Milkman）的研究主要应用于电子邮件网络。可见在不同传播媒介中同一情感对信息传播的影响是存在差异的。进而汉森（Hansen）等作者将关注点放在了推特这一新兴和复杂的交流平台上，通过广义线性模型研究了情感对转发的影响，并分析了这一影响在新闻和社会消息方面的不同，结果显示在随机样本中，消极情感不能促进转发，而积极情感能促进其转发；而对于新闻内容来说，消极情感的确能促进转发。结合伯杰（Berger）和米尔克曼（Milkman）的研究，汉森（Hansen）指出如果要增加被关注，那么就需要以亲切的态度告知周围朋友或向公众提供坏消息。

斯蒂格里茨（Stieglitz）和党玄（Dang-Xuan）没有关注新闻内容，而是研究了推特中的政治信息的传播是否受到其中情感因素的影响，通过对与德国两次选举相关的64431条发帖及转发量进行分析，结果显示包含有情感信息的发帖，无论是积极的还是消极的，比没有包含情感信息的发帖会获得更多的转发量，文章还分别对发帖最多和转发最多的10位用户进行了分析，发现最有影响力的用户引发的讨论含有的情感信息比平均值要高[①]。普菲茨特纳（Pfitzner）等研究了推特中表达情感的情况对后续转发效果的影响，结果表明从整体上看情感对微博被转发的可能性并没有影响，但是文章发现一个叫作情绪分歧（emotional divergence）的测量指标确实对微博的转发产生了影响，进而影响信息的传播，情绪分歧高的微博被转发的机会就多[②]。吴（Wu）等对推特上信息的内容与信息衰减速度的关系进行了研究，以URL地址的衰减速度作为衡量信息变化的依据，从相关HTML中提取给定的一元特征，通过线性SVM分类器预测URLs的短暂变化形式，结果显示迅速消退的信息中明显地包含了更多的消极情绪、行为和更加复杂的认知过程，而长久存在的信息包含更多的积极情绪、休闲和生活方面的词汇[③]。上述研究主要针对文本信息进行研究，而纳尔逊－菲尔德

① Stieglitz S, Dang-Xuan L. Emotions and information diffusion in social media—sentiment of microblogs and sharing behavior[J]. Journal of management information systems, 2013, 29 (4): 217–248.

② Pfitzner R, Garas A, Schweitzer F. Emotional Divergence Influences Information Spreading in Twitter[J]. ICWSM, 2012, 12: 2–5.

③ Wu S, Hofman J M, Mason W A, et al. Who says what to whom on Twitter[C]//Proceedings of the 20th international conference on World wide web. ACM, 2011: 705–714.

（Nelson-Field）等将注意力集中到视频信息的研究，他们研究了视频的情绪唤醒与 facebook 中被分享之间的关系，通过对收集的 400 条视频进行内容分析编码，确定视频的情绪唤醒、长度、分享排名、分享时间等，分析结果显示具备高情绪唤醒程度的视频更容易被分享，能够高度唤醒积极情绪的视频比能高度唤醒消极情绪的视频更容易被分享[①]。

三、网络舆论情报分析

（一）舆情话题识别

网络热点话题的发现和提取是从新闻语料和用户生成内容（如 BBS、博客、微博、论坛等）中发现在某一个时期内大量集中地出现一些相近或者相关的主题，反映出此时期内的舆论焦点。通过计算机对突发事件的新闻进行整理分析，自动挖掘出热点事件的关键词，及时更新网络舆情监测系统使用者的公共安全词频库，可以实现对突发事件的实时跟踪[②]。

目前对网络热点话题的提取和跟踪大多通过聚类技术来实现。根据聚类的级别不同可以分为文档聚类和词聚类。文档聚类的方法将一个单文档看作为对一个话题的描述，多通过构建网页或文本的向量空间模型，然后结合距离计算算法来进行多文档的聚类，从而找到热点话题，如刘（Liu）和李（Li）采用向量空间模型结合 K 均值算法进行聚类实现热点话题的识别[③]；雷震等认为通过 K 均值法进行聚类执行结果会过分依赖新闻语料被处理的顺序且不适于回溯探测，为了解决这一缺陷，提出了一种初始化类中心的增量 K 均值法进行聚类计算[④]。殷风景等为满足网络舆情监控系统中话题发现的需要，并克服经典 single-pass 算法处理网络文本聚类中受输入顺序影响和精度较低的主要不足，提出了 ICIT 算法，继承了 single-pass 算

---

① Nelson-Field K, Riebe E, Newstead K. To shock or inspire: Understanding which emotions drive video sharing on Facebook[C]//ANZMAC. Presented at the Annual Australia and New Zealand Marketing Academy Conference Perth, WA, . Retrieved from http: //anzmac. org. 2011.

② Zheng, K., Shu, X. M., & Yuan, H. Y. Hot Spot Information Auto-detection Method of Network Public Opinion. Computer Engineering, 2010, (3).

③ Liu, H., & Li, X. (2010). Internet public opinion hotspot detection research based on k-means algorithm. In Advances in Swarm Intelligence (pp. 594–602). Springer Berlin Heidelberg.

④ 雷震，吴玲达，雷蕾，等. 初始化类中心的增量 K 均值法及其在新闻事件探测中的应用［J］. 情报学报，2006，25（3）：289–295.

法的简单原理，保证了网络文本聚类的实时性①。王伟和许鑫通过对样本网页文本的特征提取，构建向量空间模型，使用 OPTICS 算法获取网页热点簇，根据热点簇特征向量对网页进行二次聚类，提高舆情网页相关度的质量，使网络舆情分析更为准确可靠②。王巍等提出了基于多中心模型的网络热点话题发现算法，利用话题中心判别新出现的报道是否属于已有网络话题，算法基于单遍聚类思想，通过引入话题中心的策略优化了算法的计算开销③。姚长青和杜永萍运用信息增益以及互信息计算特征项权重，提取向量空间模型中文档表示的有效特征，分别采用罗基奥（Rocchio）、K 近邻（K-Nearest Neighbor［KNN］）、贝叶斯（Bayes）方法对给定主题的事件实现舆情跟踪④。

一个文档可能涉及多个话题，通过文档聚类进行话题识别往往会造成话题识别不全面。通过词聚类的方法进行话题识别将一个主题词看作一个话题，常通过共词或词语相似度等方法提取热点词。如曾依灵等设计了网络文本主题词提取和组织算法，基于多级滤噪的切分词拼接，在合理收录策略的挑选下，算法提取出了能够准确反映海量网络数据中关键因子的主题词串，通过词聚类策略对主题词提取结果进行处理，使表达同一热点的主题词合理地组织在一起，共同描述同一事件⑤。龙志祎和程葳通过将文档分词并用兼顾长短文章的规则进行特征抽取，将文档聚类空间转化为特征词聚类空间，采用基于互信息的词聚类算法产生热点话题类⑥。张寿华和刘振鹏对舆情网页标题进行分词，通过 TF-IDF 算法进行关键词的自动提取和话题聚类实现热点话题的追踪⑦。

---

① 殷风景，肖卫东，葛斌，李芳芳 . 一种面向网络话题发现的增量文本聚类算法［J］. 计算机应用研究，2011，28（01）：54–57.

② 王伟，许鑫 . 基于聚类的网络舆情热点发现及分析［J］. 数据分析与知识发现，2009，3（3）：74–79.

③ 王巍，杨武，齐海凤 . 基于多中心模型的网络热点话题发现算法［J］. 南京理工大学学报（自然科学版），2009，33（4）：422–426.

④ 姚长青，杜永萍 . 基于主题的舆情跟踪方法研究及性能评价［J］. 图书情报工作，2012，56（18）：50–53.

⑤ 曾依灵，许洪波 . 网络热点信息发现研究［C］// 全国网络与信息安全技术研讨会论文集（下册）.2007：141–146.

⑥ 龙志祎，程葳 . 基于词聚类的热点话题检测算法［J］. 计算机工程与设计，2011，32（06）：2214–2217.

⑦ 张寿华，刘振鹏 . 网络舆情热点话题聚类方法研究［J］. 小型微型计算机系统，2013，34（03）：471–474.

除了聚类技术以外，研究者们也引入了许多其他的方法进行话题识别和跟踪。如蒙祖强和黄柏雄也将话题识别的研究集中于词语级的分析，但是没有采用词聚类的方法，而是基于小世界理论建立词的共现网络模型并去除大量冗余词，然后运用极大相容块技术并基于过滤后的词共现网络实现对相交话题的提取，获取网络热点话题①。叶（Ye）、陈（Cheng）和戴（Dai）为提高潜在热点话题识别的准确性，提出话题能量权重预制法②。王（Wang）等运用演化理论计算新闻话题能量值，通过对其排序得到受网民关注度高的新闻内容③。陈焱通过详细分析网络舆情组成要素，利用数据仓库技术建立网络舆情话题数据立方体模型，该模型涵盖网络舆情的主要组成要素，能根据实际需要进行扩展，可以对网络舆情话题进行多角度、深层次的挖掘分析④。李忠俊采用功率谱估计技术，通过既有话题的相关性，估计出接受到的信息的功率（影响程度）随频率的变化关系，进行热点话题的识别⑤。

（二）网民角色识别

1. 意见领袖分析

拉扎斯菲尔德（P. F. Lazasfeld）等人最早在《人民的选择》中提出"意见领袖"的概念，他认为，对于媒介所传播的信息和观点，有部分受众会积极接受，加以再传播，这些人即为"意见领袖"。另一部分人则主要依靠与这些"意见领袖"的接触来指导自己的行动。由于微博等社交媒体的普及，意见领袖的个体特征趋于多样化。生奇志和高森宇指出微博意见领袖呈现出影响力强大、与受众互动迅速、信息传播庞杂等新特征，微博意见领袖在未来将开辟网络问政的新路径，成为网络动员的推动力量，并

---

① 蒙祖强，黄柏雄．一种新的网络热点话题提取方法［J］．小型微型计算机系统，2013，34（04）：743–748.

② Ye Huimin, Cheng Wei, Dai Guanzhang. Design and implement of on-line discovery model[J]. Wuhan University journal of Natural Science, 2006: 21–26.

③ Wang C, Zhang M, Ru L, et al. Automatic online news topic ranking using media focus and user attention based on aging theory[C]//Proceedings of the 17th ACM conference on Information and knowledge management. ACM, 2008: 1033–1042.

④ 陈焱．网络舆情话题的数据立方体模型分析［J］．图书情报工作，2011，55（24）：75–131.

⑤ 李忠俊．基于话题检测与聚类的内部舆情监测系统［J］．计算机科学，2012，39（12）：237–240.

出现多元化、泛众化、年轻化等发展趋势[①]。刘林沙和陈默指出微博中的舆论意见领袖在引导舆论方面存在名人微博娱乐化、草根意见领袖的言论待规范、微博舆论环境缺乏引导等问题[②]。意见领袖在发布、转发、评论的过程中起到了引导舆论、推动舆论和议程设置、舆论监督等作用。但是事物本身具有两面性，由于微博意见领袖这个群体本身的不可控性，产生的结果也是难以预料的。因此要想充分发挥意见领袖的积极作用，相关部门必须加强规范和引导，微博意见领袖自身也要自律，防止给社会舆论带来不利影响。

很多研究者将关注点集中到了意见领袖的识别中。刘志明和刘鲁从用户影响力和用户活跃度两个角度出发，构建了微博意见领袖指标体系，提出使用层次分析法和粗糙集决策分析理论对意见领袖的特征进行识别，通过定义意见领袖一致性和排名稳定性两个指标分析意见领袖的跨主题性，实验结果表明意见领袖是主题依赖的，只有很少用户可以在不同主题同时成为意见领袖[③]。有研究者将网页权重计算的PageRank和HITS等算法引入到了意见领袖的识别中[④]；徐会杰等提出了一个基于时间变化图的网络论坛意见领袖识别算法，将网络论坛的演变描述为一连串静态图，每一幅图代表一个给定时间窗口内用户间的所有交互；依据构造的量化指标识别不同时间窗口内的潜在意见领袖，然后和其他时间窗口上的意见领袖相匹配，以便识别随时间推移的真正意见领袖[⑤]。

2. 网络水军与网络推手识别

王子文和马静认为网络推手一个层面是指在互联网上懂得网络推广、能把网络明星或网络事件进行推广并引起广泛关注的人，另一个层面是指以网络为平台，围绕即将发生或已经发生的网络事件发布信息，在网络舆

① 生奇志，高森宇．中国微博意见领袖：特征、类型与发展趋势［J］．东北大学学报（社会科学版），2013，15（4）：381–385.

② 刘林沙，陈默．突发事件中的微博意见领袖与舆情演变［J］．电子政务，2012（10）：50–55.

③ 刘志明，刘鲁．面向突发事件的群体情绪监控预警［J］．系统工程，2010（7）：66–73.

④ Moayedi H Z, Masnadi-Shirazi M A. Arima model for network traffic prediction and anomaly detection[C]//Information Technology, 2008. ITSim 2008. International Symposium on. IEEE, 2008, 4: 1–6.

⑤ 徐会杰，蔡皖东，王剑平，等．基于时间变化图的网络论坛意见领袖识别算法［J］．计算机科学，2012，39（9）：51–54.

情中充当意见领袖，对个别事件进行网上炒作，最终达到影响或改变该事件发展趋势的人。网络推手在网络舆情演化过程中起着越来越重要的作用，不仅可以在一定程度上左右民意，影响舆情演化的方向，甚至可能对社会稳定造成威胁[①]。陈福集和黄江玲建立了当事人、网络推手、政府三方博弈模型，分析发现网络推手在一定程度上可以看成是市场力量对网络传播的一种畸形介入，如果不加以监管，可能会造成网络空间的混乱无序，甚至危害社会稳定，政府应该增加当事人和网络推手选择合作策略的成本，降低合作收益和监管成本，提高监管质量，加大处罚力度，完善相关法律法规[②]。李纲等对网络推手进行了自动识别，采用机器学习对文本信息进行分类，然后分别统计一段时间内正面信息和负面信息，当某人发表的正面或负面信息比重超过预设阈值时，则认为其为网络推手[③]。

3. 网络舆论情感分析

情感分析的系统研究始于 21 世纪初，特尼（Turney）和庞（Pang）等作者在 2002 年的两项早期研究对后续研究的影响较大。Turney 最初关注的是评论内容的情感分类（Sentiment Classification），认为情感分类就是将评论内容分为赞成（Thumbs Up）和反对（Thumbs Down）两类[④]。庞（Pang）等[⑤]的研究也是将评论内容分为积极和消极两类，区别在于所运用的分类方法不同。庞（Pang）等采用的是监督的机器学习（supervised machine-learning）方法，就是通过一定量的训练集来建立分类器，通过分类器实现对目标集的自动分类。特尼（Turney）采用的是基于词集的方法，首先通过点互信息算法计算文本中的词与 excellent 和 poor 两个词的相似度，文本的情感得分就等于该文本中的词与 excellent 的互信息值减去与 poor 的互信息

---

① 王子文，马静．网络舆情中的“网络推手”问题研究［J］．政治学研究，2011（02）：52–56.

② 陈福集，黄江玲．三方博弈视角下政府应对网络推手的对策研究［J］．中国行政管理，2013（11）.

③ 李纲，甘停，寇广增．基于文本情感分类的网络推手识别［J］．图书情报工作，2010，54（8）：77–80.

④ Turney P D. Thumbs up or thumbs down: semantic orientation applied to unsupervised classification of reviews[C]//Proceedings of the 40th annual meeting on association for computational linguistics. Association for Computational Linguistics, 2002: 417–424.

⑤ Pang B, Lee L, Vaithyanathan S. Thumbs up: sentiment classification using machine learning techniques[C]//Proceedings of the ACL-02 conference on Empirical methods in natural language processing-Volume 10. Association for Computational Linguistics, 2002: 79–86.

值，通过文本情感得分来进行文本情感的分类，文章实验结果表明该方法的准确率平均为 74%。目前情感分析方法的研究也大体遵循庞（Pang）等和特尼（Turney）的思路，分为基于监督学习的情感分析方法和基于词集和规则的情感分析方法。随着研究的发展，这两种方法也都在不断细化和深入。

对于微博文本情感分析来说，由于微博文本的用词和情感特征较复杂，目前采用较多的方法为基于词集和规则的情感计算方法。这种方法可以根据研究的需要将情感或情绪分为多种类型进行研究，如喜、怒、哀、乐、恐、惊等多种类型，而不仅仅局限于将文本分为积极、消极和中立三种类型。而基于监督学习的微博文本情感分析主要研究目标是实现文本的分类，主要将文本分为积极、消极和中立三种类型，例如帕克（Pak）和帕劳贝克（Paroubek）通过微博语料中的表情符号、词性、句法等特征来训练一个分类器，通过这一分类器可自动将微博文本分为积极、消极和中立三类[①]。苟（Go）等将带有表情符号的微博文本应用于监督学习方法（distant supervised learning）以实现微博文本的情感分类[②]。姜（Jiang）等将微博情感分类与特定人或事物相连，即文章所说的目标依赖（Target-dependent）的情感分类，通过加入与目标相关的特征实现与目标相关的微博文本的分类[③]。由于微博文本的情感特征具有模糊性，并且当前文本的情感特征不一定适用于之后的文本，将当前训练的分类器用于其他不同领域分类效果可能会明显下降[④]。而且大多数利用监督学习进行微博文本的情感分类的研究仅能将文本分为积极、消极和中立三类。也有研究将基于词典的方法和机

① Pak A, Paroubek P. Twitter as a corpus for sentiment analysis and opinion mining[C]//LREc. 2010, 10 (2010): 1320–1326.

② Go A, Bhayani R, Huang L. Twitter sentiment classification using distant supervision[J]. CS224N Project Report, Stanford, 2009, 1 (12).

③ Jiang, L., Yu, M., Zhou, M., Liu, X., & Zhao, T. (2011, June). Target-dependent twitter sentiment classification. In Proceedings of the 49th Annual Meeting of the Association for Computational Linguistics: Human Language Technologies-Volume 1 (pp. 151–160). Association for Computational Linguistics.

④ Gamon M, Aue A, Corston-Oliver S, et al. Pulse: Mining customer opinions from free text[C]//international symposium on intelligent data analysis. Springer, Berlin, Heidelberg, 2005: 121–132.

器学习方法相结合进行情感分析。谭（Tan）等[①]和张（Zhang）等[②]指出基于词集的方法准确率较高，但是召回率较低，所以作者首先通过词集的方法对文本进行分析，然后将分析后的文本作为训练集进一步采用机器学习对剩余样本进行分类，最终达到了高的准确率和召回率，而且节省了人工标注训练集的步骤。阳爱民等指出针对微博而言，对比基于情感词典和机器学习方法下的文本情感分类效果，实验发现，随着测试语料数量的增加，基于情感词典的分类性能保持稳定，并优于机器学习方法[③]。

基于情感词和规则的情感分析方法指的是在进行句子情感判断时主要判断句子中是否含有情感词，除了基于情感词以外，还可以结合其他特征，如表情符号、句型和句法等，然后利用一定的规则来计算整个句子的情感值。塔博达（Taboada）等将这种方法称为语义倾向计算（Semantic Orientation Calculator，SO-CAL），但是他们仅将情感词分为积极、消极和中立三类[④]。基于词集的情感分析方法的关键问题就是如何判断句子中的词语是否是情感词，以及词的情感极性和强度是多少。目前解决这一问题主要有两种方法：第一，直接通过语料库来判断句子中的词是否是情感词，上文提到特尼（Turney）的研究就是通过语料库来判断词的情感得分；第二，通过人类知识事先构建情感词典，然后按照一定的规则与句子进行匹配，词典中词的来源可以直接来源于现有词典，也可以从语料库中提取。最终文本或句子的情感极性可以通过情感词的极性结合句型、句法、否定词或表情符号等其他特征进行总体计算判断。

情感词表的构建对于情感分析是非常重要的，通过情感词表可以准确地查找并匹配句子中的情感词，以进一步通过情感词的极性判断句子的情感极性。而通过基于监督的机器学习方法进行情感分析时需要对大量的训练集进行标注，基于情感词和规则的方法不需要人工标注训练集。情感词

---

① Tan, S., Wang, Y., & Cheng, X. (2008, July). Combining learn-based and lexicon-based techniques for sentiment detection without using labeled examples. In Proceedings of the 31st annual international ACM SIGIR conference on Research and development in information retrieval (pp. 743–744). ACM.

② Zhang, L., Ghosh, R., Dekhil, M., Hsu, M., & Liu, B. (2011). Combining lexiconbased and learning-based methods for twitter sentiment analysis. HP Laboratories, Technical Report HPL-2011, 89.

③ 阳爱民，林江豪，周咏梅 . 中文文本情感词典构建方法［J］. 计算机科学与探索，2013，7（11）：1033–1039.

④ Taboada M, Anthony C, Voll A K. Methods for Creating Semantic Orientation Databases[C]// Language Resources and Evaluation. 2006: 427–432.

对于有监督的机器学习方法也非常重要，情感词特征可以明显提高机器学习的效果[①]。有研究表明情感词集还能够提高观点检索的效果，表明构建情感词典的必要性。

进行情感分析研究的现有情感词表或情感词典有很多，如英文情感词表有ANEW、OpinionFinder、LIWC（Linguistic Inquiry and Word Count, www.liwc.net）、SentiWordNet、WordNet-Affect、Q-WordNet等。中文的情感词表有台湾大学情感词典（National Taiwan University Sentiment Dictionary, NTUSD）[②]和HowNet提供的评价词和情感词等。情感词表的构建有多种方法，可以人工构建，也可以自动构建或半自动构建。在进行情感词表构建的过程中，一方面要获取到情感词或在已有种子词的基础上进行扩展，另一方面要对获取的情感词进行归类，判断情感词的极性或类型。二者均需要利用两种资源，一种是已有词典，另一种是现实文本语料。从这个角度，可以将情感词表的构建方法分为基于词典的种子词扩展方法和基于语料的种子词扩展方法。

四、网络舆情治理研究

网络舆情管控对了解民众思想动态、加强文化建设和管理、促进公共决策科学化和民主化、促进社会主义政治文明以及保持国家政权长治久安等意义重大[③]。目前我国网络舆情的研究，多集中于管理和引导策略的提出，如史波指出从社会控制理论来看，引导和管理是舆情处置工作的两个基本内容[④]。针对舆情的正常发展，积极引导是首要的；针对舆情的变异现象，内容管理是必要的，引导体现的是一种“疏”的理念，管理体现的则是一种“堵”的思想，只“引”不“堵”、只“管”不“疏”都是片面的。只有两者结合起来进行处置，才能水到渠成、相得益彰。肖文涛和范达超

① Kim S M, Hovy E. Determining the sentiment of opinions[C]//Proceedings of the 20th international conference on Computational Linguistics. Association for Computational Linguistics, 2004: 1367.

② Ku, L. W., & Chen, H. H. (2007). Mining opinions from the Web: Beyond relevance retrieval. Journal of the American Society for Information Science and Technology, 58 (12), 1838–1850.

③ 曾润喜 . 网络舆情管控工作机制研究［J］. 图书情报工作，2009，53（18）：79–82.

④ 史波 . 公共危机事件网络舆情应对机制及策略研究［J］. 情报理论与实践，2010，33（7）：93–96.

提出四个网络舆情事件的引导策略，第一需要增强危机意识，提升网络舆情的回应能力；第二，要及时公开信息，切实把握舆论导向；第三，要加强法治建设，善用法律手段实施监督；第四，要畅通民众利益表达渠道，规范网络政治参与者行为①。姚敏建议政府从增强舆论引导能力、构建强力保障机制、建立网络舆情联动应急创新机制三个方面加强网络舆情引导和管理②。彭劭莉从网络舆情引导的现有研究出发，认为网络舆情引导应该加强跨学科的综合研究、借鉴多学科的相关理论研究成果，以及系统地从引导意识、事前引导、引导工作管理、引导保障等方面发现制约突发事件网络舆情引导的影响因素③。

第三节　大数据背景下网络舆情治理仿真研究

随着移动宽带互联网的普及，任意突发事件发生后都会形成规模或大或小的网络舆情。一般而言，突发事件网络舆情信息类型各异、来源众多、体量巨大，这些都是典型的大数据特征，其间包含大量网民对突发事件的态度、意见、情绪、诉求等信息，也包括流言、猜测、小道消息甚至网络谣言等信息。面对如此海量的舆情信息，仅依靠政府很难实现对网络舆情的管理，所以需要形成以政府为主，社会力量、网络媒体等多方协同的治理模式。

针对网络舆情治理，国内学者的研究，主要集中在以下几个方面（图5–3）：第一，传播学视角的研究，如演化机理、舆情特征、传播规律、仿真实验等④；第二，大数据视角的研究，如云治理、电子政务、网络生态或者智慧城市等⑤⑥⑦；第三，政府视角的研究，涉及治理路径、政府决策、体

---

① 肖文涛，范达超．网络舆情事件的引导策略探究［J］．中国行政管理，2011（12）：24–28.

② 姚敏．网络舆情引导与管理初探［J］．电子政务，2009（4）：118–122.

③ 彭劭莉．突发事件网络舆情引导研究综述［J］．电子政务，2013（4）：38–44.

④ 相丽玲，王晴．信息公开背景下网络舆情危机演化特征及治理机制研究［J］．情报科学，2014，32（4）：26–31.

⑤ 张健华，李娜．智慧城市理念下的政府网络舆情治理研究［J］．理论与现代化，2014，（6）：79–84.

⑥ 张勤．网络舆情的生态治理与政府信任重塑［J］．中国行政管理，2014，（4）：40–41.

⑦ 谢金林．网络舆论生态系统内在机理及其治理研究［J］．上海行政学院学报，2013，14（4）：90–101.

制建设、制度保障及政府逻辑等[①②③④⑤]；第四，专门领域的研究，如教育事件、暴恐事件、食品安全事件、群体性事件、突发事件、网络谣言等[⑥⑦⑧]；第五，方法研究，包括学术论文、政府政策文本等的文本计量分析[⑨⑩]。

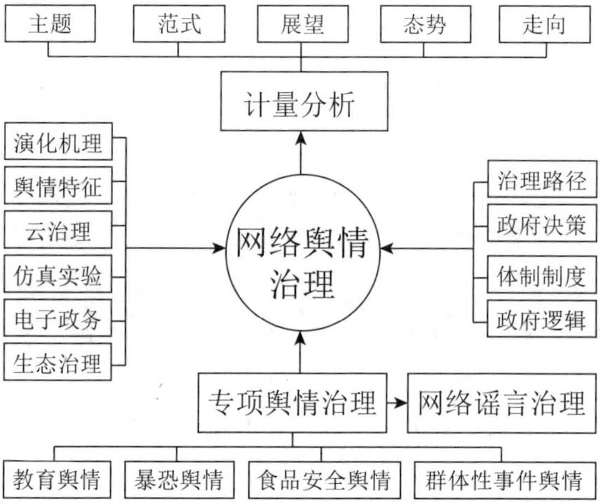

图 5–3 国内网络舆情治理研究框架

上述舆情治理研究的不足之处主要体现在：①多以定性视角研究网络

① 李鸣 . 突发事件网络舆情治理中的政府决策：过程与机制［J］. 青海社会科学，2014，（2）：94–99.

② 张小明 . 论突发事件网络舆情的综合治理：体制建设与制度保障［J］. 上海行政学院学报，2013，14（5）：81–87.

③ 马荔 . 新媒体视域下网络舆情与国家治理现代化关系及治理路径［J］. 江淮论坛，2015，（3）：106–109.

④ 李阳 . 危机管理模式下新媒体网络舆情治理路径研究［J］. 社会科学辑刊，2015，（4）：49–54.

⑤ 韩舒立，张晨 . 网络舆情治理中的政府逻辑：困境与重塑［J］. 电子政务，2013，（5）：15–22.

⑥ 舒刚 . 风险社会视域下高校网络舆情的治理机制创新［J］. 国家教育行政学院学报，2015，（9）：33–39.

⑦ 常锐 . 群体性事件的网络舆情及其治理模式与机制研究［D］. 吉林：吉林大学，2012.

⑧ 刘泾 . 网络舆论生态视域中的谣言治理研究［J］. 情报科学，2014，32（5）：42–46.

⑨ 张佳慧 . 中国政府网络舆情治理政策研究：态势与走向［J］. 情报杂志，2015，34（5）：123–129.

⑩ 盛明科，邵梦洁，徐厌平 . 国内网络舆情治理研究：主题、范式及展望——基于 CSSCI 数据库 2005—2013 年的数据分析［J］. 情报杂志，2014，33（8）：190–195.

舆情治理的模式、路径、对策、机制等问题，缺乏面向大数据的定量研究；②缺乏多主体相互影响的研究；③多涉及负面舆情，但并未深入研究负面舆情发起者的影响。为此，有必要在定性研究的基础上，通过建立微分方程模型，定量研究大数据背景下突发事件网络舆情的治理机制，为实现政府主导、多主体协同的网络舆情治理提供理论参考。

一、网络舆情治理机制

（一）网络舆情的相关主体

突发事件网络舆情的形成一般要经过突发事件发生、政府或网民发布信息、媒体传播等环节。其中，网民对突发事件的热议会产生典型的网络舆情大数据场景（图 5–4）。首先，网民发表的个人观点形成海量数据；其次，网络舆情信息形式繁多，包括文字、图片、数字、音频、视频等；再次，网络舆情信息数据的价值密度低，需要分析人员在海量信息中去除噪声，找出有用的信息。

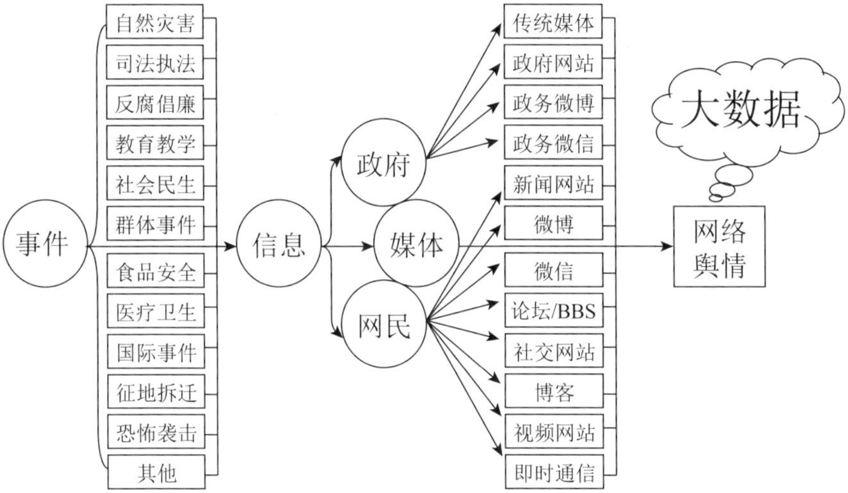

图 5–4 大数据背景下网络舆情主体特征

（二）网络舆情治理机制

在突发事件发生后，网民、政府、媒体等发布的信息交织在一起，形成庞大的网络信息场。首先，网民针对突发事件发布信息，其中包含网民情绪、情感的表达，体现着网民的社会认知、情感和态度，承载着网民心理的诉求，所以，形成舆情的实质就是网民通过发布信息表达自身某种诉求的过程；其次，面对网民发布的信息，政府或其他舆情治理方发布信息来回应网民的诉求。网民发布的信息因数量庞大更接近于信息的自然增长状态，而治理方尤其是政府发布的信息则是可以调控的。基于此构建大数据背景下网络舆情治理模型作为后续分析的基础，如图 5–5 所示。

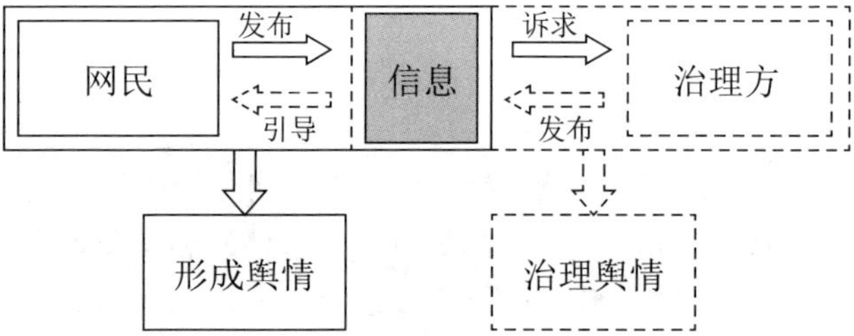

图 5–5 大数据背景下网络舆情治理机制

二、网络舆情治理模型与仿真分析

（一）网络舆情治理模型

首先，网络舆情治理就是治理舆情的主体通过信息引导网民的过程，信息量是其关键指标；其次，根据网络舆情即网民通过互联网对某一话题进行交流的信息总和。基于以上两点，将信息量（发布和被转发信息的和值）作为变量来研究网络舆情治理过程。

假设 $x(t)$ 代表网民针对某一突发事件进行交流而形成的有待治理的网络舆情信息量（简称网民信息量），初值 $x(0)=x_0$，$y_i(t)$ 代表第 i 个治理主体发布或被转发的信息量（简称治理信息量），初值 $y_i(0)=y_0$，两者都是随时间变化的连续可微函数，且 $x(t)$ 的上限为 N，代表网民发文潜力，$y_i(t)$ 的上限为 M_i，代表治理主体的发文潜力，$i=1,2,3,\cdots,n$。

根据文献研究[①]，自然状态下，网民信息量和治理信息量变化规律为

$$\frac{dx}{dt}=\lambda x(1-\frac{x}{N}),\quad \frac{dy_i}{dt}=\mu_i y_i(1-\frac{y_i}{M_i}) \qquad (5–1)$$

其中 x，$\mu_i>0$，$i=1,2,3,\cdots,n$，分别代表网民信息量和治理信息量的固

① 兰月新，曾润喜 . 突发事件网络舆情传播规律与预警阶段研究［J］. 情报杂志，2013，32（5）：16 — 19.

有增长率。随着治理主体信息量的增加，网民信息量变化规律为

$$\frac{dx}{dt}=\lambda x(1-\frac{x}{N}-\sum_{i=1}^{n}a_i\frac{y_i}{M_i}) \quad (5\text{–}2)$$

其中 a_i 代表第 i 个治理方的治理系数（引导能力），i=1,2,3,⋯,n。如果舆情得到有效引导和控制，则治理系数 $a_i>0$，必将导致网民信息量的“剩余空间” $(1-\frac{x}{N})$ 减少；反之，无效的引导和控制会导致网民持续关注该网络话题，进而发布或转发更多信息量，则治理系数 $a_i\leqslant 0$，导致网民信息量的“剩余空间” $(1-\frac{x}{N})$ 增加。

综上所述，得出大数据背景下网络舆情治理模型为

$$\begin{cases}\dfrac{dx}{dt}=\lambda x(1-\dfrac{x}{N}-\sum\limits_{i=1}^{n}a_i\dfrac{y_i}{M_i})\\ \dfrac{dy_1}{dt}=\mu_1 y_1(1-\dfrac{y_1}{M_1})\\ \quad\cdots\cdots\cdots\\ \dfrac{dy_i}{dt}=\mu_i y_i(1-\dfrac{y_i}{M_i})\\ \quad\cdots\cdots\cdots\\ \dfrac{dy_n}{dt}=\mu_n y_n(1-\dfrac{y_n}{M_n})\end{cases} \quad (5\text{–}3)$$

上述方程的解析解过于庞大，故将在下文作数值模拟计算研究模型解的特性。通过微分方程理论[①]不难得出：

（1）当 $t\to+\infty$ 时，治理信息量 $y_i\to M_i$，i=1,2,3,⋯,n；

（2）当 $t\to+\infty$ 且 $h\geqslant 1$ 时，网民信息量 $x\to 0$；

（3）当 $t\to+\infty$ 且 $h<1$ 时，网民信息量 $x\to(1-h)N$。

其中 $h=\sum_{i=1}^{n}a_i$ 为主体治理合力。在 $t\to+\infty$ 时，定义治理前后信息量的变化值与治理前信息量的比值为治理度（H），用来描述治理主体引导和控制舆情的程度，即

H=（N – 治理后信息量）/ N。

从而容易得出，

① 蒋启源，谢金星，叶俊 . 数学模型［M］. 高等教育出版社，2011：243–245.

（1）$h=\sum_{i=1}^{n}a_i \geq 1$ 时，治理度 $H=1$；

（2）$h=\sum_{i=1}^{n}a_i < 1$ 时，治理度 $H=\sum_{i=1}^{n}a_i$。

（二）数值仿真

为方便仿真研究，根据治理主体的发文潜力和引导舆情的能力，将治理主体分为高级治理主体、中级治理主体和初级治理主体，且数量分别为一个、两个和三个，同类主体治理和引导舆情的能力相同，所以治理主体数量 n=6。由于舆情传播时间较长，故初始值占发文潜力的比例较低，基于此，仿真参数设置见下表（表 5–1）。为更好地研究模型解的特性，首先开展静态仿真，即基于治理度 (H) 研究多主体治理效果；其次开展动态仿真，即在原有模型基础上，新增治理主体或者变动治理主体的积极性来研究治理效果。

表 5–1 模型初始参数设定表

舆情主体	发文潜力	初始值	信息增长率
高级治理主体	$M_1=200$	$10\%M_1=20$	$r=0.5$
中级治理主体	$M_2=110$	$10\%M_2=11$	
	$M_3=90$	$10\%M_3=9$	
初级治理主体	$M_4=60$	$10\%M_4=6$	
	$M_5=50$	$10\%M_5=5$	
	$M_6=40$	$10\%M_6=4$	
网民	$N=2000$	$10\%N=200$	

1. 静态仿真

① $H=1$：全有效（$a_i>0$）治理模式

取主体治理合力 h 分别为 1.2、1.4、1.6、1.8，则 $H=1$，绘制多主体全有效治理效果图（图 5–6）。通过对比原始状态和多主体合力治理后的状态不难发现：多主体全有效治理后，网络舆情经过五个单位后，快速提升至高潮值（420–580 之间），然后逐步回落趋近于零（舆情风险消失）；主体治理合力 h 越大，治理效果越好，快速回落且舆情高潮值明显降低。容易看出多主体全有效治理模式 ($H=1$) 能够很好地引导和控制网络舆情，治理效果明显，是网络舆情治理的最优模式。

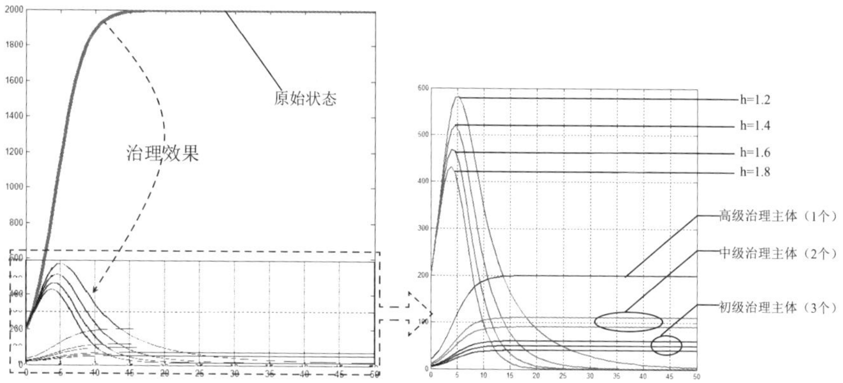

图 5–6　全有效治理模式

② $H \leqslant 0$：全无效（$a_i \leqslant 0$）治理模式

取主体治理合力 h 分别为 –0.2、–0.4、–0.6、–0.8，则 $H \leqslant 0$，绘制多主体全无效（$a_i \leqslant 0$）治理效果图（图 5–7）。通过对比原始状态和多主体合力治理后的状态不难发现：多主体全无效治理后，网络舆情经过 10 个单位后，快速提升至高潮值（2400–3600 之间）；对比原始状态，治理合力降低 0.2，舆情高潮便提升 400 左右且无回落迹象；虽然最后舆情趋于稳定，但是舆情风险提升 20%~80%，如果触发衍生舆情，极易开启新一轮更为猛烈的舆情危机。容易看出多主体全无效治理模式（$H \leqslant 0$）会使网络舆情风险激增，大大增加了政府治理网络舆情的难度。

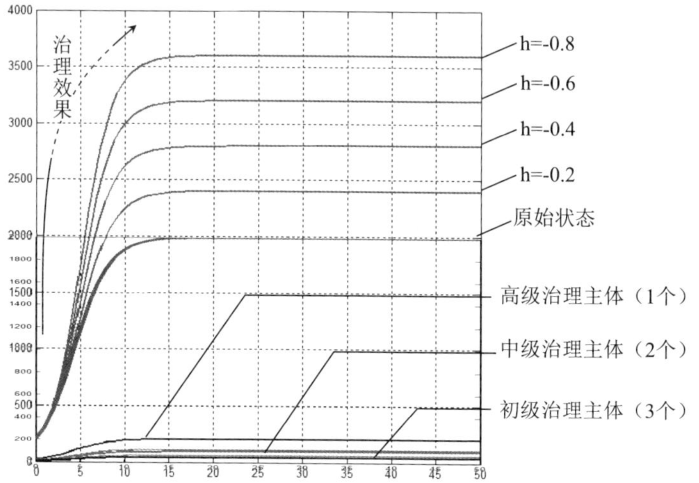

图 5–7　全无效治理模式

③ $0 < H < 1$：部分无效治理模式

当 $0 < H < 1$ 时，可能存在部分治理主体的治理效果无效，即存在某些 $a_i < 0$。取主体治理合力 h 分别为 0.2、0.4、0.6、0.8，绘制多主体部分无效治理效果图（图 5–8）。通过对比原始状态和多主体合力治理后的状态不难发现：多主体参与网络舆情治理后，最终舆情高潮值稳定于 400–1600 之间，网络舆情风险降低 20%~80%；主体治理合力 h 越大，治理效果越好，舆情高潮值以及最终稳定值均明显降低。容易看出多主体部分有效治理模式（$0 < H < 1$）能够很好地降低网络舆情风险，治理效果比较理想，但在舆情传播后期，仍需政府及时监测舆情进展，防止衍生舆情发生。

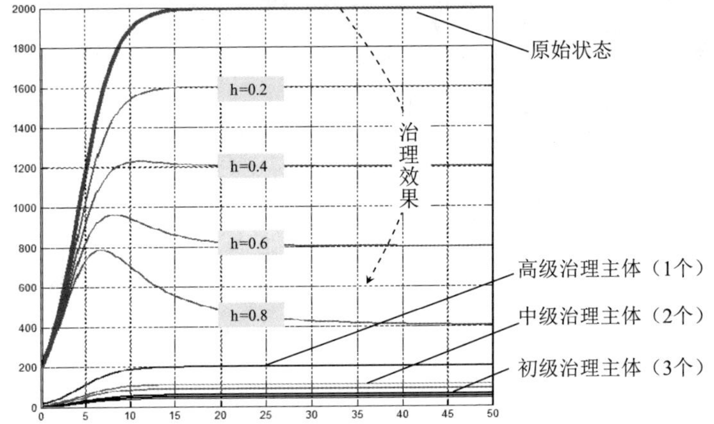

图 5–8 部分无效治理模式

2. 动态仿真：新增治理主体

$0 \leqslant H < 1$ 前提下，固定初始治理状态 $h = 0.8$，然后在此基础上新增高级、中级和低级治理主体，研究新增主体后的治理效果。为了仿真图形中便于区别原始曲线和新增曲线，故将新增高级、中级和低级治理主体的信息量上限适当增加，设置为 240、120、70，其他参数保持不变。

①良性模式 $n + 1$：新增正面治理主体

在新增正面高级、中级和低级治理主体后，治理合力 h 由 0.8 变为 1、0.95 和 0.9，绘制仿真效果图（图 5–9）。通过对比原始治理状态（$h = 0.8$）和新增正面治理主体后的状态不难发现：新增正面治理主体后，多主体治理效果在原有基础上得到较大提升且新增高级主体的治理效果更为明显；新增正面治理主体可降低舆情高潮和舆情稳定值，进而大大降低舆情风险；

随着新增正面治理主体的增加，治理度由 0.8 变为 0.9、0.95、1，舆情风险降低 10%、15%、20%。由此可见，新增正面治理主体后，治理效果更能趋近于最优治理模式（$H=1$）。

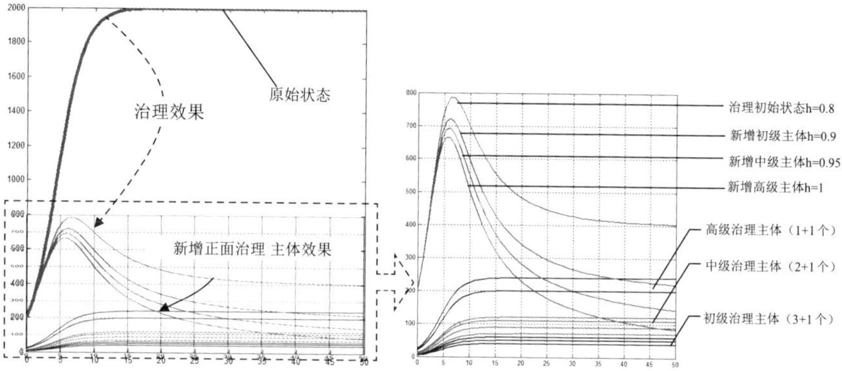

图 5–9　新增正面治理主体

②恶意模式 $n+1$：新增负面治理主体

在新增负面高级、中级和低级治理主体后，治理合力 h 由 0.8 下降为 0.6、0.65 和 0.7，绘制仿真效果图（图 5–10）。通过对比原始治理状态（$h=0.8$）和新增负面治理后的状态，舆情稳定值由 400 变为 600、700、800，治理度由 0.8 变为 0.6、0.65、0.7，舆情风险提升 10%、15%、20%。不难发现：随着新增负面治理主体的增加，原有治理效果被“抵消”，舆情风险随着负面主体数量的增加而增加；新增负面治理主体后，舆情高潮值变大但不明显，但舆情稳定值明显增大。

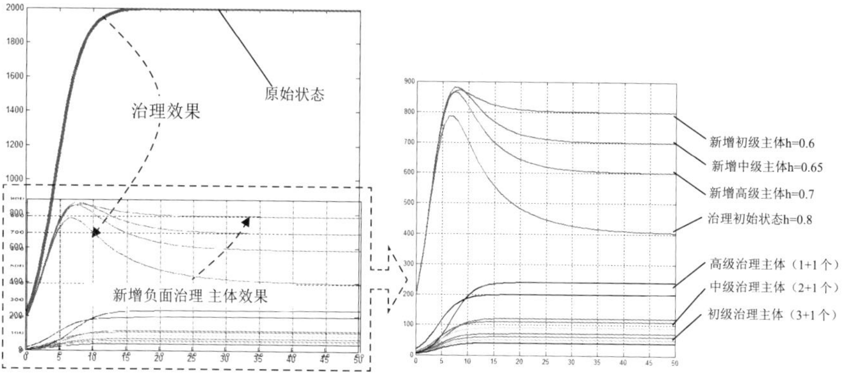

图 5–10　新增负面治理主体

3. 动态仿真：治理主体积极程度分析

网络舆情传播过程中，由于网民信息量非常大，所以更接近于信息的自然增长，其增长率与突发事件性质有关，而治理主体的信息量则相对较少，其信息量及其增长率与治理主体的积极程度有关。将调节治理主体发布的信息量增长率来研究治理主体积极程度与治理效果的关系。

①提升 r：主动引导模式

$0 \leqslant H < 1$ 前提下，固定初始治理状态 $h = 0.8$，将高级、中级、低级治理主体的信息增长率 r 由 0.5 分别提升至 0.8，绘制仿真效果图（图 5–11）。通过对比原始治理状态和提升增长率后的状态，舆情稳定值不变，均为 400，但舆情高潮值由 790 分别减少至 765、745、730。不难发现：提升治理主体的信息量增长率可以降低舆情高潮值，其降低程度与治理主体的积极程度呈正比。此外，由于治理主体发布信息的增长率高于网民信息增长率（0.8 > 0.5），则治理主体发布信息的扩散期（信息快速增长期）对应的时刻提前于高潮值对应的时刻，即治理主体“发声”提前于网民的“发声”，这种积极主动的引导模式可以有效地治理舆情。

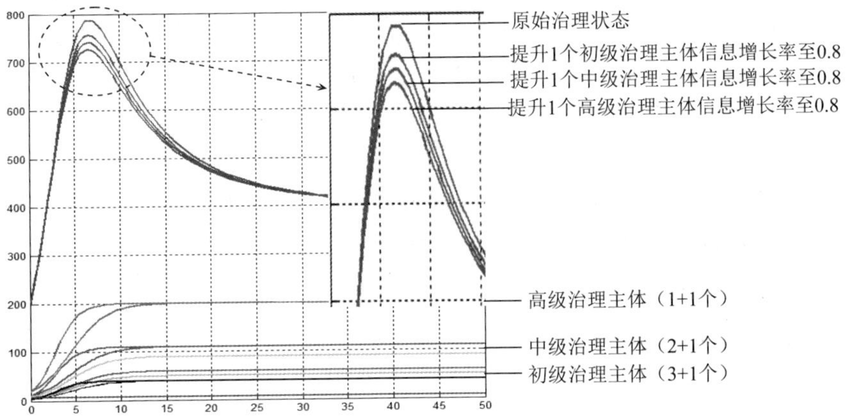

图 5–11　主动引导模式

②降低 r：被动引导模式

$0 \leqslant H < 1$ 前提下，固定初始治理状态 $h = 0.8$，将高级、中级、低级治理主体的信息增长率 r 由 0.5 分别降低至 0.2，绘制仿真效果图（图 5–12）。通过对比原始治理状态和降低增长率后的状态，舆情稳定值不变，均为 400，但舆情高潮值由 790 分别增加至 830、880、905。不难发现：相

比提升信息量增长率后的变化程度，降低变化率的变化程度更大，即降低治理主体信息增长率之后，治理效果明显下降，舆情高潮值明显提升，其提升程度与治理主体的积极程度呈正比。此外，由于治理主体发布信息的增长率低于网民信息增长率（0.5 > 0.2），则治理主体发布信息的扩散期对应的时刻晚于高潮值对应的时刻，即治理主体“发声”晚于网民的“发声”，这种被动的引导模式极大地降低多主体治理舆情的效果。

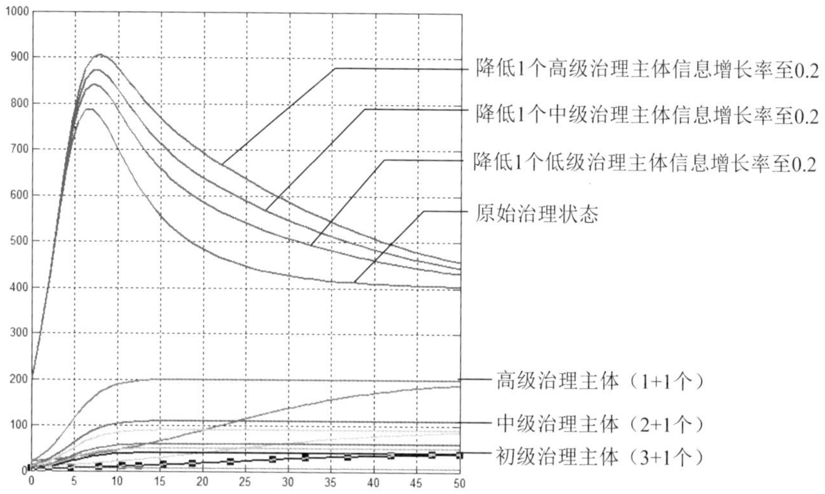

图 5–12　被动引导模式

三、政府应对策略

通过模型分析与数值仿真，前文研究了主体数量、治理系数、发文潜力、信息增长率等参数在舆情治理中的作用，得出政府治理网络舆情的目标（表 5–2）。下面重点研究政府应对突发事件网络舆情的事前对策和事后对策。事前对策即在事件发生之前政府的防御性策略；事后对策即在事件发生后，政府的应对策略。

表 5–2　参数与网络舆情治理目标和措施

编号	参数变动	治理目标	治理措施
1	防止 $a_i < 0$	保证有效治理	提升专业水平、培养网络舆情人才队伍、加强智库建设等

续表

编号	参数变动	治理目标	治理措施
2	$n+1$ 增加正面主体	争取良性治理模式	多主体协同治理、跨区域政府间联动机制等
3	$n-1$ 减少负面主体	避免恶性治理模式	法制建设、舆情监测与管制等
4	提升初值 $y_i(0)$	争取先动优势	内部（公安、工信、新闻等政府部门之间）联动机制等
5	提升发文潜力 M_i	争做高级主体	提升政府治理能力、提升互联网协会、网络媒体、意见领袖（网络大 V）等参与舆情治理的积极性等
6	提升增长率 r	积极参与舆情治理	持续、针对、及时发布信息，提升公信力、粉丝数等

（一）事前对策

1. 多主体协同治理：增加正面治理主体数量 $n+1$

大数据环境下，政府应实现从单一主体管理向政府主导、社会多方力量共同参与的多主体协同治理的转变（图 5–13）。构建政府主导下的多主体协同治理机制，让互联网协会、各行业学会、各类守法的网络意见领袖（网络大 V）等民间组织发挥其应有作用。例如，2013 年 8 月，国家互联网信息办公室主办了网络名人社会责任论坛，国信办领导与网络名人交流座谈。此外，还应构建各地方政府之间的联动机制，事前经常开展跨区域舆情应对模拟演练、举办实践经验交流研讨会等活动，事后才可形成“一方有难、八方支援”的治理效果。

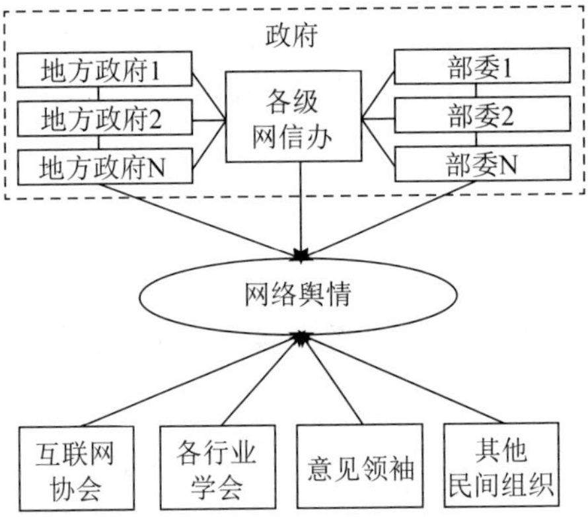

图 5–13　多主体协同治理模式

2. 完善内部联动机制：提升初值 $y_i(0)$，争取先动优势

目前，我国政府应对网络舆情的职能分散在不同的部门，概括起来主要可以分为四类：接入监管部门（工信部门与工商部门），安全管制部门（公安部门与国家安全部门），内容管制部门（中央和地方的新闻办公室和对外宣传办公室），其他有关部门（文化部门、新闻出版部门和广电部门）及中国互联网络信息中心（CNNIC）等[①]。基于此，将军事领域的 C^4ISR 建模思想融入政府治理网络舆情，构建以情报为中心的政府内部联动机制（图 5–14），实现大数据环境下舆情治理的整体性。

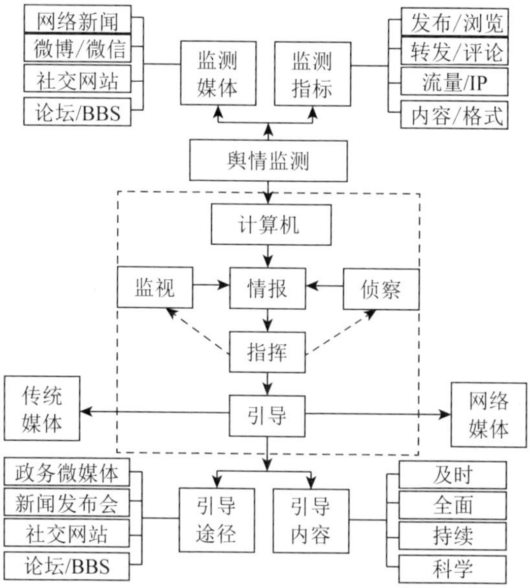

图 5–14　以情报为中心的政府内部联动机制

3. 提升治理主体积极性，转化更多高级治理主体：提升增长率 r 及发文潜力 M_i

单位时间发布或转发的信息数量直接决定信息增长率的大小，所以提升增长率 r 的关键包括两个方面：第一，治理主体及时、持续发布突发事件进展信息；第二，提升粉丝数量，使治理主体发布的信息能够快速被转发，前者是“基数”，后者则是“加速器”。基于此种考虑，以政务微博为

① 凤凰网资讯：突发事件网络舆情监管分散在四类政府部门［OB/EL］. http://news.ifeng.com/shendu/xxsb/detail_2013_07/22/27739989_0.shtml?_from_ral-ted,2016–5–1.

例（图 5–15），一方面提升政务微博的公信力，可增加直接粉丝数量，保证治理舆情的“基数”快速增长；另一方面，与网络大 V 互粉并激发其治理舆情的积极性，则可提升间接粉丝数量，政府发布的信息会加速增长。许多地方政府和宣传部门邀请网络大 V、知名博主考察、采风，如陕西网络大 V 一行走进绥德；四川广安邀请大 V 参加“小平故里行”等，提升了网络大 V 参与舆情治理的积极性。

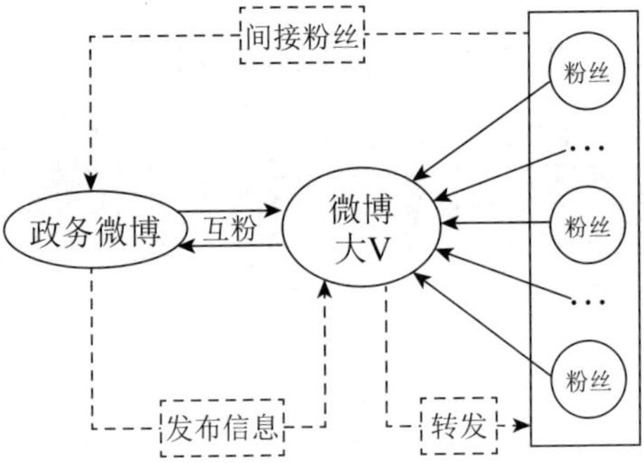

图 5–15　政务微博间接粉丝生成机制

4. 提升自身专业水平，发挥智库作用，保证有效治理：防止 $a_i < 0$

大数据环境下，网络舆情治理涉及新闻学、传播学、管理学、统计学、心理学、情报学、信息科学等多个学科，这就需要大力培养网络舆情人才队伍，提升网络舆情工作人员的专业水平，以保证发布的信息科学、有效。此外，根据中国知网文献搜集结果，目前网络舆情研究多集中在高等院校，例如华中科技大学、电子科技大学、中国人民警察大学、北京邮电大学等高校，政府应积极联系各大高校组建协同创新中心，使之充分发挥智库的作用。

（二）事后对策

1. 积极主动应对舆情：提升增长率 r

治理主体积极主动应对舆情，除了保证发布信息及时外，还应保证持续发布信息。以单主体为例，原始模型为

$$\begin{cases} \dfrac{dx}{dt} = \lambda x(1 - \dfrac{x}{N} - a_1 \dfrac{y_1}{M_1}), x(0) = 200, N = 2000 \\ \dfrac{dy_1}{dt} = \mu_1 y_1 (1 - \dfrac{y_1}{M_1}) \quad y_1(0) = 20, M_1 = 200 \end{cases} \tag{5-4}$$

其中 $a_1=0.4$。如果只能保证信息及时性而没有持续性，则 $\frac{dy_1}{dt}=0$ 故模型变为

$$\begin{cases} \frac{dx}{dt}=\lambda x(1-\frac{x}{N}-a_1\frac{y_1}{M_1}), x(0)=200, N=2000 \\ \frac{dy_1}{dt}=0, \qquad y_1(0)=K, M_1=200 \end{cases} \tag{5-5}$$

其中 K 为治理主体及时发布的信息量，$K\leqslant 200$。令 K 在 20 和 200 之间浮动，绘制仿真对比图（图 5–16），不难发现持续发布信息治理舆情的效果远超没有持续性的治理方式。基于以上仿真结果，政府部门除了自身及时、持续发布信息外，一方面应主动联系网络媒体，发布突发事件相关信息，使政府公布的消息成为媒体的信源，网络媒体以此为素材发布信息；另一方面，应邀请若干守法的网络大 V 组建临时专家组，发布事件进展信息，使得政府、媒体、网络大 V 的信息被逐级转发，从而达到持续治理舆情的效果。

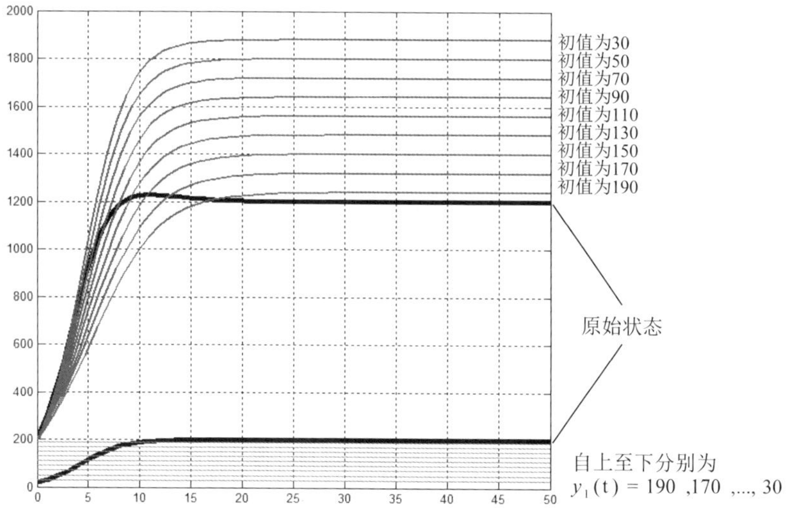

图 5–16　治理有无持续性效果对比图

2. 开发面向大数据的监测系统，降低负面主体影响 $n-1$

大数据环境下，网络舆情监测要多级联动、多家联合，实现信息畅通和资源共享，确保监控的全天候、全网络，加强对重点人群、重大事件和敏感节点的监测。此外，突发事件发生后，政府应第一时间启动舆情监测，

但要改变监测方法。目前，国内网络舆情软件的监测方式主要以信息总量监测为主，这种监测方式的弊病在于发现负面主体的时候，负面舆情已成规模，难以控制。根据兰月新等人的研究①，应该在网络信息总量监测的基础上重点监测信息变化率，及时提取变化率较大的信息进行舆情研判，确定正面或者负面治理主体后，再制定相应的对策（图 5–17）。

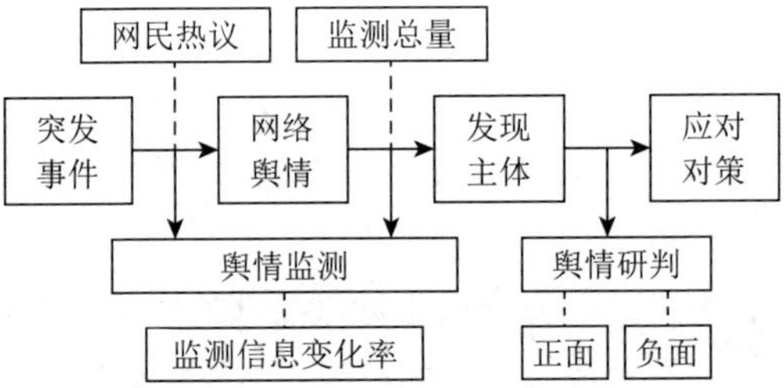

图 5–17 基于信息变化率的网络舆情监测机制

3. 拓宽信息公开途径和渠道，保证有效治理：防止 $a_i < 0$

发布和转发信息除了做到及时、准确外，还应注重信息的流动渠道。例如某些突发事件发生后，政府往往在政府网站或者“两微一端”上发布信息，但这些信息未必会被转发至其他网络平台上，所以，很多网络平台的网民依旧“信息闭塞”，信息不对称导致舆情难以得到有效治理，降低了舆情治理的效果。目前，舆情信息传播渠道较多（图 5–18），政府可以通过舆情大数据监测，研判各个网络平台上舆情扩散的程度并制定相应的信息发布渠道。

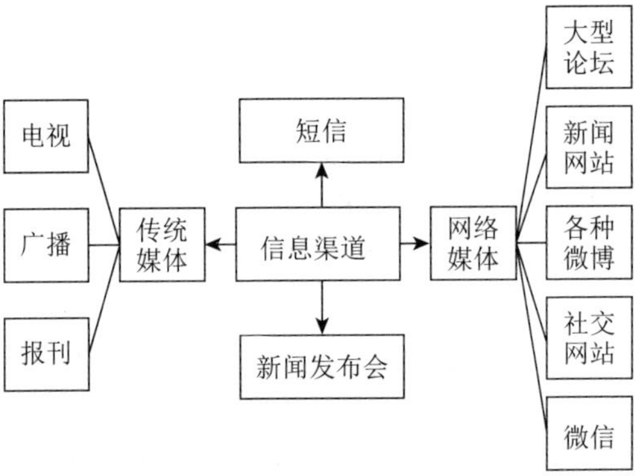

图 5–18 舆情信息传播渠道

---

① 兰月新，董希琳，曾润喜，等. 信息异化视角下网络舆情衍生效应模型研究［J］. 情报杂志，2015，34（1）：139–144.

党的十八届三中全会指出要“推动国家治理体系和治理能力现代化”，网络舆情治理是其中的重要组成部分。随着大数据技术的发展，必将给网络舆情治理带来新的契机。研究大数据背景下突发事件网络舆情治理机制，构建大数据背景下多主体治理模型，通过数值仿真研究治理主体间的相互影响程度、新增主体对治理效果的影响等问题，在此基础上提出政府的舆情治理对策，将会为政府治理突发事件网络舆情提供参考依据。

第六章　网络群体性事件及其治理

网络群体性事件是负面网络集群行为的结果，常常表现为网络冲突、网络审判、人肉搜索、网络恶搞、网络谣言、网络暴力事件等。网络群体性事件极化了正常的公共舆论表达，可能对网络社会的公平与正义产生破坏，因而需要进行有效治理。

第一节　网络群体性事件

群体性事件不仅包括线下事件，也包括在虚拟空间中网民因对某一事件的观点相互冲突而形成的网络集群行为。群体性事件可能危害社会治安，影响社会稳定。在网络社会，信息传播迅速，线上线下的集群行为相互影响，能够在短时间内覆盖众多人群，形成更大的号召力和动员力，给事件的有效治理带来挑战。

一、网络群体性事件的概念内涵

网络群体性事件是近年来比较受关注的一个研究领域，主要用于指代互联网上发生的集群行为。“网络群体性事件”在英文文献中没有完全对等的概念，与之相近的概念有“网络冲突”“网络暴力事件”“社会危机事件”等，主要研究罢工、游行、示威等与政治、经济密切相关的骚乱或事件，研究的侧重点在于群体性事件的定义、产生的原因、现场应对的策略以及导致的后果等。例如 2011 年轰动一时并成为当年年度全球十大新闻之首的“阿拉伯之春”事件，便是一个实质意义上的网络群体性事件。

在公开出版的文献中，国内最早涉及网络群体性事件的论文为 2003 年徐乃龙发表的《群体性事件中网络媒体的负面影响及其对策》，该文认为网络的快捷、隐蔽等特性将增加群体性事件的发生概率。2006 年 11 月，郑大兵、封海东在分析现实群体性事件发生范围时，第一次使用了“网络群体性事件”的术语。2009 年 6 月，代群等人在《瞭望》周刊发表文章，提出：“群体性事件不仅发生在现实世界中，在网络上同样发生。而其中的一些负面网上群体性事件，可以在很短时间内损害百万群众心中的党政机关形象。”[①] 这些文章引起了广泛关注，使网络群体性事件的研究上了一个新的台阶。关于网络群体性事件的研究主要涉及以下几方面内容：

西方学者对于网络虚拟世界中产生的冲突有着不同的看法。莱文（Levine）主张网络冲突具备一定的积极作用，认为网络冲突是一种强大的民主资源，能够推动民主的发展[②]。英国诺丁汉大学卡拉奇甘尼（Karatzogianni）教授认为网络冲突是实体空间的矛盾与冲突在网络中的集中反映。从政治社会学的角度来讲，网络冲突是为了影响或挑战公共舆论，实现某种利益诉求而进行的网络较量[③]。贝纳尔（Bernal）也认为网络可以创造一个新的公共领域，是民主的推动力[④]。阿克迪兹（Akdeniz）指出，网络空间中的匿名政治讨论与交锋，有力地冲击了传统的政治管制方式[⑤]。

但是，也有较为消极的观点，将网络冲突看作是一种潜在的恶。例如米尔斯（Mills）认为网络冲突会撕裂、整合人们之间的身份认同与文化认同，将人们带入一个混沌时期[⑥]。与他持相同观点的瓦恩（Whine）认为，网络冲突可能是潜在的恶的工具，极可能被不法分子利用，要对网络冲突进行引导和控制等[⑦]。而内塔内尔（Netanel）提出，一定范围的网络冲突有利于网络社团主义的生成和社会进步，但过度膨胀的网络冲突具有“多数专政”的危险，甚至形成“网络无政府主义”[⑧]。贝斯特（Best）等人认为要

---

① 代群，郭奔胜，季明 . 应对“网上群体性事件”新题［J］. 瞭望，2009，（22）.

② Levine P. Civic renewal and the commons of cyberspace[J]. National Civic Review, 2001, 90 (3): 205–212.

③ Karatzogianni, A. (2004). The politics of ‘cyberconflict’. Politics, 24 (1), 46–55.

④ Bernal V. Nationalist Networks: The Eritrean Diaspora Online[J]. Diasporas in the New Media Age: Identity, Politics, and Community, 2010: 122–135.

⑤ Akdeniz Y. Anonymity, democracy, and cyberspace[J]. Social Research: An International Quarterly, 2002, 69 (1): 223–237.

⑥ Mills K. Cybernations: Identity, self-determination, democracy and the" Internet effect" in the emerging information order[J]. Global Society, 2002, 16 (1): 69–87.

⑦ Whine M. Cyberspace-a new medium for communication, command, and control by extremists[J]. Studies in Conflict and Terrorism, 1999, 22 (3): 231–245.

⑧ Netanel, N. W. . Copyright and a Democratic Civil Society, 106 Yale L. J. (1996).

根据不同的政治社会情境来定义网络冲突是进步还是阻碍[①]。波斯特（Post）认为网络冲突已经对传统法律控制工具提出严峻挑战，必须重构网络空间的规则体系[②]。

我国学者认为网络群体性事件有广义、狭义之分，广义上泛指在互联网上有较多网民参与讨论并产生一定社会影响的事件；狭义上看，特指在一定社会背景下形成的网民群体为了共同的利益或其他目的，利用网络进行串联、组织、呼应，乃至可能或已经影响社会政治稳定的群体性非正常事件，也有些学者将网络群体性事件定位于一种“扰乱社会正常秩序”的“群体暴力事件”。例如，葛琳认为，网络群体性事件是指在一定社会背景下形成的网民群体为了共同的目的，利用网络大规模地发布和传播某一方面信息，以制造舆论、发泄不满，具有群体性事件的主要特征，网络群体性事件是一种集群行为，严重的网络群体性事件会对网络内外秩序产生干扰，甚至危及社会稳定[③]。同样，杨久华认为，网络群体性事件是指在一定社会背景下形成的网民群体为了共同的利益或其他相关目的，利用网络进行串联、组织，并在现实中非正常聚集，扰乱社会正常秩序，乃至可能或已经发生影响社会政治稳定的群体暴力事件[④]。

一些学者对将网络群体性事件定义为“群体性事件”持反对意见。如邱建新提出，网络群体性事件并非骚乱，而是充满智慧地质疑权威部门发布的信息，并试图为当事人提供道义上的支持，具有世俗性表意运动的特征[⑤]。罗权等认为，网络群体性事件在网络公共领域中制造网络舆论，聚焦和强化特定公共利益或较有争议的现实主题，以形成对社会系统的现实或潜在压力。刘鹤认为，使用“网络群体性事件”来定义网络上一些网民集中议论的现象不妥，而倾向使用网络舆情现象或者网络舆情事件这样的中性词来界定这种现象。

---

① Best, M. L., Jones, K., Kondo, I., Thakur, D. Wornyo, E. & Calvin Yu, C. Post-Conflict Communications: The Case of Liberia. Communications of the ACM, 2007, 50 (10): 33–39.

② Post, D. G. Against 'Against Cyberanarchy'. Berkeley Technology Law Journal, 2002, 17: 1365.

③ 葛琳 . 网络舆论与网络群体性事件［J］. 新闻爱好者，2008（09）：20–21.

④ 杨久华 . 试论网络群体性事件发生的模式、原因及其防范［J］. 重庆社会主义学院学报，2009，11（4）：89–92.

⑤ 邱建新 . 为“网络公众舆论”正名——关于“网上群体性事件”概念适当性的思考［J］. 江苏社会科学，2009（06）：91–95.

一些学者对于网络群体性事件给予了较为中立的评价[①]。杜骏飞认为，网络群体性事件的本质是网民群体围绕某一主题、基于不同的目的，以网络聚集的方式制造舆论、促发社会行动的传播过程。它可以是自发的，也可以是有组织的；可能是健康有序的，也有可能是无序的、不健康的，甚至是非法的[②]。申琦认为，网络群体性事件是以网络为场域针对现实生成的某一议题展开讨论，制造舆论，最终引起社会和政府有关部门关注的群体性事件[③]。郝其宏认为网络群体性事件的本质来源还是现实群体性事件，只是与现实群体性事件表现方式不同，二者都具有规模性、冲突性、集群性、制度外行动和人民内部矛盾的特点[④]。

对网络群体性事件作出准确的类型划分有助于全面、客观认识网络群体性事件的本质，促进科学研究和治理决策。国内关于网络群体性事件的界定大致可以分为三类：①网络诱致的群体性事件，在这类网络群体性事件中互联网不仅承担事件传播动员的载体功能，而且是事件发生的诱发因素；②影响主要在互联网虚拟世界的网络群体性事件，此类事件发生于网络也消亡于网络，对现实世界并没有产生过多的影响；③网上网下互动的网络群体性事件，在网络放大器和动员器的作用下，现实事件被不断放大，网民从网上走向网下，从网络上的聚集到现实空间的集体行动。

不同类型的网络群体性事件，其诱发的因素也有所不同[⑤]。杨久华将我国网络群体事件总结为四种主要模式：网络舆论引发模式、由网络谣言而恶化或失控模式、利益受损群体网络发动模式以及境内外敌对分子发起模式[⑥]。郝其宏通过对既有事件的归纳梳理进行类型划分：按照产生原因将其分为政治缘起型、道德缘起型、环境缘起型和经济缘起型四种；按照网民诉求划分为单一诉求型和混合诉求型两种，其中单一诉求型又分为发泄情绪、还原真相、维护权益、追究责任四类[⑦]。按照事件的动员方式，何国平

① 刘鹤．“网络群体性事件”的再定义［J］．电子政务，2012（04）：64–68.

② 杜骏飞．网络群体事件的类型辨析［J］．国际新闻界，2009（07）：76–80.

③ 申琦．论网络群体性事件中的公共议题管理［J］．现代传播（中国传媒大学学报），2010（10）：52–56.

④ 郝其宏．探析网络群体性事件概念起源［J］．四川行政学院学报，2012（6）：22–26.

⑤ 汪建昌．网络群体性事件：舆论生成与政府决策［J］．中州学刊，2009（06）：244–248.

⑥ 杨久华．试论网络群体性事件发生的模式、原因及其防范［J］．重庆社会主义学院学报，2009，11（4）：89–92.

⑦ 郝其宏．网络群体性事件类型辨析［J］．电子政务，2013（05）：51–57.

将网络群体性事件划分为：焦点型动员模式、诱发型动员模式、泄愤型动员模式和公关型动员模式[①]。按照事件展开场域，裘伟廷将网络群体性事件划分为三种类型：一是基本上在网络空间展开，但对现实社会也会产生实质影响；二是以网络虚拟组织为中介，主要在现实空间展开；三是网内网外互动进行活动[②]。廖芳玲将网络集群事件划分为：网络引发模式、网络动员模式、网上与网下群体性事件互相强化模式[③]。按照事件的表现形式，杜骏飞等将网络群体性事件分为网络审判、人肉搜索、网络恶搞、网络流言、网络集会五类[④]。

二、网络群体性事件的成因与演化

探讨网络群体性事件发生的原因，对从根本上有效预防和减少这类事件的发生具有重要意义。诱发网络群体性事件的原因复杂多样，学者纷纷从心理学、社会学、宏观外因、内在诱因以及运用多种社会研究理论对网络群体性事件的成因进行分析和研究。如黄蜺等从社会心理学的角度对网络群体性事件的成因进行分析，通过对比网络群体性事件发生前后的网民心理，认为利他行为、从众效应、去个性化状态是网络群体性事件发生的社会心理原因[⑤]。邓希泉利用社会学的价值累加理论对网络群体性事件的发生机制进行了解释[⑥]。张佳慧等运用社会燃烧理论分析了网络群体性事件的发生原因[⑦]。陈飞从政治、经济、法治、社会和网络等宏观层面探讨网络群体性事件的诱发因素[⑧]。王扩建总结了网络群体性事件引发的条件，包括：

---

① 何国平. 网络群体事件的动员模式及其舆论引导［J］. 思想政治工作研究，2009（09）：37–39.

② 裘伟廷. 网络群体性事件初探［J］. 宁波广播电视大学学报，2009，7（03）：1–4+99.

③ 廖芳玲，顾金喜. 网络群体性事件对政府管理的挑战与应对之策［J］. 浙江学刊，2011（01）：216–219.

④ 杜骏飞，魏娟. 网络集群的政治社会学：本质、类型与效用［J］. 东南大学学报（哲学社会科学版），2010，12（01）：43–50+124.

⑤ 黄蜺，郝亚芬. 社会心理学视阈下的网络群体性事件［J］. 电化教育研究，2010（07）：39–43.

⑥ 邓希泉. 网络集群行为的主要特征及其发生机制研究［J］. 社会科学研究，2010（1）：103–107.

⑦ 张佳慧，陈强. 社会燃烧理论视角下网络群体性事件发生的研究［J］. 电子政务，2012（7）：63–67.

⑧ 陈飞. 网络群体性事件的诱发因素研究［J］. 改革与开放，2012（9）：22–23.

网络特性的外在诱因、求实追责的内在机理和制度供给不足的本质特性[①]。杨久华也认为，现实社会中利益表达机制不畅，网民平等、民主、参与意识不断增强，网络规制有待完善，少数地方政府施政中损害民众的利益，处置网络突发事件的方式、方法欠科学，境内外敌对分子挑拨引发网络群体性事件[②]。

要实现对网络群体性事件的有效治理，首先就应该对其演变的机制进行探讨，从而提高治理策略的针对性和时效性。网络群体性事件的演化机制即在网络群体性事件的孕育、发生、发展以及终结的过程中的控制因素和规律性。在界定网络群体性事件的基础上，陈强运用系统的方法对网络群体性事件演化的要素和演化机制进行了研究，提出刺激性公共事件、网民共同经验、活跃的关键人物、大众传播媒介和相对隔离五个要素，以及网络认同、网络扩散、网络动员和网络疏导制四个机制[③]。梁宇通过对现实网络群体性事件发生机理的研究，将网络群体性事件的发展路径归结为三种：现实的微小群体性事件，经过网络扩大，形成网络群体性事件；现实与虚拟并存的网上群体性事件；网络事件异化型群体性事件[④]。

乐国安认为网络群体性事件由网络舆论发展为网络集群行为中间必定经历了一个发展壮大的过程，其间经历三个阶段：首先是议题的产生与发展，伴随着网络讨论的不断深入，议题从最初事实层面上的探讨上升到价值层面，表现出强烈的泛政治化倾向；接着是信息在群体暗示与群体感染下迅速传播；然后是信息持续地立体传播，网络群体已经冲破单纯利用网络进行信息传播的局限，将传统与新兴的各种媒体充分调动起来，形成立体式传播，将传播效果最大化，并促使越来越多的人参与到网络讨论；最后是议题不断被强化，并最终可能转化为实际行动[⑤]。

---

① 王扩建 . 网络群体性事件：一种新型危机形态的考量［J］. 天津行政学院学报，2010，12（2）：29–34.

② 杨久华 . 试论网络群体性事件发生的模式、原因及其防范［J］. 重庆社会主义学院学报，2009，11（4）：89–92.

③ 陈强，徐晓林 . 网络群体性事件演化要素研究［J］. 情报杂志，2010，29（11）：15–18.

④ 梁宇 . 刍议网络群体性事件的成因及演化路径［J］. 思想教育研究，2013（9）：78–82.

⑤ 乐国安 . 网络集群行为过程解析［J］. 人民论坛，2010（13）：18–19.

三、网络群体性事件的防范和治理措施

对策研究是网络群体性事件研究的重要内容，许多学者认识到了网络群体性事件可能带来负面影响并从不同的视角出发提出了许多应对策略。主要包括三方面视角：

一是网络群体性事件的舆情引导视角。许多学者从新闻学的角度将网络群体性事件看成是网络舆情，这种网络虚拟舆情蕴含着诸多风险，需要正确引导、化解危机。王岚认为，网络群体性事件的舆情应对应采取如下措施：一是加强网络舆情预警和监管，构建良性沟通渠道；二是新旧媒体功能融合，共建网络话语权格局；三是提升媒体和政府的公信力①。赵莉等认为，做好网络舆情观测工作，有的放矢地采取措施，制定相应的引导策略②。

二是网络群体性事件治理的政府视角。政府是治理群体性事件的主体，许多学者从不同角度提出了政府治理网络群体性事件的对策。何军认为，政府在应对网络群体性事件中存在着以下问题：一是思想观念陈旧，尚未对网络群体性事件的深层原因有清醒的认知；二是应对手段和方法错误；三是部门协调不力，对外口径不统一；四是徇私偏袒，处理问题不到位③。揭萍等提出了网络群体性事件的处置原则：一是要坚持系统性原则；二是加强规划、整合资源原则；三是预防为主、平战结合原则④。郑大兵等认为面对网络群体性事件的层出不穷和影响力日趋扩大，政府不应消极对待，而应该采取措施积极应对，可以做好以下工作：一是健全法律法规，实施网络实名；二是做好教育工作，树立积极的社会主义荣辱观；三是政务政策公开透明，建立有效沟通渠道；四是政府电子政务部门，要时刻关注重点社区论坛；五是快速反应，厘清真相⑤。

三是网络群体性事件防治的法律视角。董琳认为我国现有的法律法规

---

① 王岚．网络群体性事件的舆情引导［J］．新闻爱好者，2013（2）：70–72.

② 赵莉，孙豪．网络群体性事件的形成模式及舆论引导策略［J］．黑龙江史志，2012（16）：56–57.

③ 何军．政府视域下网络群体性事件防范与化解［J］．传承，2012（24）：86–87.

④ 揭萍，熊美保．网络群体性事件及其防范［J］．江西社会科学，2007（09）：238–242.

⑤ 郑大兵，封海东，封飞虎．网络群体性事件的政府应对策略［J］．信息化建设，2006（11）：34–35.

缺乏对网络群体性事件防范和治理的规定，在以法律手段化解纠纷、整合社会矛盾冲突时，法律制度并没有达到预期的规制效果，她提出了网络群体性事件的法治构建措施：一是就事前预防对策来说，应建立顺畅的利益表达机制；二是就事中处置对策来看，要健全以司法救济为主的纠纷解决机制；三是要提高法官的业务素质；四是就事后整改对策而言，需要健全法律责任追究机制[①]。周菲菲也提出了预防与处置网络群体性事件的法律措施：一是加快制定相关法律法规；二是弘扬社会主义法治理念，增强网民的法治意识；三是增强各级政府依法处置的能力[②]。

第二节　网络群体性事件的案例研究

在互联网发展初期，网络群体性事件时有发生。一些网络反腐事件对于推动我国的政府信息公开发挥了积极作用，在客观上支持了我国的廉政建设。但是，也有一些网络群体性事件，产生了负面影响。选择其中有代表性的事件进行分析，对于理解网络群体性事件的演变规律、了解我国网络社会治理的历史进程以及提升网络群体性事件治理水平具有借鉴意义。

一、线上发酵　线下集群

案例一　2005 年涉日游行事件

2005 年 4 月 5 日，日本文部省对扶桑出版社编纂的《新历史教科书》进行审定，虽然文部省要求扶桑出版社对书中 120 余处进行修改，但最终给予该书“审定合格”的决定[③]。该书将日本在第二次世界大战时期的一系列问题责任进行淡化处理，改变了日本其他主流历史教科书说法，因此遭到韩国、中国等国家的强烈反对。在中国，许多民众认为是日本政府故意篡改教科书，并认定日本政府企图否认侵略罪行，愤怒之下，举行了抗议游行。

---

① 董琳 . 法治背景下网络群体性事件防治研究［J］. 理论与改革，2013（1）：167–169.

② 周菲菲 . 预防与处置网络群体性事件的法律思考［J］. 传承，2012（20）：90–91.

③ 郭桢：日本历史教科书问题［EB/OL］. http://news.xinhuanet.com/ziliao/200504/06/content_2791899.htm,2016–03–01.

1. 事件简介

此次涉日游行最早从网上发起。2005 年 3 月中下旬，海外民间涉日组织发起网络签名活动，反对日本成为安理会常任理事国并抗议日本篡改历史教科书。几天后，国内几大门户网站如新浪、搜狐等就加入了这一活动。到 4 月初，签名人数突破 300 万。

2005 年 3 月 26 日至 4 月 16 日期间，北京、上海、重庆、广州、深圳、绵阳、郑州、沈阳、宁波、哈尔滨、保定、石家庄、成都、洛阳、青岛、东莞等地发生了签名、游行示威等活动。

2005 年 4 月 9 日上午 9 点，逾百人参加了在北京中关村海龙大厦门前举行抵制日货的签名活动。到早上 10 点半左右，队伍逐步扩大，并有人提出从海龙走到日本大使馆，进行游行示威活动。游行队伍基本上保持了理智和克制，一旦有人出现过激行为，立刻就有其他人出面制止。因此，未出现过激的打砸行为。

另一路游行队伍，沿北三环和东三环前往亮马河使馆区的日本大使馆新馆（当时还没有人员搬进）所在地，一路上袭击多处日本餐馆以及全日空和东京三菱银行办事处。最后于下午四点，到达日本大使官邸新馆。游行人群用砖头、石块袭击了在军警保护下的大使官邸的围墙、护网、摄像探头和路灯，离开时，还掀翻了一辆日本车。夜晚 10 点左右，游行告一段落。

2005 年 4 月 16 日上午 9:00，部分上海高校学生及市民汇集于外滩、人民广场、徐家汇前往日本驻上海总领事馆游行。一路上学生及市民高呼反对日本右翼势力的口号。途经延安路高架等市中心主要区域。极少数混迹其中的不法分子趁机乱扔石块，打砸店铺①。

面对公众大规模的游行示威活动，外交部发言人秦刚于 4 月 10 日阐述中国政府的立场时表示，游行完全是民众自发组织，中国政府派出警察维护秩序，并呼吁日本政府应借此反省以往对历史问题的态度。从原则上来讲，这些游行没有经过公安部门批准，都是非法行为。

4 月 17 日，外交部部长李肇星与日本外相町村信孝在会晤时拒绝了日本要求道歉的请求，称中国政府没有做任何伤害日本人民的事情，并进一

---

① 光明日报 . 上海涉日游行中 16 人打砸被捕［EB/OL］. http://news.tongji.edu.cn/classid-18-newsid-1382-t-show.html,2005–04–07/2016–03–01.

步要求日本政府为其伤害中国人民感情的行为而道歉。次日，中国国务院总理温家宝取消原定与日本外长会晤的安排。中国大陆的媒体对游行事件进行了冷处理，几乎没有任何直接的报道和评论。一些著名门户网站在头条发布了北京市公安局要求市民不要上街的通知。

4月21日，公安部发表《就北京上海等地发生涉日游行示威的讲话》，指出“未经公安机关批准，通过互联网和手机短信发起组织游行示威的，也是违法行为”。该讲话于当晚在中央电视台新闻联播节目中全文播发。

2. 案例分析

从网络群体性事件的角度出发，该事件属于网络舆论引发模式，即大量网民在网络平台上就社会政治焦点问题发表个人意见，经过网络的放大和极化作用，逐渐演化成了强大的网络舆论。这种强大的舆论场对网民群体的集体理性构成了极大挑战，部分网民利用网络策划、组织、传播、集结信息并引发群体性事件。当网络集群行为转化为线下群体性事件时，可能会有一些不法分子混迹其中，借助游行进行打砸，使事态变得难以控制，危害公民财产安全和社会秩序稳定，甚至走向违法的道路。针对这一类型的事件，需要建立网络舆情预警机制，通过大数据分析提前预判事件走势，及时采取干预措施，控制事态发展。

二、网络观点集群

一些社会热点事件会引发网友短时间热议，随着时间的流逝逐渐平息，这种事件可以看作是网络虚拟空间的“观点集群”现象。当网友在贴吧、论坛等网络空间发表言论时，不自觉形成不同的观点“阵营”，每个观点的发声者都期望说服他人，进而形成观点集群，严重时可能引发网络暴力事件，甚至线下的集群行为。严重的网络暴力会给当事人造成极大的心理压力，甚至可能采取极端行动，出现自杀悲剧。

案例二　朱令铊中毒事件

朱令事件是指朱令在清华大学就读期间离奇出现铊中毒的症状，导致身体健康受到极大伤害，最后通过互联网才得到确诊和救治的事件。这是中国首次利用互联网进行国际远程医疗的尝试。由于朱令没有铊的接触史，警方认定为投毒事件，但此案几度沉浮，一直没有明确调查结果，凶手至今仍逍遥法外。由于对事件调查处理过程中的一些异常情况，朱令案成为公众事件，并衍生出对作案嫌疑人家庭背景的各种猜测[①]。

1. 事件简介

朱令，北京人，1992年考入清华大学。1994年11月24日起，朱令开始出现奇怪的中毒症状：起先是肚子疼，吃不下饭；接着（12月5日）胃部不舒服；最后（12月8日）她的头发开始脱落，并在几天内掉光。12月23日，朱令入住北京市同仁医院消化内科病房，虽然没有查出病因，但住院一个月以后，朱令的病情得到缓解，并长出了头发，于1995年1月23日出院。

1995年3月28日，朱令陷入昏迷状态，直到8月31日才苏醒，昏迷长达5个月[②]。

1995年4月10日，朱令的高中同学、北京大学力学系92级学生贝志城、蔡全清等人将这种不明病症翻译成英文，通过互联网向Usenet的sci.med及Bitnet发出求救电子邮件。之后收到世界18个国家和地区回信1635封（一说超过2000封，贝志城说超过3000封），其中约三分之一的回复认为这是典型的铊中毒现象。圣裘德儿童研究医院的医生在回信中指出："疑似铊中毒，根据头发脱落、胃肠道问题和神经问题等症状几乎可以确诊"。由于当时互联网不发达，海外UCLA的Dr.XinLi在UCLA的服务器上和Dr.John W.Aldis一起创建了UCLA朱令铊中毒远程诊断网，在朱令铊中毒远程诊断的信息发布上发挥了关键作用。

1995年4月18日，贝志城拿着翻译好的电子邮件到协和医院重症监护区门口给医生参考，但没有得到积极回应。电子邮件中对铊中毒的判断和相应的检测办法没有得到采纳，使得网上远程诊断的结果没有及时发挥作用。

1995年4月28日，朱令转到北京市职业病卫生防治所进行检验。当天，陈震阳即出具了检测报告，认为朱令两次铊中毒，第二次中毒后朱令体内铊含量远远超出致死剂量，并怀疑有人蓄意投毒，同时建议服用普鲁士蓝解毒。一个月后朱令体内的铊被排出。但是，由于铊离子在体内滞留的时间太长，朱令的神经系统遭到严重损害，视觉几乎完全丧失，肌体功能也受到严重损伤，且仍处于昏迷之中。

---

① 360百科 .［2016-03-01］. http://baike.so.com/doc/3988530-4184792.html

② 百度百科：朱令事件 .［2016-03-01］.http://baike.baidu.com/view/3741528.htm?fromtitle=朱令&fr=aladdin

1995 年 5 月 7 日，北京市公安局正式立案调查。

1997 年 4 月，在正式立案两年之后，北京警方对朱令案件犯罪嫌疑人孙维采取了第一次突审，但因缺乏证据未取得进展[①]。

2002 年，有人在网上撰文指出，向朱令投毒的嫌疑人是孙维。同时，贝志城以真实姓名在新语丝网站发表《朱令案件的一些情况》，介绍了一些“内幕”。

2005 年 11 月 30 日，在天涯社区，一名 ID 为“skyoneline”的网友发表了《天妒红颜：十年前的清华女生被毒事件》，在社区内引起了关注。

2005 年 12 月 30 日，一个 ID 为“孙维声明”的网友（此账号由孙维父亲证实由孙维本人使用，同时也被在天涯发表评论的部分物化 2 班同学证实）发表了《孙维的声明——驳斥朱令铊中毒案件引发的谣言》，以孙维的名义公开为自己辩解，称自己没有投毒，当年被讯问 8 小时后，警方已经于 1998 年解除了对她的怀疑。这一声明激起众人的讨论，并引起网民对此案极大的关注。在网络上，很多网友谴责孙维为投毒者，一些网友找出了孙维的家人、住址、所在单位等信息，还有朱令和孙维所在班级的同学列表。

2006 年 1 月 3 日，朱令的高中同学贝志诚在天涯实名发帖《关于朱令事件的几点说明》，列出怀疑孙维的原因、证据。该帖发布后，网友对孙维的质疑剧增[②]。

此外，《法制早报》《北京晨报》等媒体也在孙维发声明之后报道了朱令案，新浪、网易、搜狐[③]进行了转载。在这一阶段，网友通过孙维、贝志诚、孙维同学等人的帖子对朱令案有了一定的认识，关注的焦点集中于孙维到底是不是凶手。

2013 年 4 月 15 日，复旦大学学生黄洋中毒事件使朱令案再度浮出水面，并成为新浪微博热门话题[④]。

---

① 朱令吧 . 朱令案简介，视频录音，分析、证据、新闻报导，资料大全 .［2016-03-01］. http://tieba.baidu.com/p/2999143848?fr=ala0&pstaala=2

② 新民周刊 . 清华女生铊中毒事件调查：网络让朱令受到关注 .2006-01-18.［2016-03-01 查阅］. http://news.sina.com.cn/s/2006-01-18/11068902425.shtml

③ 搜狐新闻 . 清华女生 11 年前离奇铊中毒最大嫌疑人首度辩解 .（2006-01-11）.［2016-03-01］.http://news.sohu.com/20060111/n241371418.shtml

④ 腾讯新闻 . 点评 2013 年“面孔”：复旦投毒案让朱令再受关注 . 2013-12-30.［2016-03-01 查阅］. http://news.qq.com/a/20131230/000105.htm

2013 年 4 月 17 日，贝志诚在腾讯微博开微访谈，接受网友提问，介绍朱令案。

2013 年 4 月 18 日，孙维再度在天涯社区发帖《这么多年，和很多人一样，等待真相水落石出的那一天》，引发大量网友指责、质疑，并开始分析案情，展开“网络破案”①。

2013 年 4 月 19 日，孙维号召好友顶帖的“发帖指南”被曝光，媒体跟进对朱令案的报道。

2013 年 4 月 20 日，当年曾报道过朱令案的《南方人物周刊》记者吴虹飞在新浪微博开微访谈。其文章中北京市公安局 14 处刑警李树森的回应——“这件事在调查工作中已有一定结论，从个人来讲，我不愿意回答；从公安民警的纪律来说，我不宜发表意见。领导要求我怎么向媒体说一些事情，我只有照办。”引发网友关注。

2013 年 4 月 20 日，截获孙维邮件中“发帖指南”的匿名黑客接受《南方都市报》采访，称希望警方能重启调查。同日，朱令案的代理律师张捷发布博文《朱令中毒案证据分析大全》，点击量高达 48 万次，评论数 1.5 万条。

2013 年 4 月 21 日，《南方都市报》发表社论《清华“朱令案”，须研判重启调查的可行性》，称“警方有责任、有义务向公众澄清并回应”，而“具体刑事案件的调查程序是否重启，必要性与可行性如何，有赖警方依照法定程序认真研判、秉公办理，也不排除吁请检察机关行使对刑事个案的法定监督权。”在这一阶段，受媒体报道评论的影响，网友在猜测、“破案”的同时，逐渐将矛头指向警方，强烈要求公开当年的调查信息。

2013 年 4 月 25 日，央视新闻发表评论“朱令案，何时水落石出”，称“与其任由坊间传闻四起，疑云难解，不如尽早彻查澄清”。

2013 年 4 月 26 日，《人民日报》转发清华大学《清新时报》探访朱令案的报道，转发量达 3.3 万次，同时发布微博“人民需要公平正义”呼吁关注朱令案，转发量高达 7.3 万次。随后，陈坤、姚晨等明星转发该微博，表示将捐款救助朱令。当日，央视新闻发布朱令案视频链接，并提出疑问“19 年前发生了什么使朱令铊中毒超万倍？黑手是谁？”，“希望这不会成

① 天涯社区 . 这么多年，和很多人一样，等待真相水落石出的那一天 . 2013-04-18. [2016-03-01 查阅] . http://bbs.tianya.cn/post-funinfo-4092499-1.shtml

为一个永远的谜！期待真相。”被转发 5 万多次。

2013 年 4 月 27 日开始，网络上许多关于朱令案的帖子遭到删除，引起网友的不满和质疑。这一阶段，舆情持续发酵，“连人民日报的帖子都被删”让网友更加肯定“案件嫌疑人背景强大”，强烈质疑警方办案受到权力干扰。

2013 年 5 月 4 日，有网友在白宫网站发起请愿（请愿发起人在白宫网站上写道：清华大学学生朱令于 1994 年、1995 年遭人两次蓄意用致命化学物铊下毒，由此导致其终身瘫痪。有迹象显示其室友孙某有作案动机，而且有机会获取此致命化学物……也有资料显示孙改了名字并通过婚姻造假进入美国。为保护我们公民的安全，我们吁请政府开展调查，并将孙驱逐出境），至 5 月 7 日，该项请愿收集到 11 万个签名。根据 2013 年 1 月的新规，请愿内容如在 30 天内获得 150 人签名支持，则能在白宫网站上获得内容搜索支持。如在 30 天内获得 10 万人签名支持，则能得到白宫的答复。虽然这个请愿没有得到美国政府的回应，但引起中外媒体对朱令案的共同关注。当日，新浪微博关于朱令案的讨论量达到了顶峰。

2013 年 5 月 8 日，北京市公安局官方微博“平安北京”做出回应，表示此案碍于证据灭失无法侦破，且侦破过程中未受任何干扰，呼吁公众理性看待此案[①]。贴子被转发 8.9 万次。但舆论要求公开案情的呼声并未停止，反而针对警方的回应提出更多疑问，甚至有评论称“别为悬案增加疑点”。同时，朱令家属也对警方回应表示不满[②]。

2019 年 5 月 9 日，《人民日报》发表文章《公开是一剂解毒良药》称“唯有以公开保证公正，以透明确保清明，法律的权威才能树立，政府的公信才能增强[③]”。与此同时，国际各大主流媒体开始纷纷报道朱令事件，评价中国社会对此事的反响。

2. 案例分析

朱令案是典型的由线下社会新闻热点发酵而来的网络群体性事件。从

---

① 法治网 . 朱令案中的舆论引导与应对策略研究 . 2013-06-08,［2016-03-01 查阅］. http://www.legaldaily.com.cn/The_analysis_of_public_opinion/content/2013-06/08/content_4544172.htm

② 观察者 . 朱令案最新进展：不明信件指朱令因影响他人休息被室友集体毒残 . 2013-09-27.［2016-03-01 查阅］. http://www.guancha.cn/society/2013_09_27_175269.shtml

③ 新华网 .2013 年 4 月份新闻人物盘点：朱令 .2013-05-09.［2016-03-01 查阅］. http://news.xinhuanet.com/legal/2013-05/09/c_124686361.htm

1994 年至今，网友的关注点也随着时间的流逝不断变化，从对朱令的同情，在医学上为她寻求解决办法，逐渐转向对嫌疑人的怀疑、质问和指责，进而变为对警方的回应表示不满，要求更多的信息公开。这一系列的变化与时代的发展是分不开的，由此可以看出，网络舆情所关注的重点随着社会环境的变化而变化。从对当事人切身利益的关注，演化为对政务信息公开的呼吁，不得不说，这样的变化是深刻的。

从舆论高潮的角度来分析朱令案，该事件有三次舆论高潮：第一次是 1995 年至 1998 年期间，传统媒体对朱令的两次发病住院进行了报道，互联网首次被用于与国外医学专家合作，成功缓解了朱令的病情，此时人们看到的更多是互联网的巨大作用；第二次舆论高潮是 2005 年至 2007 年，天涯论坛的帖子使十年前的事情再度呈现在网友面前，此时，对嫌疑人孙某的怀疑占据了舆论的主导地位，舆论呼吁警方公开相关的查案信息；第三次舆论高潮是 2013 年，复旦大学投毒案发生后，由于案件的发生背景与朱令案非常相似，朱令案再次被提起，并引发了国外媒体的关注，这一阶段网友的关注点转向政府信息公开问题，并由此探讨信息公开对一个国家的社会民生、法制建设的重要性和意义。

朱令案在连续十几年的时间内始终被人关注，互联网发挥了重要的推动作用。时至今日，人们依然能借助网络搜索到当年的一些资料，并依此在网络虚拟社区中发表自己的看法，在几个特殊的时间点上，网络虚拟空间中形成了舆论场，发生了“网络观点集群”，尤其当这些“观点集群”逐渐指向对政府机关权威性的质疑时，就不得不重视。所谓“公开是解决一切病症的良药”，通过朱令案，网友们期待获得的不仅仅是一个掷地有声的真相，渴望看到的更是政府机关的透明化。

三、谣言引发的群体性事件

由谣言引发的网络群体性事件其特殊性在于引发集群行动的事件是不真实的，而且往往来势凶猛，能够在短时间内影响相当一部分人群，但是持续时间较短，辟谣之后自行消失。

案例三　抢盐风波事件

北京时间 2011 年 3 月 11 日 13 点 46 分，日本本州岛海域附近发生 9 级大地震，地震导致福岛第一核电站 1—4 号机组发生核泄漏，引发核危机。日本核泄漏事故引起全世界关注。同期，浙江绍兴进入梅干菜腌制季节，当地对食盐的需求量增加。2011 年 3 月 14 日，在浙江绍兴和上海地区，部分人通过口口相传和电话的方式传播“中国海域因为核泄漏受到污染”“吃碘盐可以防核辐射”之类的谣言。谣言引发了群众大规模抢盐。

1. 事件简介

3 月 15 日上午 10 时左右，浙江省杭州市某数码市场的一位网名为“渔翁”的普通员工在几个 QQ 群上发出消息：“据有价值信息，日本核电站爆炸对山东海域有影响，并不断地污染，请转告周边的家人朋友储备些盐、干海带，暂一年内不要吃海产品。”随后，这条消息在网络上被广泛转发。

15 日，新浪微博有 10 条关于抢盐的信息，发布者 1 人来自福建，2 人来自宁波，7 人来自上海。其中上海博友 @ 林小蓉 _ 毛毛在 15 日 13:34 发布的“# 东京—日本—地震—海啸—爆炸 # 超市里的盐和紫菜都抢疯了，海啸造成的海水污染……”成为最早描述抢盐的微博。

3 月 14 日和 15 日，江浙沿海及临近地区普遍发生了抢购碘盐的事件，并且由江浙沿海向整个沿海地区扩散。另外，以兰太盐化为代表的部分盐化企业股票涨停。据统计，2011 年 3 月 16 日，微博上有抢盐相关信息 25033 条，其中浙江 14247 条，占半数以上，浙江相关信息中又以杭州最多，其次是宁波、绍兴。

在这股“抢盐潮”的影响下，山东、福建、广东等沿海地区出现了盛况空前的抢购食盐的现象。大批民众排队抢购食盐，多地超市食盐被抢购一空。个别不良商家借机提价，北京一箱 40 多元的食盐卖到 600 元。一些地方的食盐也从原来的 1 元涨到了 10 元，一些城市里食盐的日销售量更是达到日常销售量的 20 倍。在囤货的抢购者中，更有甚者，武汉一市民郭姓男子，花高价购入 13000 斤食盐，成为网络红人——“抢盐帝”。据商务部发言人透露，这场随着日本大地震、海啸和核泄漏引发的中国“抢盐潮”波及中国近 30 个省。

3 月 16 日晚，浙江省一名网友在微博上报料：“蔡部长，现在全省在哄抢食盐，请省领导关注”，16 日 19:20，浙江省委组织部长蔡奇、浙江省副省长郑继伟和杭州市卫生局长陈卫强相继在微博上作出回应，告诉网民核辐射监测结果、食盐供应充足、碘盐无助抗辐射，等等，这些回应微博在短短数小时内被转发了数千次。

3 月 17 日，抢盐潮从东部沿海向内陆和中西部地区甚至港澳台蔓延，扩散到全国 31 个省。当日国内的媒体头版均出现了“抢盐”“出现抢盐”等字眼。

微博、论坛、博客等网络空间，网民纷纷议论抢盐事件。在整个谣言时期，可以说 17 日是最疯狂的一天。在广元论坛上，网民胡某发表“食盐商停止生产食盐，食盐全部涨价”的言论。资本市场出现了浙系的资金涌入，大量抢购囤积食盐。全国卖出食盐 37 万吨，是平时的 24 倍。

与此同时，从 17 日上午开始，以科学松鼠会和果壳网为代表的科普性微博开始辟谣，相继发表“无需抢购食盐的四个理由”“不必危‘盐’耸听，中国不会盐荒”等微博。

17 日下午，国家发改委、工信部等部门发文称，我国食盐生产和供应有充分保障，价格主管部门要积极与相关部门协调配合，多方组织货源，保障食用盐等商品的市场供应，稳定价格。中国盐业总公司也发布声明称，食盐储备十分充足，完全能够满足群众需求，请消费者不要相信谣传，不要盲目抢购囤积，并开通微博澄清谣言，恢复网民提问，但是其微博转发以及评论并不高，截至 2011 年 7 月，转发量仅 670 次。

与此同时，卫生部也通过媒体向公民普及有关知识，表示“吃碘盐不能预防放射性碘的摄入”。紧接着，全国包括上海、广东、北京、江苏、海南等多地政府紧急部署稳定当地食盐市场，召开新闻发布会，及时向市民公布当地政府保障食盐供应的具体措施并及时澄清“盐荒”的谣言。

3 月 18 日，各地政府陆续召开新闻发布会，公布保障食盐供应的措施，并且澄清谣言。各地媒体也开始报道政府和专家的观点，澄清谣言。各地网友开始编段子，竞相调侃全民抢盐行为。

18 日晚，全国各地“抢盐风波”逐渐平息，开始出现退盐潮，各地市场恢复稳定，一场狂卷全国的“食盐恐慌”终于告一段落。

2. 案例分析

抢盐风波是由谣言引发的线下群体性事件。正如戈登 · 奥尔波特和利奥 · 波斯特曼所言，“从未有一场骚乱的发生不带有谣言的鼓动、伴随和对暴力程度的激化。”网络谣言在线上大肆传播后，引发了现实社会中人们的疯狂举动。虽然整个风波持续时间较短，但其迅速波及了江浙地区及其他沿海地区，甚至中西部及港澳台地区也有所波及，威力可见一斑。

谣言在生活中是普遍存在的。在现实社会中，人们通过口口相传来扩散谣言，但是这种传播方式影响力有限，无法在短时间内形成集群行为。网络谣言突破了地域限制，在网络空间快速传播，可以在短时间内扰乱视听。在抢盐风波中，相较于企业、网络媒体等，政府的介入是比较晚的。抢盐事件在 14 日开始出现苗头，15 日发酵，16 日爆发，17 日、18 日到达顶峰，而中国盐业总公司在 17 日才接受媒体的联合采访，并开通微博正面回应此事。在 3 月 16 日晚，浙江省副省长微博回应网友的疑问。3 月 17 日下午，国家发改委、工信部等中央部委紧急发文，表示我国食用盐等日用消费品库存充裕，供应完全有保障。

从事态的演进来看，虽然 3 月 17 日及之后，中国盐业总公司、地方政府、国家发改委和工信部等都有积极回应，但是由于反应速度太慢，谣言已经蔓延开来，并发生变异，致使抢盐风潮波及全国。这一案例表明，面对谣言危机，最好的做法是第一时间查明真相，并通过权威渠道公开调查结果，使谣言不攻自破。同时应善于利用微博、微信等移动社交媒体，通过与公众互动化解谣言，平复公众的情绪，避免出现不理智的行为。

第三节 现实与网络交互场域中集群行为心理成因研究

一、现实和网络集群行为的研究历史

（一）国外现实集群行为研究历史

19 世纪末，法国社会心理学家勒邦（Le Bon）对法国革命中群众心理的系统研究开始了集体行动的社会科学研究历程。最初，受勒邦（Le Bon）等社会心理学家的影响，学者们主要从群体心理和情绪因素入手，探讨非理性的、表达性的，甚至是破坏性的集群行为的发生、发展机制。帕克（Park）等在《社会学科学导论》一书中，第一次对集群行为（collective behavior）做了全面阐述，从而将集群行为正式纳入到社会学研究领域，帕克认为集群行为是一种在共同和集体情绪冲动的影响下发生的个人行为，是一种冲动。

随着研究的深入以及其他学科的加入，这种非理性的视角和情绪化的解释因其固有的局限性而逐渐受到冷落，有关集群行为的研究逐渐转向理性及宏观的社会学与政治学视角。1965 年，美国经济学家、政治学家奥尔

森（Olson）提出集体行动理论，反映公共物品供给困境的“搭便车问题”引起学界的巨大反响，由此集体行动一词进入到社会科学的研究视野。从这种理性主义视角下发展出的资源动员、政治过程等理论，强调社会资源或潜在社会网络地位、政治机遇结构、自由组织资源和认知解放等宏观社会因素对集体行动的影响，将集体行动还原成一种结构化的理性过程，完全忽略情绪和个体间的互动在集体行动中的作用。

最近 20 多年，人们逐渐认识到集体行动自身的复杂性，单一的理性或非理性，微观或宏观视角都无法全面揭示集体行动的深刻内涵和发生机制，情绪和社会认同等微观和中观的社会心理变量再次受到学者的关注。

（二）国内现实集群行为研究历史

目前，国内有关现实集群行为的社会心理学研究主要体现在两个方面：一是对相关概念的内涵和外延的进一步明确，如王二平以官民冲突作为群体性事件的本质特征，将群体性事件定义为“部分群众与当地党政部门或强势社会集团的对抗性冲突”①。陈浩等人在对国内外有关集体行动的定义和分类进行梳理、分析的基础之上，提出了集体行动及相关概念分类新框架，该分类框架明确了广受重视的集群行为在集体行动中的地位以及与社会运动的关系，并将具有中国特色的群体性事件纳入其中，将其与初级集群行为和大众行为并列为集群行为的一个子类，并按照组织化程度和行动目标明确程度将其介于大众行为和社会运动之间。虽然，从严格意义上讲，该理论框架并不算是一种理论创新，但却有助于我们认知集体行动的全貌和各个类别间的关系，为未来的研究与学术交流提供一个有益的概念参考框架②。

另一个有关集体行动的研究重点体现在：一些研究者鉴于以往研究局限以及对西方研究的选择性借鉴的基础上，尝试对现实集体行动的心理机制进行研究。薛婷等人在对以往有关集体行动发生机制的理论进行跨学科、跨层次总结的基础上指出，大部分集体行动理论只是在研究取向上以及对集体行动的不同类型或不同阶段的论述重点上存在差异，并不存在实质性矛盾，因此，尝试提出了包含四大模块的集体行动的理论整合模型，通过不同模块的组合可以对不同类型、不同阶段的集体行动的发生、发展机制

---

① 王二平 . 群体性事件的根因探析［J］. 领导科学，2012（01）：4–7.

② 陈浩，薛婷，乐国安 . 集群行为诸相关概念分类新框架［J］. 广西民族大学学报（哲学社会科学版），2010（6）：56–60.

进行解释，并指出将来的研究可以针对某一模块或具体路径做深入探讨，以对该模型进行验证、修正和完善[①]。弯美娜等人则对西方有关集群行为的界定、心理机制的研究以及使用的测量方法进行了总结[②]。

除上述理论总结和综述外，国内一些学者也开始尝试通过实证研究检验西方的研究结论，并探索中国人参与集体行动的独特特征，如张书维等人就先后通过问卷调查、模拟实验和实验室实验等方式探讨了相对剥夺感等心理变量对集群行为或群体性事件的影响机制[③]。

如上所述，目前国内有关现实集体行动的心理学研究，仍主要延续着西方的研究传统和研究范式，独创理论较少，并且个案分析和理论辨析仍占一定的主导地位。但一些社会心理学家也开始尝试通过多种方法探讨中国特定事件和情景下，集群行为的发生机制和各主要变量间的关系，揭示中国人参与集群行为的独特的社会心理逻辑。

（三）国外网络集群行为研究历史

网络的不断发展已经对人们的生活产生了前所未有的影响，其触角已延伸到现实世界，网络时代的独特特征和广泛影响促使国内外各领域的学者和实践工作者开始了对网络中各种群体心理和行为机制的探索。鉴于社会背景的不同，国外学者并没有明确提出过网络群体性事件或网络集群行为的概念，相关研究的一个主要方向就是根据网络特征对已有的传播学理论进行发展，用以解释网络舆论、网络中的个体及群体行为等。但这些理论和解释中不乏心理层面的探究，例如，由德国学者伊丽莎白·诺尔·诺伊曼提出的“沉默的螺旋”理论就从群体心理的角度论述了大众传播与个人意见、公众舆论之间的关系。其理论的一个重要假设就是出于对孤独的恐惧，人们会不断评估社会接受的观点是什么，进而决定自己的意见表达方式，也就是说舆论的形成往往是大众传播通过营造“意见气候”来影响公众对“优势意见”的感知和自我表达的结果。而网络的出现，则为人们满足归属需求、消除孤立的恐惧感提供了多种渠道和便利条件，这在某种程度上降低了群体压力对个体的影响，突显了个体的主体性和能动性，促

---

① 薛婷．中国人参与集体行动的社会心理规律［D］．南开大学，2012.

② 弯美娜，刘力，邱佳，等．集群行为：界定、心理机制与行为测量［J］．心理科学进展，2011，19（5）：723–730.

③ 张书维，王二平，周洁．相对剥夺与相对满意：群体性事件的动因分析［J］．公共管理学报，2010，7（3）：95–102.

进“反沉默的螺旋”的出现。但另一方面，网络的匿名性也容易形成高度同质化的群体，从而强化人们的认知偏差和从众压力，导致各种群体极化现象。

此外，西方的传播学者们也一直关注新闻媒介如何通过议程设置、涵化等方式对受众的态度和价值观等造成潜移默化的影响。早期的涵化理论认为，大众传播作为强势文化和政治权力的代表，通过创作有寓意的信息来涵化人们的集体意识，并且这种传播效果是长期的、单向的、整体的。这与议程设置的传统观点如出一辙。但是网络新媒体的互动性和参与性赋予了大众一种新的传播主体的身份，新的涵化分析开始关注大众认知的主动性对传播效果的显著作用，涵化被重新理解为一个动态的、持续的、情景依赖的，以及各因素相互作用的过程。

虽然这些理论对深层的心理机制所涉不深，但却引发了心理学家们对网络中各种心理和行为的关注。赖歇尔（Reicher）等人提出的“去个性化效应的社会认同模型”（Social Identity Explanation of Deindividuation Effects，SIDE）就试图将社会认同理论应用于网络环境下，用以解释网络的去个性化条件和社会认同的交互作用对个体心理和群体行为的影响。该理论认为网络的匿名环境能够促进自我从个人认同转变为社会认同，人们对特定事件的感知和评价会受到突显的群体身份的影响，这就构成了 SIDE 的认知维度；另一方面，人们的行为表现还受到行为的可视性和自身认同程度的共同作用，在公开的情景下，不管是出于对群体规范的内化还是为进行自我印象整饰，人们都更多地表现出符合群体规范的行为，而在匿名的情景下，外在压力减少，人们的行为主要出于内在的意愿，这就构成 SIDE 的策略维度[①]。

布鲁斯丁（Brunsting）和波斯默斯（Postmes）的研究则试图将以往的研究成果应用于网络情境中，用以对比社会认同、相对剥夺、态度、效能感等社会心理因素对现实和网络情境下集群行为的不同影响，与现实行动相比，网络集群行为更多地受到基于行动效能和自我效能的理性计算的影响，受认同代表的情感因素的影响相对较小，而后者对人们参与现实集群行为的倾向性有显著的预测作用。其他因素对两种情景下的集群行为的影

① Reicher S D, Spears R, Postmes T. A social identity model of deindividuation phenomena[J]. European review of social psychology, 1995, 6 (1): 161–198.

响也都较小[①]。该研究虽然没有探究群际情绪、价值观和集群行为的动机等其他影响因素，但该结果还是在一定程度上验证了以往有关现实集群行为的研究结论，同时也暗示了网络和现实集群行为具体影响机制上的差异。这就为随后的相关研究提供了新的思路和论据。

（四）国内网络集群行为研究历史

网络集群行为虽然越来越受到社会各界的广泛重视，但目前国内的相关研究还相对较少，对其概念界定和机制探究仍处在起步阶段，虽然一些学者和实践工作者曾尝试对各类网络集群行为进行界定，但因其视角和目的不同，仍未形成统一认识。鉴于此，为便于学者之间的交流和相关研究的进一步深入，南开大学乐国安教授带领其团队，在总结以往研究的基础上，初步提出有关网络集群行为的较为全面和清晰的定义和分类框架，该框架将网络集群行为分为基于共同关注点的网络集群行为、基于共同信念的网络集群行为和基于共同行动目标的网络集群行为，反映了网络集群行为的动态发展及其与现实集群行为之间发生的交互作用。同时，从跨学科的视角出发，以网络集群行为所涉及的宏观、中观和微观环境为主要整合线索，以价值累加理论为主要分析框架，将能够应用到网络环境中，用以解释网络集群行为的社会学、社会心理学、传播学等有关现实集群行为和传统传播现象的理论进行了分析和整合，构建了能够较准确刻画网络集群行为发生、发展的内在机制，以及不同层次背景因素的作用方式的网络集群行为的理论解释模型。

二、社会认同对现实和网络集群行为的影响

（一）社会认同对现实集群行为的影响

社会心理学视角下的社会认同范畴十分明确，其经典定义为泰弗尔（Tajfel）和图尔纳（Turner）等人提出。泰弗尔（Tajfel）认为，社会认同是“个体认识到他（或她）属于特定的社会群体，同时也认识到作为群体成员带给他的情感和价值意义”[②]。方文对泰弗尔（Tajfel）的定义进行了解析，他认为泰弗尔（Tajfel）所说的社会认同是“行动者对其群体资格或范

① Postmes T, Brunsting S. Collective action in the age of the Internet: Mass communication and online mobilization[J]. Social Science Computer Review, 2002, 20 (3): 290–301.

② Tajfel H, Billig M G, Bundy R P. Social categorization and intergroup behaviour [J]. Eur. J. soc. Psychol, 1971, (1): 149–178.

畴资格（membership）积极的认知评价、情感体验和价值承诺”[1]。这一定义及解析表明，社会认同是对“群体资格”的认同，个体通过社会分类把群体分为内群体和外群体，并通过自我归类（self-categorization）将自己归于某一群体，内化该群体的价值观念，接受其行为规范[2]。因此，社会认同本质上是一个社会心理过程，是个体对其心理归属进行主观建构的过程。

因为人们会努力获得正向的自我评价，所以当他们背负弱势地位群体（disadvantaged group，也可译作“低地位群体”）成员身份时，将采取行动去获取优势地位群体（advantaged group，也可译作“高地位群体”）成员身份。而群际性集体行动会要求个体感知到其对所属弱势地位群体身份的高认同感（比如对群体的责任承诺）。通常而言，人们不会对所处弱势地位群体付出承诺。但当如下两种社会结构性条件成立时，个体不仅会向弱势地位群体付出承诺，且可能促使个体代表群体参与集群行为。

第一种社会结构性条件是：群体边界的可渗透性（permeability），即个体感知到的获得更高地位群体身份的可能性。当个体认为有可能获得更高地位群体的身份时，他们将不会对低地位群体付出承诺。但是，当人们认为其没有加入更高地位群体的可能性时，即会感觉到对低地位群体的承诺。第二种社会结构性条件是稳定性（stability），即群体间相对社会地位、位置稳定或可变的程度。将所属群体位置看成是可变的人们，会视集体行动为实现其成为更高地位群体成员的可能策略，这种知觉促使人们倾向于作为群体代表参与到集群行为中去。补充的第三点：当个体认为其所属低地位群体的处境是不合理（illegitimate）或不公正（unjustified）时，集群行为的参与意向将被强化。

简言之，根据社会认同理论，对低地位群体高度承诺的人在相信集群行为将改变其低地位群体状况且认为该状况不合理时，将更可能参与到集群行为中去。

（二）社会认同对网络集群行为的影响

当前我国已经进入了网络社会阶段，网络环境已经逐渐成为现实环境之外人类的另一个主要生活场域，网络媒体（包括博客、微博、网络论坛、

---

① 方文．群体资格：社会认同事件的新路径［J］．中国农业大学学报（社会科学版），2008（01）：89–108.

② Turner J C, Hogg M A, Oakes P J, et al. Rediscovering the social group: A self-categorization theory[M]. Basil Blackwell, 1987.

网络社区等）以其快速的反应速度、便捷和低门槛的参与要求、灵活多变的展示和参与形式，对传统媒体的地位发起了挑战。在此过程中，在网络中发起并最终成为重大社会事件，甚至走下网络，对现实社会产生巨大影响的集群事件层出不穷。愈演愈烈的网络集群事件引发相关学者的思考，是什么导致了人们参与到网络事件中去？其心理机制是什么？诸多研究表明，社会认同是可以解释网络集群事件的重要社会心理机制之一[①②③]。

影响网民社会认同的因素源自于网民的社会焦虑感和相对剥夺感，来源于社会资源等在社会结构中不同群体的非均衡配置。我国经济建设取得了伟大的成就，但还存在着新的社会问题和矛盾。总体上讲，我国社会阶层结构仍不平衡、不合理，弱势阶层和贫困阶层数量庞大，社会中间阶层规模过小。权力、地位、财富在社会阶层中的差距逐渐扩大，社会不公、利益失衡等矛盾以及市场化下的价值观裂变等，都影响着民众的社会认同。“维护和实现社会公平和正义，是我国社会主义制度的本质要求。”诸多社会问题与难题能否得到合理解决，不仅影响着人们对改革与发展的信心，还关系到社会的现代化转型能否顺利实现。

转型期社会矛盾问题如果得不到有效的解决，社会各阶层、各群体之间必然会产生大量隔阂和不信任的因素，影响社会和谐，危害社会进程。现实中的民众怎样在网络中汇聚到一起，形成何种社会认同，来源于群体成员间的“价值和情感意义”。在不同的情境下，民众有着多元的群体身份和多元的社会认同，只是在某种情境下，其中一种群体身份被强化和凸显，引导其社会认同，主导其心理和行为。现实社会中，权力、地位、财富在社会阶层中的差距逐渐扩大，社会不公、利益失衡等矛盾以及市场化下的价值观裂变等，都影响着民众的社会认同。

网民在网络上表达意见的过程，也可以看作寻求相同身份群体或相异身份群体的过程。自我的去个性化并非认同的损失，而是社会认同的进一步发展。经济地位和社会地位的双重作用，使得大多数网民将自己划为“弱势群体”。在这里，“弱势群体”是一个相对的概念，网民的构成是变动的，随着社会结构的变化和社会矛盾问题的形成、变化、消失而重新组

---

① 史元昭．基于社会认同视野下的网络舆论研究［D］．重庆大学，2011.

② 徐琳琳，王前．网络技术引发的虚拟自我认同危机与伦理建构［J］．科学技术哲学研究，2009，26（06）：55–59.

③ 高兆明．网络社会中的自我认同问题［J］．天津社会科学，2003（02）：49–52.

合。遇到社会事件时，网民总是寻找符合自己利益的群体，然后将破坏自己利益的一方作为对立方，认为自己站在弱势群体或者是道德的制高点，进而对另外一方进行言语上、行动上的攻击。部分网民对生活环境和自身前景产生焦虑，具有不安全感和不确定感，他们对遭遇不公的弱者抱有同情，恐惧于社会事件中当事人的遭遇也许有朝一日会降临在自己身上。为了实现自己的群体利益，这部分网民倾向于主动发言，逐渐形成趋于一致的群体诉求。

通过对网络社会认同研究的系统总结，可以看出当前网络认同研究并未揭示网络认同的本质特征和基本机制，究其原因，是因为当前网络认同研究缺乏对网络认同的特征和本质的系统论述，仍以理论阐述为主，鲜见实证研究，因此导致只重视对网络集群行为的控制和引导，较少关注网络集群行为的发生机制。因此，当前对网络舆情和网络事件的有效引导和疏解，需要深入研究网络事件的发生和发展机制，网络认同则是影响网络群体形成、网络事件发生的重要因素。

三、情绪对现实和网络集群行为的影响

（一）情绪对现实集群行为的影响

史密斯（Smith）等人将个体水平的情绪评价理论（Appraisal Theory of Emotion）和群体水平的社会认同和自我分类理论相结合提出的群际情绪理论认为群体情绪，尤其是群际愤怒情绪，是群体状况评价与特定集体行动反应倾向间的桥梁。当个体对某一群体产生认同时，群体身份就会成为自我概念的一部分，在群际背景下，个体对情境的认知评价会以群体为基础，将内群体和外群体作为情绪的反应目标[①]。

群际情绪的主要特征就是个人会对那些没有对自身带来任何影响，但对群体其他成员或群体带来影响的事件产生强烈的情绪反应。有研究发现，群体水平的愤怒强度与认同水平呈正相关，并会引发对外群体的攻击和对抗意向。也就是说，与勒邦（Le Bon）有关集群行为中情绪作用的经典看法（认为情绪是个体的、失调的反应）相比，这种现代的群际情绪观点认为，群际情绪是对于个体所属群体相关情境或事件的功能性反应。用古德

---

① Smith E R. Social identity and social emotions: Toward new conceptualizations of prejudice[M]//Affect, cognition and stereotyping. 1993: 297–315.

温（Goodwin）等人的话说就是，情绪是社会建构的，受到价值观、规范和文化的影响，这也是范佐米伦（Van Zomeren）等人从社会心理学的角度研究集群行为的重要基础。

群际情绪理论虽然指出了特定情境下的愤怒等群际情绪是集体行动的准备状态，但对于群际情绪的前因和后果，目前仍存在很多争议之处。

首先，群际情绪理论自身的假设暗示了群体认同作为群际情绪产生和评价的基础，伊泽比特（Yzerbyt）等人的研究也发现情绪反应对分类背景和认同行为倾向的影响有完全的中介作用。也就是说，只要在被试对相关类别有强烈的认同时，相似性的显著性操作才能引发生气的情绪感受[①]。而斯特默（Stürmer）和西蒙（Simon）则认为集体行动中的个体都会普遍体验到群际愤怒情绪，它不是一个变量而是一个常量，因此不能构成一条独立、直接的路径去影响集群行为。群际情绪只是在行动因果链的早期阶段扮演过角色，之后完全是（政治）社会认同成为集群行为参与的就近动力（proximal inspiration）[②]。

其次，以往研究多是探讨群际愤怒对集群行为的影响，这一方面可追溯到相对剥夺的研究历史；另一方面，近来的研究也发现，不同的群际威胁会产生不同的情绪反应，特定的群际情绪会产生相应的态度和行为。相对于其他情绪，生气或愤怒对人们的冒险行为或集群行为更具预测作用。另一些研究也试图探讨害怕等消极情绪对集群行为的影响，但结论不一，研究者普遍认为害怕主要与回避性反应有关，因此对集群行为有抑制作用，但也有研究表明恐惧情绪会促进集群行为参与倾向。因此，有必要在不同情境下探索多种情绪对集群行为的影响及与其他因素的关系。

（二）情绪与网络集群行为的关系

情绪作为网络集群行为的重要表现形式和影响因素，成为通向网络集群行为大门的必经之路。另外，新的研究对象也在呼唤新的研究方法和技术，社会科学传统研究范式难以充分利用网络的便利性并驾驭海量网络

---

① Yzerbyt V, Dumont M, Wigboldus D, et al. I feel for us: The impact of categorization and identification on emotions and action tendencies[J]. British Journal of Social Psychology, 2003, 42 (4): 533–549.

② Stürmer S, Simon B. Pathways to collective protest: Calculation, identification, or emotion? A critical analysis of the role of group-based anger in social movement participation[J]. Journal of Social Issues, 2009, 65 (4): 681–705.

数据。心理信息学作为一门新兴的学科，通过利用计算机和信息科学技术来获取、组织和综合分析心理研究所需的资料，确实已为一些领域和问题的研究带来收益，从心理学研究过程的各个环节都带来一场深刻和令人兴奋的变革（Yarkoni, 2012）[①]。这种海量数据和分析技术的契合，使得研究者可以从由微观至宏观的路径，把握由若干个体叠加起来的整体大众情绪的变化规律及其与社会经济事件的相关性，从而为进一步探究网络集群行为的发展机制，以及建立具有预测效力的指标体系和相关政策的制定奠定基础。

首先，戈尔德（Golder）和梅西（Macy）就曾对数百万推特使用者的数据进行分析，并将人们的情绪变化规律以一周和一天为单位进行了量化[②]。多兹（Dodds）等人结合既有的情绪分类体系和人们对词语的主观评估，对不同类型的大规模网络文本（歌曲题目和歌词，网络博客、国情演说等）进行了数据挖掘和分析，结果发现，从 20 世纪 60 年代到 20 世纪 90 年代中期的歌词中所传达的幸福感水平有逐渐下滑的趋势，博客中所传达的幸福感水平则从 2005 年到 2009 年稳步提升[③]。为了更加全面地了解公众在推特上的情感表达和在线词汇的变化规律，他们扩大了词汇的选取范围，增加了词库的容量，并采用与 ANEW 相似的方法建构了一个可调节的、实时的、远程操纵的、免干扰的和基于文本的测量工具，该方法的核心内容就是人们对一系列单词幸福度的评估以及一个将单词扩展到本书的新算法。在此基础上，多兹（Dodds）等人通过分析 6300 多万个用户在 33 个月间所发的约 46 亿条信息，揭示出了幸福感和信息水平在不同时间尺度上（几小时到几年）的变化规律[④]。

其次，为探索情绪和社会事件之间的相关，有研究者曾对 1084 个美国公民在“9 · 11”前后各两个月间的在线日记进行了分析，结果显示，那些

---

① Yarkoni, T. (2012). Psychoinformatics: New horizons at the interface of the psychological and computing sciences. Current Direetions in Psychological Science, (6): 391–397.

② Golder S A, Macy M W. Diurnal and seasonal mood vary with work, sleep, and daylength across diverse cultures[J]. Science, 2011, 333 (6051): 1878–1881.

③ Dodds P S, Danforth C M. Measuring the happiness of large-scale written expression: Songs, blogs, and presidents[J]. Journal of happiness studies, 2010, 11 (4): 441–456.

④ Dodds P S, Harris K D, Kloumann I M, et al. Temporal patterns of happiness and information in a global social network: Hedonometrics and Twitter[J]. PloS one, 2011, 6 (12): e26752: 1–26.

有更多认知性和社会性卷入的参与者表现出更强烈的消极情绪，但这些情绪在事件发生两周后都恢复到正常水平[①]。巴克（Back）等人则对“9·11”事件当天的约50万条手机短信进行了分析，揭示出了不同情绪的发生规律，即人们最开始主要表现出愤怒情绪，随后出现焦虑，但很快恢复到正常水平，最后出现的是悲伤情绪[②]。

最后，研究者还试图建立能够预测现实世界中的群体行为和社会经济事件的情绪指标体系。如德维特（Devitt）等人就曾通过对金融评论文本的情感极性识别来预测未来的金融走势[③]。基姆（Kim）通过分析大样本的网络新闻评论来预测美国大选的结果[④]。波伦（Bollen）等人则利用OpinionFinder和GPOMS来分析人们在推特上的情感表达，发现了能够显著增加对DJIA预测效果的情绪指标[⑤]。毛（Mao）等人又从谷歌和推特上搜索与股市相关的信息并与相应的情绪指标进行比较，发现GIS（Google Insight Search）和推特投资者每日情绪指数能够预测股市的变动[⑥]。兰斯达尔－韦尔发（Lansdall-Welfare）等人则利用WordNet-Affect分析了98万用户历时31个月在推特上所发的信息，发现某些公众情绪能够预测社会事件的发生，如在2011年夏季的暴动发生之前，公众的愤怒情绪从春季就开始持续增加[⑦]。这些研究共同展示了技术和理论的结合在应用和研究上的巨大潜力。

（三）社会网络与个体/群体行为的关系研究

社会网络（social networks）是指由行动者（actors）集合和联结行动者

① Cohn M A, Mehl M R, Pennebaker J W. Linguistic markers of psychological change surrounding September 11, 2001[J]. Psychological science, 2004, 15 (10): 687–693.

② Back M D, Küfner A C P, Egloff B. The emotional timeline of September 11, 2001[J]. Psychological Science, 2010, 21 (10): 1417–1419.

③ Devitt A, Ahmad K. Sentiment polarity identification in financial news: A cohesion-based approach[C]//Proceedings of the 45th annual meeting of the association of computational linguistics. 2007: 984–991.

④ Kim S M, Hovy E. Crystal: Analyzing predictive opinions on the web[C]//Proceedings of the 2007 Joint Conference on Empirical Methods in Natural Language Processing and Computational Natural Language Learning (EMNLP-CoNLL). 2007.

⑤ Bollen J, Mao H, Pepe A. Modeling public mood and emotion: Twitter sentiment and socio-economic phenomena[J]. Icwsm, 2011, 11: 450–453.

⑥ Mao H, Counts S, Bollen J. Predicting financial markets: Comparing survey, news, twitter and search engine data[J]. arXiv preprint arXiv: 1112, 1051, 2011.

⑦ Lansdall-Welfare T, Lampos V, Cristianini N. Effects of the Recession on Public Mood in the UK[C]//Proceedings of the 21st International Conference on World Wide Web. ACM, 2012: 1221–1226.

之间的关系集合构成。社会网络分析（social network analysis, SNA）是在人类学、社会学、心理学、数学、信息科学以及统计学等众多领域中发展起来的研究关系结构的分析方法，是对社会关系进行量化分析的一门技术，主要用于描述和测量行动者之间的关系以及这些关系中所包含的东西如资源、信息等，并对这些关系建立模型，进而研究这些关系与行动者行为之间的相互影响[①]。

在社会网络研究的主要议题中，探索社会网络与个体、群体行为的关系有很大的借鉴和启发意义。例如，为检验组织中信息传播的驱动因素及其对个体行为的影响，特别是为了解决何种因素能够预测人们对信息的感知？不同类型的信息是否呈现不同的传播模式？不同的社会网络结构、个体间的关系和个体特征是否会影响个体获取不同信息的渠道？良好的信息渠道是否能够预测个体完成任务的能力或创造产值的能力？阿拉尔（Aral）等对某中等规模的猎头公司中参与某合作项目的人员的10个月的电子邮件进行了记录和分析，在展示其所呈现的社会网络基础上，识别出该网络中传播的两种不同类型的信息："新闻事件"和"讨论话题"。检验了网络结构、个体间的关系和人口学特征对个体接受两种类型信息的可能性和速度的影响。结果发现，新闻事件在组织中的扩散主要呈穗状图的特征，并受人口学特征、网络结构的影响，而不受个体间的关系以及联结强度的影响。相反，讨论话题的扩散则具有覆盖面较小、反复沟通的特点，并主要受到个体间的关系和联结强度的影响，同时也会受到人口学特征和网络结构的影响。讨论话题更可能沿着组织的等级结构进行垂直扩散，特别是要经过有过合作关系和强联结的路径。而新闻事件的扩散既有垂直性扩散，也有边缘性扩散，并且不受关系强度和功能的影响。此外，该研究还发现，获取信息的渠道能够很好地预测个体完成项目的数量以及创造的产值和收益。这种效应具有经济上的显著性，即每增加一个可以看到的字，就能带来70美元的收益[②]。综上所述，该研究的一个主要特征就是基于大规模数据同时分析了网络结构和内容对信息扩散和个体行为的影响。

为对"幸福是否能够在人与人之间进行扩散？"以及"幸福是否会在

---

① 刘军 . 社会网络分析导论［M］. 社会科学文献出版社，2004.

② Aral S, Weill P. IT assets, organizational capabilities, and firm performance: How resource allocations and organizational differences explain performance variation[J]. Organization Science, 2007, 18 (5): 763–780.

社会网络中出现集群现象？”等问题进行客观的考察，福勒（Fowler）和克里斯塔基斯（Christakis）开展了一项有关社会网络的纵向分析研究，收集了4739个被试的20年的相关数据，并包容了不同类型的社会网络和社会联结。结果发现社会网络中确实具有明显的幸福集群和不幸福集群，进一步分析发现，人们之间的幸福关系可以扩展到三个独立的联结度，被许多幸福的人包围的个体或是处于幸福集群中心的个体可能会变得更幸福。纵向统计模型暗示幸福集群的形成主要是幸福感传播的结果，而不是因为相似的人更倾向于聚集在一起。有一个住在一英里内并且幸福感高的朋友，会有25%的可能性使个体也感到幸福，相似的效应也出现在核心家庭、兄弟姐妹和邻居间，但没有出现在同事间。而随着时间和地理位置的延长，这种幸福传播的效应就会逐渐减弱①。

布里斯（Bliss）等人则对2008年9月到2009年9月间，对发布到推特的近四千万个消息进行分析，以揭示和分析其所具有的社会网络结构以及随时间的变化情况，并利用自行开发的分析方法探究用户的情绪表达的变化模式。结果发现，用户的平均幸福感体验与该用户的一个、两个和三个联节点外的用户得分都有显著的正相关。该研究也再次强调了诸如推特这类的社交网站是名副其实的动态社会网络，并且通过用户之间的不断沟通衍生出各种类型的子群体②。多兹（Dodds）等人进行了一个全球范围的社会搜索实验，该实验让六万多个电子邮件用户通过向熟人传递邮件来与18个目标人群（分布在13个国家）中的一个取得联系。结果发现成功的社会搜索主要是通过中间环节的弱联结实现的，而不成功的社会搜索往往过多地依赖于高密度的正式关系。在考虑信息链的损耗基础上，研究者认为尽管信息链长度和参与者比例的小的变异量可能会严重影响目标的可获得性，但一般而言，成功的社会搜索会经历五到七步，并取决于资源和目标的分离程度，更为主要的是，在实际操作中，社会搜索能否成功还取决于个体的动机，从而将个体心理和行为与群体结构建立起联系③。

---

① Fowler J H, Christakis N A. Dynamic spread of happiness in a large social network: longitudinal analysis over 20 years in the Framingham Heart Study[J]. Bmj, 2008, 337: a2338.

② Bliss C A, Kloumann I M, Harris K D, et al. Twitter reciprocal reply networks exhibit assortativity with respect to happiness[J]. Journal of Computational Science, 2012, 3 (5): 388–397.

③ Dodds P S, Muhamad R, Watts D J. An experimental study of search in global social networks[J]. science, 2003, 301 (5634): 827–829.

后　记

本书是国家社会科学基金重大项目“我国网络社会治理研究”（14ZDA063）的研究成果之一。自2014年6月课题立项以来，课题组根据设定的研究任务和技术路线，对“网络社会治理的基础理论”、“网络社会的信息伦理与风险治理”、“网络舆情传播与引导机制”、“网络社会的集群行为及其社会心理成因与预警机制”、“网络社会治理的动态模拟仿真”等内容展开研究。

研究工作包括文献梳理与评述、理论研究、政策文本分析、典型案例调研、问卷调查、社交媒体文本挖掘、模拟仿真实验、评价指标制定、政策建议提炼等。在研究过程中，课题组举行了多次研讨会，听取专家建议、交流研究进展、分析数据、提炼理论观点。课题组先后调研了上海、北京、天津、澳门特别行政区、海南等30多个省市约60家政府、企业、社区和非营利组织，访谈政府工作人员、企业管理人员、科研人员、企业CEO与员工、图书馆员、农民工、医生、教师、残疾人等200余人次，发放问卷1500余份，与澳门特别行政区政府、国家食品药品监督管理总局（前）、上海市政府等开展多项合作研究。

《网络社会治理》一书体现了课题的主要研究思路和部分研究成果。作为一本专著，本书的结构框架由我设计，大部分内容由我完成。另外一部分内容在课题组成员完成初稿后由我进行了补充、增删、修改和完善，在此表示感谢！同时，也感谢所有的子课题负责人和课题组成员，他们的大部分研究工作已经以论文形式发表，另有一些研究成果则以未公开发表的要报或研究报告的形式提交给了相关政府部门。

参加本书部分内容撰写的研究人员分工如下：第一章的第三节由孙彬和我完成；张鑫参与了第三章第二节的部分内容；第三章的第三节由翟羽佳和我完成；第四章的第一节由陈锋完成；第四章的第三节由杨京和我完成；第四章的第四节由罗迪与我完成；第五章的第一节和第二节由纪雪梅

与我完成；第五章的第三节由兰月新、张秋波、刘冰月、张鹏与我共同完成；第六章的第二节由储君与我共同完成；第六章的第三节由薛婷完成。

除此之外，还有一些高校青年教师、政府工作人员以及南开大学商学院信息资源管理系的博士生和硕士生们参加了小部分文献搜集工作。将先后参与本书研究工作的研究人员列示如下，在此表示诚挚感谢！其他参与重大课题研究但未直接参与本书内容撰写的课题组成员已经在其他成果及课题结项书中列示，此处不再一一列出，在此一并表示感谢！

参与本书撰写的研究人员：

纪雪梅　山东理工大学图书馆　副教授
薛　婷　天津中医药大学管理学院　副教授
兰月新　中国人民警察大学　副教授
翟羽佳　天津师范大学管理学院　讲师
陈　锋　鲁东大学管理学院　讲师
张　鑫　河北大学管理学院　讲师
杨　京　天津市第二中级人民法院
罗　迪　新疆乌鲁木齐市人民政府办公厅
孙　彬　北京大学软件与微电子学院　硕士生
储　君　天津市纪委

参与案例搜集与整理工作的研究人员：

储　君　天津市纪委
阚鸿瑶　南开大学商学院本科生
黄靖然　南开大学商学院本科生
范林玲　南开大学商学院本科生
赵　安　南开大学商学院研究生
陈　璇　南开大学商学院研究生

参与本书部分文献搜集工作的研究人员：

史海燕　河北大学管理学院　副教授
孙晓燕　国家海洋信息中心　副研究员
张建光　中国互联网络信息中心　副研究员

张琪敏　中共陕西省略阳县委组织部
张璐阳　厦门大学档案馆
祝　娜　西南大学计算机与信息科学学院　讲师
赵　安　中国兵器装备集团公司档案馆
李晓阳　南开大学商学院信息资源管理系　硕士生
张维冲　南开大学商学院信息资源管理系　博士生
赵　巍　南开大学商学院信息资源管理系　硕士生
张百慧　南开大学商学院信息资源管理系　硕士生
阴宇轩　南开大学商学院信息资源管理系　硕士生

王芳　2020 年 9 月 15 日

图书在版编目(CIP)数据

网络社会治理 / 王芳等著. -- 北京 : 商务印书馆,
2021（2021.11重印）
ISBN 978-7-100-19438-9

Ⅰ. ①网… Ⅱ. ①王… Ⅲ. ①互联网络－社会管理－
研究 Ⅳ. ①C916②TP393.4

中国版本图书馆CIP数据核字(2021)第023713号

网络社会治理
王芳等 著

商 务 印 书 馆 出 版
（北京王府井大街 36 号 邮政编码 100710）
商 务 印 书 馆 发 行
艺堂印刷（天津）有限公司印刷
ISBN 978-7-100-19438-9

2021 年 3 月第 1 版　　开本 710 × 1000 1/16
2021 年 11 月第 2 次印刷　　印张 18
定价：90.00 元